HEMALATA NAVEENA GUBLER

Hema

Das Herz einer indischen Löwin

novum pro

www.novumverlag.com

Bibliografische Information
der Deutschen Nationalbibliothek:

Die Deutsche Nationalbibliothek
verzeichnet diese Publikation in
der Deutschen Nationalbibliografie.
Detaillierte bibliografische Daten
sind im Internet über
http://www.d-nb.de abrufbar.

© 2021 novum Verlag

ISBN 978-3-99107-665-0
Lektorat: Margit Wagner
Umschlagfotos: Anastasiia Kruhlianska,
Sergeychernov | Dreamstime.com,
Hemalata Naveena Gubler
Umschlaggestaltung, Layout & Satz:
novum Verlag

Gedruckt in der Europäischen Union
auf umweltfreundlichem, chlor- und
säurefrei gebleichtem Papier.

www.novumverlag.com

Für meine Familie

Dave, Lilly und Leon

Inhaltsverzeichnis

7

1

Vorwort

Liebe Leserin und lieber Leser!

An dieser Stelle will ich erwähnen, dass dieses Buch auf meinem Leben mit meinen eigenen Erlebnissen und Erfahrungen beruht.

Personen, welche einen Teil meiner Geschichte einnehmen, sind real, die Namen jedoch frei erfunden. Die betroffenen Institutionen führen ebenfalls nur eine allgemeine Bezeichnung und auch deren Standorte dürfen aus datenschutzrechtlichen Gründen nicht namentlich erwähnt werden.

Damit aus meinen Erzählungen keine Schlussfolgerungen zu Personen oder deren Beziehungen gemacht werden können, habe ich diesbezüglich manchmal etwas weggelassen oder nur umschrieben. Ziel davon ist, diese Personen aufgrund ihrer Persönlichkeitsrechte so weit wie möglich und vertretbar zu schützen.

2

Der Tag, der alles veränderte

Der 4. Juli dieses Sommers war ein Tag wie jeder andere auch. Für mich ein normaler Samstag im Familienwahnsinn mit zwei kleinen Kindern, einer langen To-do-Liste und vorausgesagten dreißig Grad im Schatten. Ich musste jedoch bald feststellen, dass es dennoch genau jener Tag war, an welchem alles anders wurde. Ich veränderte mich und somit veränderte sich alles. Aber ich möchte am Anfang meiner Geschichte beginnen.

Mama von zwei kleinen Kindern zu sein und somit morgens keinen Wecker stellen zu müssen, hatte den Vorteil, dass ich keine Schlummertaste drücken konnte, welche mich weiterschlafen ließ – was von anderen durchaus auch als Vorteil gewertet werden durfte – und andererseits den Nachteil, dass ich nie wusste, um welche Zeit ich aufstehen musste. Mein Sohn war an jenem Tag bereits kurz nach fünf Uhr wach und schrie aus Leibeskräften, als hätte er seit Tagen nichts mehr in den Magen bekommen. Ich war stolz darauf, dass er bereits mit sechs Wochen das Beistellbett an meiner Seite verlassen hatte und in sein eigenes Zimmer umziehen konnte. Seit er in seinem eigenen Zimmer schlief, kam auch ich endlich wieder zu etwas mehr Schlaf. Von viel war jedoch nicht die Rede. Vielleicht war Mama sein Teil eines wissenschaftlichen Experiments, um zu beweisen, dass Schlaf für das menschliche Überleben nicht essenziell notwendig war. Wenn *Leon* durchschlief, war bestimmt seine Schwester wach und wollte zu uns ins Elternbett oder suchte mitten in der Nacht nach ihrem Schnuller oder sonst einem Kuscheltier, welches sie unbedingt brauchte, um weiterzuschlafen. Meistens war es ihr heiß geliebter Teddy, welcher alles mitmachen und miterleben durfte. Doch in so einer Nacht musste es bestimmt noch ein anderes Kuscheltier sein, welches sie seit Wochen eigentlich gar nicht mehr vermisst hatte. Ich glaubte, als Mama von zwei kleinen Kindern kommt man selten bis nie in die Tiefschlafphase, mit einem Ohr ist man immer wach. Denn wenn eines der Kinder einen Laut von sich gab, und war es noch so ein leises Wimmern, selbst abgedämpft durch Spucktuch und Kuscheltier, hörte ich es und war sofort wach und augenblicklich bereit, aufzustehen, um nach ihnen zu sehen. Gerade die ersten Wochen und Monate mit einem Baby waren da sehr anstrengend. Mit geschlossenen Augen zog ich mich aus dem Bett hoch, tapste durch den dunklen Flur, quer durch das Wohnzimmer, hob meine Füße dort, wo ich wusste, wo am Boden noch ein Spielzeug lag, weil ich es vor dem Schlafen nicht mehr aufräumen wollte, und gelangte in unsere Küche. Den Schoppen konnte ich auch im Halbschlaf zubereiten, eine Superkraft von Eltern. Anfangs hatte ich beide Kinder noch gestillt, doch auch das hatte seine Vor- und Nachteile. Wie auch immer, heute war *Leon* früh auf und obwohl ich mir gestern Abend erlaubt hatte, endlich wieder einmal einen Film zu Ende zu schauen, es also später wurde und ich somit nur knappe fünf unruhige Stunden Schlaf hatte, war ich stolz darauf, dass der Kleine bereits schon so viele Stunden am Stück durchschlafen konnte. *Lilly* schlief noch tief und fest in ihrem Bett. Und nur das zählte für mich, dass es meinen Kindern gut ging.

Nichtsdestotrotz war ich bereits in aller Früh gestresst und schlecht gelaunt. Heute war die Vier-Monats-Kontrolle beim Kinderarzt angesagt. Ich hatte bewusst den ehestmöglichen Termin morgens um acht Uhr gewählt, da ich wusste, dass *Leon* und ich einerseits schon wach und andererseits keine anderen Kinder da sein würden. Die Zeit im Wartezimmer würde also nur kurz sein. Und wenn es etwas gab, was ich nicht ertragen konnte, war es, in einem Wartezimmer beim Arzt zu sitzen. Vor allem mit einem Baby. *Leon* strahlte mich an, als ich zu ihm ans Bettchen kam, und beim Anblick seines begehrten Schoppens gluckste er fröhlich. Er stürzte die warme Milch in einem Zug hinunter. Ich sah ihm dabei zu und überlegte mir unterdessen, was an diesem heutigen Tag alles erledigt werden musste. Eigentlich wusste ich das, denn ich hatte vor dem Zubettgehen nochmals alles aufgezählt und in meinem Handy kontrolliert, ob ich auch alles eingetragen hatte. Meine To-do-Liste lag im Wohnzimmer auf dem Esstisch und wartete darauf, dass ich endlich mit der ersten Aufgabe beginnen und diese auf der Liste als erledigt markieren oder durchstreichen würde.

Heute war für *Leon* die erste Impfung an der Reihe. An dieser Stelle will ich nicht näher auf die Thematik, sein Kind impfen zu lassen, ja oder nein, eingehen. Jede Mutter, jeder Vater sollte das machen, was für das eigene Kind richtig erscheint. Die Untersuchung an sich würde nicht lange dauern. Die Autofahrt zum Kinderarzt war auch nur fünf Minuten lang, für die Wartezeit – obwohl ich mit keiner wirklichen Wartezeit rechnen durfte – plante ich zehn Minuten ein und für die Untersuchung nochmals fünfzehn Minuten. Also war es eigentlich eine schnelle Sache und dann würden wir bereits wieder zu Hause sein und mit meinem Mann und *Lilly* gemeinsam frühstücken. Bis wir zurück waren, waren sie bestimmt auch schon auf und würden hungrig sein. All diese Gedanken schnellten wie grelle Lichtblitze durch meinen Kopf und so bemerkte ich zuerst gar nicht, dass *Leon* den Schoppen bereits leer getrunken hatte. Ich hob ihn hoch, damit er sein Bäuerchen machen konnte, und lobte ihn dafür. Nachdem ich den Kleinen frisch gewickelt und angezogen hatte, setze ich ihn in seine Lieblingsschaukel und gab ihm eine Holzrassel in die Hand. Obwohl der Greifreflex bereits ab Geburt bei einem Baby vorhanden ist, konnte er die Rassel natürlich noch nicht so richtig halten. Dennoch war er fasziniert von den bunten Farben und dem Geräusch der Holzperlen, welche gegeneinander schlugen.

Ich ließ mir einen Kaffee aus der Maschine und verschwand kurz im Badezimmer, um mich anzuziehen, und versuchte, meine langen Haare in irgendeine anständige Position zu bringen.

Zurück im Wohnzimmer zog ich die Rollläden hoch und kochte Wasser ab, damit ich es dann für einen allfälligen Schoppen unterwegs mitnehmen konnte. Wenn man mit einem Baby auch nur eine halbe Stunde weg musste, hatte man den halben Haushalt dabei. Das fing an bei frischen Windeln und Feuchttüchern, ging weiter über Schnuller und Schoppenpulver, abgekochtes Wasser, Spucktücher, Impfbuch, Spielzeug, Ersatzkleider und noch vieles mehr. Ich hatte den Wickelrucksack bereits gestern Abend mehrmals kontrolliert und wollte trotzdem nochmals sicher gehen, dass ich auch wirklich nichts vergessen hatte, was ich vielleicht hätte brauchen können.

Ich fühlte mich mies. Ich wollte nicht los, obwohl es ja wirklich keine große Sache war. Aber als Mama war man wahrscheinlich trotzdem nervös, da man sich unentwegt um die Gesundheit der Kinder sorgte. Wuchs der Kleine gut, wie viel würde er wiegen, hatte er endlich zugenommen – denn anfangs konnte *Leon* kaum zunehmen, was auch der Grund war, dass ich ihm zusätzlich nach dem Stillen noch den Schoppen geben musste –, wie war der Stand der Entwicklung? Mama zu sein, hieß, die Stärke zu finden, von der man nicht wusste, dass man sie hatte, und die Ängste zu bewältigen, von denen man nicht ahnte, dass es sie gab. Jedes Kind hatte seinen eigenen Rhythmus und dennoch hatte ich eine App, in welcher immer der nächste Entwicklungsschritt erklärt und veranschaulicht wurde. Diesen Prozess zu verfolgen, war natürlich sehr interessant und für mich irgendwie auch beruhigend, weil ich so dachte, dass ich es im Griff hätte. Was genau ich dabei im Griff hatte oder worüber damit auch die Kontrolle, war mir zwar nicht klar. Ich nahm mal an, das Mama sein selbst. Kinder entwickelten sich so, wie es sein musste, und jedes in seinem Tempo. Wie ungesund es war, stets eine solche Kontrolle haben zu wollen und zu brauchen und dabei auch noch zufrieden damit zu sein, wenn alles nach Norm und Plan lief, wusste ich zu diesem Zeitpunkt noch nicht, und es sollte mir noch zum Verhängnis werden.

In den ersten vier Monaten geschah bei diesem winzigen Würmchen bereits schon so unglaublich viel. So ein Menschchen war wahrhaftig ein Wunder. Natürlich, manchmal raubten sie einem wirklich den letzten Nerv, aber um nochmals darauf zurückzukommen, es ging darum, dass ich mich als Mama immer um meine Kinder sorgte. Ob sie gesund und glücklich waren, ob ich ihnen das Richtige beibringen konnte, ob ich sie genügend fördern würde und ob sie dennoch genügend Kind sein durften. Ob ich genug Zeit zum Kuscheln mit dem Kleinen und zum Spielen mit der Großen hätte. Obwohl, ich wollte auch mit ihr kuscheln. Also, mit beiden Kuscheln. Und Spielen. Mich plagten unendlich lange Sorgenketten und die gewaltigen Problemberge, welche sich direkt vor mir auftürmten, schüchterten mich immer wieder ein, und immer öfter erschien es mir hoffnungslos, diese zu bezwingen. Nebenbei gab es aber auch noch die Dinge, die ich sowieso zu erledigen hatte, wie etwa den Haushalt, sich bei meinen Freunden zu melden, die Freunde einzuladen und bei diesen Einladungen für die Gäste auch etwas zu kochen oder zu backen. Ich machte das gerne, vor allem Apéros mit selbst zubereitetem Fingerfood. Doch neben zwei kleinen Kindern, welche einem ununterbrochen brauchten, war es tatsächlich manchmal eine Meisterleistung, gleichzeitig noch Gemüse zu rösten oder schöne Drinks vorzubereiten, und somit auch stressig. Den heutigen Arzttermin mit *Leon* wollte ich einfach schnell hinter mich bringen und vom Kinderarzt zu hören bekommen, dass es meinem kleinen Sohn gut ging.

Leon war in seinem Maxi-Cosi und wir fuhren los. Der Kinderarzt war nur wenige Autofahrtminuten weg. Natürlich war ich wie immer einige Minuten zu früh und die Türe war noch verschlossen. Also musste ich mit *Leon* im Treppenhaus warten. Nachdem ich dann den Impfausweis abgab, durften wir direkt in das Behandlungszimmer gehen. Ich zog *Leon* bereits bis auf die Windeln aus, damit der Kinderarzt ihn dann direkt untersuchen konnte. *Leon* jammerte ungeduldig, schließlich war es ja auch etwas frisch, aus dem warmen Auto und dem kuscheligen Maxi-

Cosi herauszukommen und nun halbnackt auf diesem Wickeltisch zu liegen. Ich versuchte, ihn mit dem Mobile abzulenken, und zupfte an den mit Nylon befestigten Schmetterlingen. Während ich in *Leons* wunderschöne hellgrüne Augen sah, merkte ich plötzlich, wie ich unruhig wurde. Mein Kleiner war weiterhin unzufrieden und ließ sich auch vom Mobile nicht ablenken.

Auf einmal hatte ich Magenschmerzen, die innert wenigen Sekunden immer heftiger wurden. Ich verspürte Übelkeit und während ich *Leon* mit beiden Händen an seinen Armen hielt, schloss ich die Augen. Unangenehme, flackernde Bilder blitzten vor meinem inneren Auge auf und so öffnete ich sie wieder. Dann drehte sich alles. Der Anblick von *Leon* war verschwommen, ich hörte sein Weinen, welches mittlerweile zwar lauter war, für mich sich dennoch wie aus weiter Entfernung und gedämpft anhörte. Ich bemerkte, wie meine Beine an Kraft verloren, und lehnte mich deshalb nach vorne, mit dem Bauch direkt an den Wickeltisch, um nicht umzufallen. Ich kannte solche Momente, sie kamen dann, wenn ich kurz davor war, ohnmächtig zu werden. Grund dafür war meistens mein niedriger Blutdruck. Seit der Primarschule passierte mir das ab und zu, wenn ich zu wenig oder nichts gegessen hatte, was ja auch heute Morgen der Fall war, oder wie so oft, wenn ich zu wenig geschlafen hatte und übermüdet war. Bis dahin war das kein Problem, ich wusste, dass, wenn ich mich zwanzig Minuten hinlegte und die Beine hochlagerte, das Blut wieder zurück in den Kopf fließen konnte. Zucker in Form von Sirup, Traubenzucker oder Red Bull half meistens, damit sich der Kreislauf schnell wieder stabilisieren konnte. Danach war alles wieder gut. Heute war es aber anders. Heute hatte ich zum ersten Mal in meinem Leben Angst davor, schwach zu sein und ohnmächtig zu werden. Ich durfte nicht ohnmächtig werden. Was, wenn meine Beine nachgaben, wenn *Leon* dann alleine, ohne meine schützenden Arme um ihn, auf diesem Wickeltisch lag und er mich suchte, sich versuchte, zu drehen, und dann vom Wickeltisch hinunter auf den Boden fiele. Er wäre tot. Ich würde mein Baby verlieren, mein Mann seinen Sohn und *Lilly* ihren kleinen Bruder. Ich musste also stark bleiben. Doch es wurde immer schlimmer, ich kniff die Augen so fest zusammen, dass sie sogar schmerzten, und hielt mich krampfhaft am Gedanken fest, dass ich das hier überstehen musste. Ich musste schließlich für *Leon* stark sein, welcher jetzt geimpft würde, und dann musste ich mit ihm auch wieder sicher nach Hause kommen.

Wie jedes Mal kurz vor einer Ohnmacht begann das hohe Pfeifen in meinem Ohr. Und wenn dieses Pfeifen da war, so wusste ich, dass es sich jeweils nur noch um Sekunden handelte, bis ich das Bewusstsein verlor. Ich hörte mein Herz klopfen, so laut, dass es mich wahnsinnig machte. In diesem Moment hörte ich den Kinderarzt ins Zimmer kommen. Ich öffnete die Augen wieder und sah wie durch einen Schleier, wie er sich dem Wickeltisch näherte. Ich hörte ihn etwas sagen, weiß heute jedoch nicht mehr, was es war, vermute aber, dass er uns einfach begrüßt hatte.

Er bemerkte sofort, dass etwas nicht in Ordnung war, und sagte, ich solle mich kurz hinsetzen. Ich beobachtete mich selber wie in Zeitlupe, wie meine Hände von *Leons* Armen glitten und der Kinderarzt übernahm. Ich machte zwei kleine Schritte zum Stuhl und setzte mich hin. Ich sah dem Kinderarzt zu, wie er *Leon* auf seinen Arm nahm und eines der Fenster öffnete, und hörte ihn wieder aus weiter Entfernung sagen, dass die Luft hier etwas stickig sei. Ich rutschte vom Stuhl auf den Boden hinunter, weil ich dachte, ich könnte vom Stuhl fallen, kroch zum Wickelrucksack hinüber und öffnete ihn. Mit zittrigen Händen drehte ich den Verschluss der kleinen Wasserflasche auf und trank sie bis zur Hälfte leer. *Leon* schrie unterdessen bereits, es tat mir im Herzen weh, ihn so zu hören. Er spürte, dass etwas nicht gut war und ein fremder Mensch ihn im Arm hielt. *Leon* konnte mich weder sehen, hören noch riechen. Ich saß am Boden und fühlte mich wie ein kleines Kind, als der Kinderarzt mich frage, ob ich heute Morgen schon etwas gegessen hätte. Ertappt verneinte ich. Ich sagte aber auch, dass das wieder vorbei gehen würde und ich solche Schwächeanfälle kannte. Der Kinderarzt und *Leon* verließen das Zimmer und ich saß alleine auf dem kalten Boden. Und dann kam sie, die Panik. Unangemeldet, unerwünscht und in voller Wucht. Mit aller Macht brach sie über mich herein. Mein Herz raste, es drohte buchstäblich aus meinem Brustkorb herauszuspringen und angsterfüllt riss ich meinen Mund auf, um mehr Sauerstoff zu bekommen. Nun fiel mir das Schlucken auf einmal schwer, es tat richtig weh. Was passierte mit mir, was war da bei mir los? Wo war der Kinderarzt und wo war mein Baby? Eine Arztgehilfin kam rein. Sie gab mir ein Glas Sirup. Nervös suchte ich nach Traubenzucker im Wickelrucksack, fand aber keinen, egal wie oft ich jedes Fach darin durchwühlte. Wann hatte ich das letzte Mal solch einen Schwächeanfall, dass ich keinen Traubenzucker dabei hatte? Das musste ewig her sein. Und obwohl ich einerseits die Schwindelgefühle kannte und wusste, dass das aufgrund des niedrigen Blutdrucks und des geschwächten Kreislaufs war, wusste ich genau, dass es heute anders war als sonst. Auch Monate später konnte ich dieses Gefühl nicht beschreiben und in Worte formulieren, ich spürte es einfach. Etwas war anders. Ich wusste, dass ich nervös war, weil die Impfung ausstand und ich noch nicht mal erzählt hatte, wie es *Leon* überhaupt ging, wie viel er zur Zeit trank und wie die ersten Monate verliefen. Und als der Kinderarzt mit *Leon* endlich wieder bei mir war, fragte er mich etwas völlig Neues: „Haben Sie Panik?" Ich starrte ihn verdattert an und war fassungslos. Panik? Ich hatte niemals Panik, weil ich immer alles im Griff hatte. Ich wusste, was ich wollte und was ich machte. Ich hatte also nie Panik. Ich dachte, dass ich jetzt Ruhe bewahren musste, wir waren schon länger da, als ich es geplant hatte. Obwohl der Kinderarzt meinte, es sei vielleicht besser, wenn ich mich auf die Liege legen würde, blieb ich auf dem Boden, mittlerweile jedoch nicht mehr sitzend, sondern auch liegend. Ich hatte Angst, dass ich bei diesem starken Schwindel von der Liege herunter fallen würde. Ich sollte meinen Mann anrufen, hieß es. Also rief ich ihn an. Ich konnte kaum sagen, was los war. Nur, dass es mir nicht gut ginge und er sofort herkommen solle. *Lilly* musste er natürlich mitnehmen. Sie müssten sich zuerst anziehen, da sie erst gerade aufgestanden wären und beide noch im Pyjama seien, sagte

Dave. Die Magen- und Schluckbeschwerden waren mittlerweile ziemlich heftig. Ich klammerte mich mit schwitzigen Händen am kühlen Stuhlbein fest. Die Zeit, bis mein Mann mit *Lilly* auftauchte, kam mir wie eine Stunde vor. Angeblich waren es nur knappe zwanzig Minuten. *Lilly* legte sich zu mir auf den Boden und fragte mich, ob ich Bauchaua hätte. Sie meinte natürlich Bauchschmerzen. Ich nickte müde. Mein Mann kümmerte sich mit dem Kinderarzt um *Leon*. Die Impfung ging schnell und wir konnten endlich gehen. Der Kinderarzt sagte meinem Mann, dass er sich am Nachmittag bei uns melden würde, um sich zu vergewissern, dass es mir gut gehe. *Lilly* nahm mich bei der Hand und wir gingen zum Auto. Wie die Kleine mich an der Hand nahm und mir so signalisieren wollte, dass sie jetzt für mich stark war und für mich da war, das war unglaublich schön und gleichzeitig tat es so weh, weil ich doch diejenige von uns war, welche stark sein musste.

Mein Auto mussten wir hier stehen lassen. *Dave* sagte, dass er dieses später mit einem Kollegen holen würde. Wir fuhren los. Ich saß auf dem Beifahrersitz und krallte meine Fingernägel in das Sitzpolster. Ich fühlte mich wie im freien Fall und hatte keinen Halt. Ich dachte, ich würde jeden Moment ohnmächtig werden. Mein Mann löste vorsichtig meine versteiften Finger vom Sitzpolster und hielt meine Hand in seiner. Ich konnte nichts sagen und *Dave* versuchte die angespannte Stimmung etwas zu überspielen, indem er sich mit *Lilly* unterhielt. Das war nämlich das Letzte, was ich wollte, dass *Lilly* zu spüren bekam, wie schlecht es mir ging. Ich versuchte, mich auf meine Atmung zu konzentrieren. Ich dachte, dass, wenn ich möglichst schnell und oft einatme, ich mehr Sauerstoff bekäme. Gleichzeitig versuchte ich, angestrengt aus dem Fenster zu sehen, die Dinge anzuschauen, an welchen wir vorbeifuhren, um bei Bewusstsein zu bleiben. Zu Hause in der Garage stieg ich sofort aus und ging hinauf in unsere Wohnung. *Dave* sagte, er würde mit den Kindern nachkommen, ich solle mich hinlegen. Torkelnd ging ich hoch, zog mir benommen die Kleider aus und legte mich auf den Rücken in unser Bett. Ich konnte jedoch keine zwei Sekunden liegen bleiben, stand sofort wieder auf, lief durch die Wohnung hin und her und fragte mich, wieso es mir noch nicht besser ging. Die zwanzig Minuten, die es jedes Mal dauerte, waren längst vorbei. Ich riss die Balkontüre auf und ging nach draußen auf unseren Sitzplatz. Die Sonne schien, es war bereits sehr warm, doch ich fror. Also kehrte ich wieder um und ging zurück ins Wohnzimmer. Wo blieben mein Mann und die Kinder? Wieso waren sie noch nicht bei mir? Ich öffnete die Wohnungstüre und hörte meinen Mann mit einer Nachbarin im Treppenhaus sprechen. Also war alles gut, sie würden gleich hoch kommen. Ich lief von der Küche durch das Wohnzimmer, ins Schlafzimmer und wieder zurück, immer schneller, bis ich rannte. Mir tat alles weh und ich hatte ein heftiges Stechen in meiner Brust. Das Schlucken schmerzte nach wie vor und der Magen brannte. Als mein Mann dann hochkam, sagte ich zu ihm, dass ich das Gefühl hätte, fast keine Luft mehr zu bekommen. Also ging ich wieder in den Garten hinaus, mit der Hoffnung, draußen besser atmen zu können. *Leon* schlief friedlich in seinem Maxi-Cosi und *Lilly* setzte sich auf die Couch und spielte mit ihrem Teddy. Gott sei Dank bekamen die Kinder nichts mit. Ich ging wieder hinein und wieder hinaus. Als ich dann ein erneutes Mal drinnen war und vor dem Spiegel stand und mich ansah, war es, als blickte mich eine Fremde an. Das war nicht ich. Dieser verzerrte Blick, die Augen von Angst und Panik erfüllt, unwissend, was vor sich ging und was noch geschehen würde. Ich torkelte wieder zurück ins Wohnzimmer, mein Blickfeld war mittlerweile so verschwommen, dass ich nicht mehr richtig einschätzen konnte, wo die Wand war. Mein Mann sah mich an, sagte aber nichts. Ich war froh, dass er so gelassen bleiben konnte. Ruhig war er bestimmt nicht, aber er wirkte so. Und das war gut so. Denn ich war genug nervös für alle zusammen. Mein Herz schmerzte so sehr, dass mir plötzlich bewusst wurde, dass ich gleich einen Herzinfarkt haben könnte. „Du musst die Ambulanz rufen. Ich weiß nicht, ob ich es schaffe." Endlich konnte ich sagen, was ich seit über einer Stunde fühlte. Ich war mir nämlich überhaupt nicht sicher, ob ich diesen Tag überstehen würde, lebend, meine ich.

Vielleicht konnten die mich reanimieren, wenn ich wirklich zu wenig Sauerstoff hatte oder ich einen Herzinfarkt hatte, dachte ich. Mein Mann rief an. Ich bewunderte ihn, wie ruhig er am Telefon sprach. Ich selber hatte in dieser Situation nämlich sogar die Telefonnummer vergessen und sagte mir, dass, wenn ich das Ganze hier überlebte, ich die Notfallnummer in meinem Handy unter den Favoriten abspeichern würde, falls dies nicht bereits systemtechnisch so erfasst war. Ich stand vor meinem Mann, hielt seine Hand und schaute ihn an. Ich hörte, wie er am Telefon sagte, dass ich mich nicht hinlegen konnte und Schmerzen in der Brust hätte und immer wieder erwähnte, dass ich zu wenig Luft bekäme. Dann war wieder eine Pause. Die Person am anderen Ende der Leitung schien zu sprechen. Was sagte sie? Wieso wollte sie so viel wissen? Hatte sie zumindest schon eine Ambulanz losgeschickt? Was, wenn diese zu spät kam? Ich würde sterben, hier und heute in meiner Wohnung, vor den Augen meiner eigenen Kinder. Tränen schossen mir in die Augen und rannen über die Wangen hinunter. Es würde zehn Minuten dauern, sagte mein Mann, als er mit dem Telefonieren fertig war. Als ich erneut beinahe schrie, dass ich keine Luft bekam, sagte mein Mann, ich solle wieder in den Garten gehen, wenn das besser sei. Also ging ich wieder nach draußen und legte mich dort auf die Platten auf den Boden. Ich hatte Gänsehaut, und obwohl es nun bereits heiß wurde und die Sonne auf mich niederbrannte, war mir kalt. Mein Mann brachte mir eine Decke. Und so lag ich da und wartete auf die Ambulanz. Als ich mich später an diesen Moment zu erinnern versuchte, wusste ich nicht mehr, was ich in diesem Augenblick gedacht hatte. Und dann endlich, sieben Minuten später kam sie, sogar mit grellem und drehendem Blaulicht. Vier Rettungssanitäter kamen durch unsere Wohnung in den Garten zu mir hinaus. Alle mit Schutzmasken.

Ja, in diesem verrückten Jahr hatten wir weltweit das *Covid-19-Virus*, welches die ganze Welt in Angst und Schrecken versetzte. Manche glaubten, dass das Virus bewusst in einem chinesischen Labor gezüchtet wurde, andere hielten die Geschichte nur für eine Spekulation und ein Schauermärchen. Aufgrund der

Panikmacherei gab es auch noch diejenigen, die sich abschrecken ließen und wirklich Angst davor hatten. Ich selber kannte jemanden, der dieses Virus hatte und dem es sehr schlecht ging, so dass er hospitalisiert werden musste. Ich musste zugeben, auch ich hatte Respekt davor, keine Angst, jedoch hatte auch ich mir Gedanken dazu gemacht und mich an die Vorschriften des Bundes gehalten. Die Schließung unserer Kinderkrippe, in welcher *Lilly* war und in die *Leon* eigentlich ab Juli auch hätte hingehen sollen, war eine der vielen Konsequenzen davon. Wir mussten in kürzester Zeit eine neue Krippe finden. Eine Krippe, welche in der Nähe war, unserer Erziehungsphilosophie entsprach, uns sympathisch war und natürlich auch noch bezahlbar war. Im Unternehmen meines Mannes gab es teilweise Kurzarbeit, zum Glück aber blieb seine Abteilung davon verschont. Auf meiner Arbeit wurde auch striktes Homeoffice verordnet und ich wusste noch nicht genau, wo ich im August nach Beendung meines Mutterschaftsurlaubs wieder zu arbeiten beginnen sollte, zu Hause im Homeoffice oder im Büro vor Ort. Ich freute mich wahnsinnig darauf, wieder zur Arbeit zu gehen. Seit acht Jahren war ich schon dort und ich konnte es ehrlich gesagt kaum erwarten, auch wieder Mitarbeiterin und Arbeitskollegin und nicht nur Ehefrau und Mutter zu sein.

Corona, so heisst das Virus. Ich hoffe, dass heute, wenn ihr, liebe Leserinnen und liebe Leser, diese Zeilen vor euch habt, diese Pandemie endlich aus der Welt geschafft und überstanden ist. Leider, so wusste ich, hätte sich die Wirtschaft bis dahin aber noch nicht erholt. Das *Coronavirus* hatte vieles zerstört und während ich das niederschrieb, war dieses nach wie vor Bestand unserer Leben und bereitete sich aktuell sogar gleich auf eine weitere Welle vor. Die Fallzahlen stiegen wieder. Arbeitsstellen wurden gestrichen, Personen starben, das soziale Umfeld und Freizeitaktivitäten wurden radikal heruntergefahren, da man aufgrund von Mindestabstand und Hygienevorschriften Einschränkungen vornehmen musste. In den letzten Monaten fühlte ich mich wie in einem Kriegsgebiet. Und das im Jahre 2020 in der Schweiz, einem der sichersten und finanziell besten Orte auf der Welt.

Wo waren wir bloß gelandet? Was passierte mit dieser Welt und ihrer Menschheit?

Obwohl ich immer noch auf den Gartensitzplatten lag, die Wolldecke über mir, und nun diese vier Sanitäter um mich herum standen, kamen mir all diese Gedanken. Und zwar in einer solch rasanten Geschwindigkeit, als würde man einen Film im Fernsehen vorspulen. Dieses Tempo an Gedanken war sehr unangenehm, denn ich konnte mich an keinem einzelnen Gedanken wirklich festhalten und ich hatte keine Taste, um Pause zu drücken, wie auf der Fernbedienung.

Ich starrte in die Gesichter um mich herum oder wohl eher auf ihre Masken. Die Sanitäterin zu meiner rechten Seite legte ihre Hand auf meinen zitternden Handrücken und stellte mir einige Fragen. Ich hörte sie sprechen, sah in ihre Augen und spürte ihren warmen Händedruck auf meiner Hand, doch ich verstand keines der Worte, die sie von sich gab. Mein Mann kam dazu und konnte einige Antworten für mich übernehmen. Ein weiterer Sanitäter tauschte unsere Wolldecke mit einer Wärmedecke aus seinem Rettungskoffer. Er legte mir eine Infusion an und einen Augenblick später hatte ich auch einen Sauerstoffschlauch unter meiner Nase. Es roch sehr chemisch und unangenehm. Mir wurde darauf sofort wieder übel und endlich fand ich auch meine Stimme wieder und konnte mich nun mitteilen. Ich erzählte vom heutigen Besuch beim Kinderarzt, von den Kreislaufproblemen und vor allem von der Angst, dass ich zu wenig Sauerstoff bekommen könnte und von den Herzschmerzen. Mit einem weiteren Gerät aus einem der roten Koffer kontrollierte die Frau, die meine Hand hielt – sie schien die leitende Sanitäterin in diesem Team zu sein – wie viel Sauerstoff meine Lunge tatsächlich bekam. „Mehr wie hundert Prozent Sauerstoffzufuhr geht nicht. Sie haben definitiv genügend Luft", meinte sie mit beruhigender Stimme und drückte meine Hand sanft. Wie war das möglich? Seit über zwei Stunden hatte ich Angst, dass ich ersticken könnte. Meinten die etwa, ich erzähle ihnen ein Märchen? Vielleicht hatte ich ja *Corona*, vielleicht hatte es mich nun auch erwischt, schoss es mir durch den Kopf. Doch sie schüttelte den Kopf und sagte, ich hätte keine Symptome dergleichen und die Schmerzen in meiner Brust, welche ich als Herzschmerzen wahrnahm, waren sehr wahrscheinlich durch die Verspannung einer Hyperventilation in meiner Panik entstanden. Ob ich an Panikattacken leiden würde, war die nächste, sehr unangenehme Frage an mich. Ich schüttele den Kopf. „Natürlich nicht!", antwortete ich energisch. Jetzt kam doch tatsächlich schon wieder jemand mit dieser Panik. War heute der Welt-Panik-Tag oder was sollte das? Was für eine Frage! Ich war wirklich verärgert. Mein Herz wurde zum Glück dennoch überprüft. Ich erzählte, dass ich bereits im Frühling teilweise, wenn auch unregelmäßig, undefinierbare Stiche in der Herzregion hatte, mich aber nicht traute, meinem Mann oder sonst wem davon zu erzählen. „Sie haben zwei kleine Kinder und vor wenigen Monaten gerade erst entbunden. Das ist natürlich sehr anstrengend", meinte eine weitere Sanitäterin, die bis dahin nur zugeschaut hatte. Was wusste die denn schon von meinem Leben und überhaupt vom Leben einer Mutter mit zwei kleinen Kindern, dachte ich und ignorierte ihre Aussage etwas genervt. Ich wusste aber im Grunde, dass es mehr eine Feststellung war, und ja, natürlich hatte sie recht, aber ich wollte nicht zugeben, dass es anstrengend ist, schließlich liebe ich meine Kinder und würde alles dafür tun, dass es ihnen gut geht und sie glücklich sind. Ich bin ihre Mama, die schon alles geschafft hat. Ich war eine Powerfrau, was also wollte mir diese Fremde da schon von meinem Leben erzählen? Ich konnte nicht beantworten, ob es in meiner Familie Herzprobleme gab. Ich war adoptiert und so wusste ich nichts über eine womögliche Vererbung oder dergleichen. Die Antwort „Ich weiß es nicht, ich bin adoptiert." musste ich schon so viele Male geben. Dabei hatte ich nie etwas Schlimmes empfunden, es war einfach auch nur eine Tatsache. Ich bin adoptiert und ich wusste die Antwort darauf nicht. Auch dieses Mal sagte ich diesen Satz, jedoch wurde ich das erste Mal dabei auch traurig. Oder wütend? Ich wusste nicht, was es war und was sich da in diesem Moment in mir ausbreitete. Ich war froh, dass ich gemäß diesem Gerät anscheinend genügend Sauerstoff bekam und ich keinen zusätzlichen brauchte, und dennoch blieb dieser grässlich stinkende Schlauch in meiner Nase. Und selbstverständlich war ich auch froh, dass es meinem Herz auch gut ging. Es schlug zwar etwas schnell, aber es war in Ordnung. Meine Beine kribbelten und es machte mich unruhig. Am liebsten wäre ich aufgestanden und herumgelaufen, so, wie wenn ein Fuß eingeschlafen wäre. Doch ich wusste, dass ich die Kraft zum Aufstehen gar nicht hatte. Mir wurde die Infusion angelegt, Flüssigkeit zum einen und Schmerzmittel zum anderen, da ich nach wie vor heftige Magenkrämpfe hatte. Auch wenn ich nun wusste, dass es meinem Herz gut ging, wollte ich wissen, warum ich so Schmerzen in meiner Brust hatte. Ich wiederholte mich also erneut und erklärte, dass ich glaubte, zu wenig Sauerstoff zu bekommen, und ich mir sicher war, demnächst in Ohnmacht zu fallen oder an einem Herzinfarkt zu sterben. Die leitende Sanitäterin kam ganz nah zu mir, viel zu nah meiner Meinung nach. Und dann kam heute zum dritten Mal das Wort und vor allem dieser schreckliche Satz: „*Das war eine Panikattacke.*" Ich hatte das Gefühl, dass mein Herz nun tatsächlich stehenblieb. Dieser Satz an diesem Samstagvormittag, draußen auf unserem Sitzplatz, umringt von Rettungssanitätern und meinem Mann, der daneben stand und mich ansah, dieser komplette Satz, mit konjugiertem Verb und Punkt am Ende, veränderte alles. Nicht nur diesen Tag, nein, er veränderte mein ganzes Leben. Dieses Leben, welches ich bis dahin gelebt hatte. Er veränderte mich und meine Umgebung und das Leben, welches mir noch bevorstand. Einfach alles.

Ich sagte nichts. In meinem Kopf rotierte es. Was erlaubte sich diese Frau? Sie hatte keine Ahnung, wer ich war, wie mein Leben aussah, was ich tat. Und anscheinend hatte sie auch keinerlei Ahnung, was ich wirklich hatte oder was in mir gerade vorging. Ich war wütend, richtig wütend. Auf diese Frau, auf den ganzen Tag und vor allem auf mich selbst. Ich löste jedes Problem selber, egal wie groß es auch schien, ich fand für alles eine Lösung und tat selber immer alles, um das Problem aus der Welt zu schaffen. Ich wollte die Ambulanz, damit sie mich retten konnte, weil ich dachte, ich würde hier sterben. Weil ich Angst hatte, dass meine Familie mich heute verlieren würde. Und das Schmerzmittel in dieser Infusion hatte auch noch nicht gewirkt. Es hat nichts gebracht, dass die da waren. Das Einzige, was ich davon hatte, war wohl bald eine hohe Rechnung von der Krankenkasse. Und da ich nie zum Arzt musste, weil ich immer gesund war, war somit die ganze Jahresfranchise ausstehend, welche ich nun selber bezahlen musste, toll.

Ich sah einen der Sanitäter in unsere Küche gehen und sich dort suchend umschauen. Mein Mann folgte ihm und wurde gefragt, ob ich irgendwelche Medikamente einnahm, ob ich schon länger mit psychischen Problemen zu tun hätte und ob ich eine Psychologin hätte, welche man kontaktieren könnte. Dieses Szenario war wie in einem Kriminalfilm. Die Leiche, das war wohl ich, da ich mich auch genau so fühlte, lag irgendwo am Boden, in diesem Falle draußen auf unserem Sitzplatz, und nun traf die Polizei oder eben hier die Ambulanz ein und suchte nach der Mordwaffe oder der Ursache für den für alle überraschenden und unerklärbaren Tod. Ich nahm keine Medikamente. Ich hatte noch nie psychische Probleme. Die Wut, die in mir brodelte, konnte man sich kaum vorstellen. Wütend darüber, dass fremde Menschen sich ein Urteil über mich und mein Leben bildeten, kamen mir wieder die Tränen.

Natürlich, das musste ich zugeben, war ich nicht glücklich. Schon länger nicht. Ich wusste nicht, seit wann, und ich wusste nicht genau, an welchem Tag ich das genau festgestellt hatte. Irgendwann im Frühling vielleicht, nach der Geburt von *Leon*. Ich war oft traurig und Dinge, die ich früher, auch mit einem Kind, mühelos erledigt hatte oder angegangen war, fielen mir auf einmal schwer. Ich hatte das starke Bedürfnis, alleine sein zu wollen. Weit weg von meinem Leben, das ich lebte, und von den Menschen, die um mich herum waren. Das war auch der Grund, weshalb ich für ein Wochenende in einem Hotel wohnte. Dies nicht, weil ich nicht zu Hause sein wollte oder von meiner Familie getrennt, sondern, weil ich einfach alleine sein wollte. Was schlussendlich auch der Grund dafür war, dass ich nach vielen

Ermutigungen von Familie und Freunden den Schritt gewagt hatte, einen ersten Termin bei einer Psychologin wahrzunehmen. Ein Schritt, welcher mir extrem viel Mut gekostet hatte. Denn diesen Schritt zu gehen, bedeutete für mich, dass ich das erste Mal selber keine Lösung für mein Problem mehr hatte, dass ich Hilfe brauchte. Ich war überzeugt, dass, wenn ich ein paar Mal dort war, meinen Kummer von der Seele gesprochen hätte, alles wieder gut war und wieder so, wie es immer war. Obwohl ich das selber nie erleben wollte, wusste ich, dass es viel mehr Menschen gab, als man dachte, die einen Psychologen aufsuchten, um ein Problem oder, wenn schlimmer, auch eine Krise zu bewältigen. Ich tat es eigentlich nur, damit mein Umfeld aufhörte, mir ständig zu sagen, dass ich mich verändert hatte und ich endlich mit jemanden reden sollte. Ich wusste, sie meinten es gut, sie wollten mir helfen. Alle wollten mir helfen. Doch ich wollte keine Hilfe, ich brauchte keine Hilfe. Ich hatte noch immer alles alleine geschafft. Schließlich hatte ich als kleines Mädchen den Weg von Indien in die Schweiz auf mich genommen. Hatte mich in ein neues Land mit einer anderen Kultur und einer neuen Sprache gewagt. Ich konnte auch bestens damit umgehen, dass ich als dunkelhäutiges Mädchen in fast jeder Situation auffiel und nach meinem ursprünglichen Geburtsort gefragt wurde. Was berechtigt also fremde Menschen aufgrund von Herzschmerzen und Sauerstoffmangel, und vor allem vor meinen beiden Kindern, zu urteilen, dass ich jetzt eine Panikattacke hätte, was auch immer das zum Teufel nochmal überhaupt sein sollte? Und die Frage nach Medikamenten und psychischen Problemen war für mich dann noch das Beste am Ganzen. Bei der Frage, ob in meiner Familie psychische Erkrankungen vorkämen, gab ich wie zuvor die gleiche Antwort, dass ich adoptiert war und ich es deshalb nicht wusste. Bestätigung genug, dass sie mir vielleicht doch nicht zugehört hatten. Einige Minuten vorher war es die Frage nach psychischen Problemen, jetzt war die Formulierung bereits bei psychischer Erkrankung angelangt. Ich konnte nicht mehr. Heiße Tränen liefen mir die Wangen hinunter. Dennoch versuchte ich, ruhig zu atmen, langsam und bewusst, wie es der Sanitäter mir sagte. Ich wusste, ich musste das jetzt einfach überstehen. Alleine wieder einmal, wie so manches in meinem Leben, so, dass sie dachten, es wäre alles wieder gut und ich hätte mir das alles nur eingebildet. Und vorgetäuscht, damit sie jetzt schnell wieder gehen würden.

In diesem Moment sah ich eine Nachbarin auf dem Balkon. Sie schaute, ohne eine Reaktion zu zeigen, hinunter. Natürlich erschrickt man im erstem Moment, wenn eine Ambulanz vor dem Hause steht und man sieht, dass sich vier Rettungssanitäter um die Nachbarin kümmern. Wenn sie daliegt, versehen mit diversen Schläuchen für Stauerstoff, Flüssigkeit und Schmerzmittel, und ein großer Kasten daneben, welcher piepsend den Herzschlag überwacht. Und dennoch, wo blieb der Anstand, wo der Respekt und wo blieb die Privatsphäre dem anderen gegenüber? Zwei der Sanitäter begannen ihre Sachen wieder in ihren Koffer einzupacken. Sie waren zum Aufbruch bereit. Ich war erleichtert. „Wir gehen jetzt", sagte die leitende Sanitäterin und hielt mich am Arm. „Schaffen Sie es alleine oder sollen wir ihnen helfen?" Sie sah mich fragend an. Wieso waren die Schläuche immer noch an mir und weshalb sollte sie mir hochhelfen? Ich war irritiert. Sie sagte doch, dass sie gehen würde. Erst dann kapierte ich, dass sie mich mitnehmen wollten. „Es ist ja alles gut, haben Sie gesagt, also kann ich hier bleiben", hatte ich trocken geantwortet. Sie wollten sich mein Herz doch nochmals genauer anschauen und ich sollte im Spital mit dem Oberarzt sprechen. Mir wurde wieder schwindlig und ich stellte erst in diesem Moment fest, dass es die letzten Minuten eigentlich wieder besser war mit den Kreislaufproblemen. Ich wollte auf keinen Fall durch das Wohnzimmer gehen. Meine Kinder sollten mich nicht, wie ein Weihnachtsbaum geschmückt, mit Sauerstoff und Infusion weggehen sehen. Mein Mann wollte mir versichern, dass er nachkommen würde. Aufgrund der Situation mit *Corona* wurde ihm jedoch nicht erlaubt, mit- oder nachzukommen. Die Sanitäter halfen mir dabei, aufzustehen, durch den Garten und über unsere selbst kreierte Plattentreppe hinunter auf den Parkplatz zu gelangen. Sie hoben mich auf die Trage und schnallten mich an. Ich fühlte mich schwach, ausgeliefert und sehr hilflos. Das Piepsen auf dem Herzüberwachungsmonitor wurde wieder lauter. Ich dürfte mich nicht aufregen, dass sei nur so laut, weil mein Herzschlag schneller wäre und ich müsste mir keine Sorgen machen. Und sie hätten mich nur angeschnallt, damit ich mich im Ambulanzwagen nicht verletzten könne oder von der Trage fallen. Es würde alles gut werden. Ich hörte wieder das Pfeifen im Ohr und war wieder kurz davor, das Bewusstsein zu verlieren. Bevor sie mich gemeinsam in den Wagen hochheben konnten, mussten sie tatsächlich einem weiteren Nachbarn sagen, dass er von der offenen Türe des Fahrzeugs wegtreten solle. Ein anderer Nachbar stand auf seinem Balkon und schaute hinunter. Er machte sich nicht die Mühe, sein Schauen zufällig wirken zu lassen, nein, er verharrte an Ort und Stelle und sah zu. Es war mir peinlich. Sie dachten bestimmt alle, ich hätte *Corona*. Auf der Fahrt ins Spital konnte ich nicht aufhören, zu weinen. Ich wimmerte leise vor mich hin. Ich hörte mir selber zu und wusste nicht, ob ich Mitleid mit mir selber hatte oder ob es einfach nur grässliche Scham war. Ich schämte mich, dass ich einen solchen Aufwand betrieb und das, obwohl sie sagten, es wäre alles gut. Ich schämte mich, weil ich danach eine hohe Arztrechnung zahlen musste. Ich schämte mich, weil ich nicht bei meinen Kindern bleiben konnte, und ich erinnerte mich ebenfalls, dass ich jetzt eigentlich die Wäsche waschen wollte, welche ich bereits gestern Abend vorsortiert hatte. Ich hatte mich im Wäschekalender im Keller eingetragen.

Im Spital angekommen, wurde ich von der Trage auf ein Spitalbett umgelegt und erhielt nun auch eine Schutzmaske. Wie konnte man mir eine solche Maske aufzwingen, unter welcher ich noch weniger Luft bekäme? Es ging mir dabei nicht darum, dass ich mich gegen das Tragen der Maske im Kampf gegen das Coronavirus weigern wollte, ich hielt mich stets an alle Vorschriften. Aber in diesem Moment, in dem ich dachte, dass ich aufgrund von Sauerstoffmangel sterben würde, fand ich die

Maske dann doch sehr fragwürdig. Ich verstand nicht mehr viel. Ich sollte das Herz nochmals kontrollieren, den Oberarzt kurz sehen und dann würde ich sofort meinen Mann anrufen, damit er mich so rasch wie möglich wieder nach Hause holen konnte. Das war mein Plan. In der Notfallabteilung wurde ich in ein separates Abteil geschoben und der sterile, duschähnliche Vorhang zum Flur wurde zugezogen. Eine junge Frau kam herein und ersetzte die Infusion mit einem neuen Beutel. Die Schmerzmedikamente wollten noch immer nicht wirken. Ich hatte nach wie vor sehr starke Magenschmerzen. Ich riss mich jedoch zusammen, damit wir kurz miteinander sprechen konnten. Sie wollte wissen, wie hoch mein Gewicht war und ob ich genügend aß.

Ich sagte ihr, dass ich mein aktuelles Gewicht nicht kannte, da ich sehr selten bis fast nie auf einer Waage stand. Ich war schon immer sehr schlank und in meiner ganzen Kindheit und Jugendzeit bis kurz vor der Schwangerschaft mit *Lilly* hatte ich immer sehr viel Sport betrieben. Ich war im Leichtathletikverein, in einer Tanzgruppe, war viel Joggen und bis vor wenigen Jahren noch immer aktiv in einem Fußballverein tätig. Sport war mir immer sehr wichtig gewesen, nicht der Figur halber, sondern weil es mir mental guttat und Sport für mich sehr interessant war. Bis heute verfolgte ich am meisten jedoch Fußball. Seit 1998 bin ich Fan des italienischen Fußballclubs *AS ROMA* und war fasziniert vom Talent des römischen Fußballgottes *Francesco Totti*. Leider spielt *Totti* nicht mehr aktiv Fußball. Für mich gab es aber immer nur den einen wahren Captain der *ROMA* und das war nun mal *Totti*. Mein Vater zog mich früher immer auf, weil ich so ein begeisterter Fußballfan war und *Totti* so bewunderte und für ihn schwärmte. Ich hatte unzählige Fußballartikel und in meinem Zimmer zu Hause bei meinen Eltern die ganzen Wände damit tapeziert. Fotos und Zeitungsartikel, Fußballbilder, die sogenannten *Paninibilder*, und Schals, Trikots und andere Accessoires. Natürlich alle in den Farben der *ROMA*, der *Giallorossi*. Ich weiss immer noch, dass ich mein erstes Fußballtrikot von meinen Eltern geschenkt bekommen habe. Wir hatten es in *Luino* auf einem italienischen

Markt gekauft. Wir waren wie sooft im Tessin in den Ferien, weil wir dort ein Ferienhaus hatten. Genauer gesagt, gehörte es meinen Großeltern. Wir verbrachten fast jede Ferien in der kleinen Ortschaft in den Hügeln von *Bogno*. Von dort aus war es nicht mehr weit über die Grenzen nach Italien. Und wie ein italienischer Markt es so an sich hatte, gab es dort alles, was man brauchen wollte und konnte. Mich interessierten dabei aber immer nur die Händler und Marktstände mit den Fußballtrikots. Dafür gab ich mein ganzes Taschengeld aus. Das war nicht viel, im Vergleich zu anderen in meiner Klasse. Ich war oft neidisch, weil meine Schulfreunde mehr Taschengeld besaßen. Irgendwann war ich jedoch froh darüber, denn so lernte ich schon sehr früh, mit Geld umzugehen.

Das war einer der Gründe, weshalb ich immer auf alles sparen konnte, ohne dabei Kredite auf mich zu nehmen und in Schulden zu geraten. Ich hatte auch noch nie eine Mahnung, geschweige denn eine Betreibung, und meine allererste Geldbuße aufgrund von Geschwindigkeitsübertretung hatte ich diesen Mai. Ein paar Wochen später wusste ich es dann doch etwas besser. Es war die Mrs. Perfektionismus in mir, welche mich zu diesem korrekten Verhalten gezwungen hatte und welche mir auch noch einen gewaltigen Stein in den Weg legen sollte.

Ich antwortete der Krankenschwester, dass ich heute zwar noch nichts gegessen habe, aber eigentlich sehr gerne esse, ich habe jedoch eine sehr gute Verbrennung. Eine Gewichtszunahme, welche mir bewusst war und die man mir auch ansah, verzeichnete ich nur, als ich mehrere Monate in Australien war und mich mehrheitlich von Bier und Fastfood ernährte, und selbstverständlich in den beiden Schwangerschaften. Dennoch, das musste ich wohl zugeben, hatte ich nach dieser zweiten Schwangerschaft etwas Mühe mit meinem Körper.

Ich wusste durchaus, dass eine Schwangerschaft dem Körper vieles zumutet, schließlich erschafft er dabei auch ein wundervolles Wesen. Und nach einer zweiten Schwangerschaft war es auch klar, dass der Körper etwas mehr Zeit brauchte, um sich wieder zu erholen. Diese Zeit wollte ich mir und meinem Körper aus irgendwelchen Gründen aber nicht geben. Ich wollte so schnell wie möglich wieder so schlank sein wie vorher. Aus diesem Grund hatte ich im Frühling, kurz nach der Geburt von *Leon*, bereits wieder mit intensivem Sporttraining zu Hause begonnen. In den letzten Wochen war ich jedoch sehr müde und hatte es deshalb wieder vernachlässigt. Ich fühlte mich nicht dick, so meine ich das nicht. Und das war ich ja auch nicht. Ich fühlte mich in meinem Körper einfach nicht mehr wohl und fand mich selber somit auch nicht mehr schön.

Die Krankenschwester informierte mich, dass der Oberarzt jetzt vorbeikäme und sie sich verabschieden würde. Und, dass sie mir vergewissern könne, dass ich auf keinen Fall dick sei. Müde lächelte ich sie an. Sie wollte höflich sein. Und ja, ich wusste ja, dass ich nicht dick war und ich seit der Geburt bereits sehr viel abgenommen hatte, sogar überdurchschnittlich viel in einer solch kurzen Zeit, was wiederum eher ungesund war. Von Zufriedenheit war ich jedoch noch weit entfernt. Sie zog den Vorgang hinter sich wieder zu und ich war wieder alleine. Ich starrte auf die gegenüberliegende kalte weiße Wand.

Ich fühlte mich erschöpft, müde vom ganzen Tag, obwohl ich noch nicht annähernd das getan oder erreicht hatte, was ich mir mit meiner heutigen To-do-Liste vorgenommen hatte. Ich bemerkte auch, dass diese Nervosität nicht mehr vorhanden war. Und auch das Gefühl der Enge beim Schlucken war weg. Nur noch die muskuläre Verspannung im Brustbereich, wie die leitende Sanitäterin das so schön bezeichnen wollte, war noch da. Die schmerzte sogar noch sehr. Die Magenschmerzen waren auch besser, das Schmerzmittel schien endlich seine Wirkung zu zeigen. Ich war ruhig. Ich fixierte einen etwas dunkleren Flecken an der Wand, vielleicht war es auch nur ein Schatten. Wovon, habe ich aber nicht nachvollziehen können.

Und in dieser Ruhe und Stille offenbarte sich mir ein mir unbekanntes und neues Gefühl. Die vielen Gedanken, welche sonst in meinem Kopf herumrasten, waren ausnahmsweise nicht da. Ich wusste gar nicht, worüber ich mir in diesem Moment gerade Gedanken oder Sorgen hätte machen sollen. Tatsächlich war ich damit gerade ein bisschen überfordert. Üblicherweise hatte ich immer etwas zu studieren, planen, überlegen oder abwägen. „Es ist okay", sagte ich leise vor mich hin und im nächsten Augenblick fragte ich mich dennoch, was ich damit genau meinte. Was war okay? Und ich fühlte, dass es der Gedanke war, zu akzeptieren, dass dies nun mein Ende war. Meine Zeit war abgelaufen. *Lilly* und *Leon* würden ohne mich groß werden, ohne mich ihre ersten Erfahrungen mit dem Leben machen, ohne mich das erste Mal am Meer sein und ohne mich Fußball spielen. Ich war traurig und Tränen überkamen mich unaufhaltsam. Aber es war okay. Es musste wohl so sein, weil ich die Kraft nicht mehr hatte. Die Kraft, um ein Leben zu führen und dabei nicht zu wissen, ob ich glücklich war und was mir fehlte oder was ich brauchte. Ich hatte die notwendige Kraft einfach nicht mehr. Und somit war es in Ordnung. Heute, an diesem 4. Juli, war es also soweit. Und ich wusste, dass alles gut werden würde. Es waren sehr traurige und schlimme Gedanken und noch heftiger war das fremde Gefühl, dass ich etwas hinnahm, ohne mich zu fragen, was ich tun musste, damit es anders würde. Diese Ruhe hatte ich noch nie zuvor in meinem Leben gespürt. Ein Moment, in dem ich nichts tun musste, niemand hatte etwas von mir erwartet, ich wurde nichts gefragt und um nichts gebeten, ich hatte nichts zu tun und da war kein Gedanke, welcher mich hätte unter Druck setzen können. War es das Gefühl, das Menschen kurz vor dem Sterben begleitet? Wenn man sein Ende ohne Wenn und Aber hinnimmt und akzeptiert?

In diesem Moment kam ein Mann in langem, weißem Kittel und setzte sich auf den Stuhl an meinem Bettrand. Er war sehr jung und ich überlegte mir, in welchem Alter er bereits sein Medizinstudium abgeschlossen haben musste, um jetzt schon den Titel des Oberarztes zu erlangen. Er kontrollierte nochmals mein Herz, es war nach wie vor alles in Ordnung. Er reichte mir eine kleine weiße Schmelztablette. Sie würde mir helfen, etwas zur Ruhe zu kommen, und wenn ich mich müde fühlen würde, dürfte ich mich dann zu Hause etwas hinlegen. Er legte mir noch ein durchsichtiges Tütchen auf den Tisch und fügte hinzu, dass dies *Temesta* sei und er dieses in einer solchen Situation immer mitgebe. Ich konnte erkennen, dass darin nochmals zwei weitere Tabletten enthalten waren. Ich würde heute also doch nicht sterben und durfte wieder nach Hause. Das war's. Er ging und ich durfte noch einen Moment bleiben. Ich betrachtete die kleine weiße Tablette in meiner Hand. Ich war ein absoluter Gegner von Medikamenten. Ich nahm nur während der Schwangerschaft die notwendigen Medikamente wie Folsäure, Eisen und Vitamine für meine Kinder in meinem Bauch. Auch wenn ich Bauch- oder Kopfschmerzen hatte, griff ich nur im Alleräußersten zum Schmerzmittel. Außerdem nahm oder tat ich selten etwas, vorauf ich nicht vorbereitet war. Ich wollte stets wissen, weshalb etwas so war oder helfen sollte, was mögliche Konsequenzen oder in diesem Falle eventuelle Nebenwirkungen sein konnten.

Ich war auch absolut kritisch gegenüber Drogen. Nicht, dass ich nicht die eine oder andere Erfahrung damit gemacht hätte. So war es nicht mal in meinem kleinen, perfekten Leben. Ich hatte eine ziemlich rebellische Jugend. Wieso das so war, wurde mir erst zu einem viel späteren Zeitpunkt bewusst. In diesem Moment wollte ich einfach nur diese Ruhe und Gelassenheit genießen, welche ich so intensiv verspürte. Ja, das war genau das, was auch Drogen oder bestimmte Medikamente mit einem machen konnten: Gefühle und Stimmungen verändern. Der Vorhang ging wieder auf. Eine neue Krankenschwester kam herein und entfernte mir wortlos die Infusion und klebte mir ein weißes Pflaster auf die Einstichstelle der Nadel. Dann ging sie wieder. Ich richtete mich auf und erhob mich. Das Tütchen mit den beiden weiteren Tabletten steckte ich mir ein. Ich konnte sie ja noch immer wegwerfen. Falls ich sie jedoch brauchte, würde ich froh sein, sie bei mir zu haben. Vorsichtig löste ich die kleine Schmelztablette in meiner Hand aus ihrer Verpackung und das *Temesta* zerging auf meiner Zunge.

Mein Mann holte mich ab. Zu Hause war alles wieder gut. Ich war ruhig, gelassen und konnte mir nicht mehr vorstellen, was an diesem Tag alles passiert war und weshalb ich alles so intensiv erlebt hatte. Ich nahm an, dass es die Wirkung dieses *Temestas* war. Mein Kaffee, den ich heute Morgen zwar hingestellt hatte, aber nicht mehr trank, weil ich ihn aus lauter Stress vergessen hatte, schüttete ich nun weg. Irgendwann wurde ich sehr müde und schläfrig. Ich legte mich hin und schlief acht Stunden am Stück durch. Ich war wie im Koma. Wenn eines der Kinder gerufen hätte, hätte ich vermutlich nichts davon gehört. Ich war weg.

3

Die Wochen danach

Zwei Tage später musste ich nochmals ins Spital. Ich hatte so starke Bauchschmerzen und Angst, dass etwas mit meinem Magen oder Bauch nicht in Ordnung war. Mein Mann fuhr mich abends in die Notfallaufnahme, obwohl ich wusste, dass ich dort wieder lange warten würde, alleine in einem Wartezimmer, aktuell mit Schutzmaske, unter dieser ich wieder weniger Luft bekäme. Aber ich brauchte Gewissheit. *Leon* schlief bereits, als *Dave* mich mit *Lilly* ins Spital fuhr. Eigentlich wollte ich selber fahren, aber kaum war ich aus der Garage, ging nichts mehr. Ich hatte Angst, dass ich den Weg nicht schaffe, dass ich ohnmächtig werden könnte, dass ich zu erschöpft und müde war, um mich auf die Straße zu konzentrieren. Früher hätte ich nie weggehen können, wenn eines der Kinder geschlafen hatte, weil es ja jederzeit hätte aufwachen können und dann niemand da war. An diesem Tag musste es sein.

Im Spital wurden diverse Untersuchungen gemacht. Ein Ultraschall vom Bauch wurde durchgeführt, die Leber- und Nierenwerte geprüft, Bakterienstatus analysiert, Herztöne abgehört und noch vieles mehr. Alles war gut. Ich sei eine gesunde junge Frau, hieß es. Aber nach der Meinung der Ärzte litt ich an einer enormen Überbelastung und ich müsste dringend eine intensive Psychotherapie in Anspruch nehmen. Ich bräuchte wirklich Hilfe. Das war nicht sehr ermutigend und ich wusste nicht, was ich denken sollte.

Zu Hause versuchte ich, mich irgendwie abzulenken, doch in meinem Kopf rotierte es weiter. Ich war traurig und enttäuscht. Enttäuscht über mich selber.

Was, wenn es wirklich wahr war? Was, wenn ich wirklich plötzlich unter Panikattacken und Angstzuständen litt? War ich wirklich überfordert und überlastet mit meinem Leben? Wäre es besser gewesen, wenn ich nicht Mutter geworden wäre? Meine Kinder verdienten eine Mama, die alles schaffte und die Kraft hatte, und keine, die plötzlich Angst vor den normalsten Dingen dieser Welt hatte. Ich war nicht gut genug für sie. Sie hatten etwas Besseres verdient. Dieses Gefühl schmerzte so sehr in meiner Brust, dass ich zwei Stunden am Stück weinte und so dann irgendwann voller Erschöpfung einschlief.

Wie die nächsten drei Wochen verliefen, ist kaum zu beschreiben. Ich war nicht mehr ich selber. Ich lebte jeden Tag mit der Furcht, dass sich dieser 4. Juli wiederholen könnte. Ich hatte täglich schlimme Magenschmerzen und verspürte eine innere Unruhe und Nervosität in mir, die ich bis vor diesem Tag beim Kinderarzt nicht gekannt hatte.

Zwei Mal kam *May* vorbei und hatte für mich eingekauft und bei uns zu Hause Lasagne gekocht. *May* hatte ich vor über zehn Jahren in *Australien* kennengelernt. Ich pflegte gerne zu sagen, dass sie das beste Souvenir war, das ich aus *Australien* mit nach Hause genommen hatte. Einige Jahre waren wir sehr eng befreundet, hatten uns jede Woche mindesten einmal gesehen, machten die Zürcher Tanzclubs und Bars unsicher und verbrachten Nächte damit, die Staffeln von *Sex and the City* zu schauen und Wein zu trinken. Zusammen hatten wir in *Australien* wie auch hier, zurück in der *Schweiz*, die verrücktesten Geschichten erlebt. Ja, *May* kannte viele meiner Sünden und während ich an das eine oder andere Abenteuer dachte, prustete ich lautstark heraus. *May* war wunderschön und ich kannte niemanden sonst in meinem Umkreis, der so viele Tätowierungen hatte wie sie. Blumen, Ornamente, Früchte, da gab es Allerlei, was ihren Körper schmückte. Sie arbeitete auch einmal in einem Tattoogeschäft als Piercerin und konnte später sogar die Funktion als Filialleiterin dort übernehmen. Ich war stolz auf sie. Was unter anderem einer der Gründe war, wie ich selbst auf den Geschmack von Piercings und Tattoos kam. In den letzten Jahren hatten wir uns zwar ein bisschen auseinandergelebt, aber das war auch absolut verständlich. Schließlich lebten wir zwei völlig verschiedene Leben und mit Arbeit und Familie war es für mich nicht immer so einfach, alle Freundschaften noch gleich intensiv zu pflegen. *May* hatte seit ein paar Jahren auch wieder einen Freund und zog mit ihm in eine gemeinsame Wohnung. *May* und ihr Freund hatten aber noch Zeit zu Reisen, Ferien zu buchen, auswärts essen zu gehen und das ganze Wochenende auch einmal faul auf dem Sofa zu gammeln. Das war der Unterschied zu meinem Familienleben mit zwei Kindern.

Ich liebte *Mays* Lasagne und war ihr sehr dankbar dafür, dass sie Zeit hatte, mit *Lilly* herumzualbern und uns etwas Feines zu kochen. *Leon* war wie immer zufrieden in seiner Wippe und noch glücklicher, wenn er seiner Schwester zuschauen konnte. Sobald *Lilly* nämlich aus seinem Blickfeld verschwand, begann er zu weinen. Zuckersüß und eine Verbindung, die es so von Anfang an und mit dieser Verbundenheit wohl nur bei Geschwistern geben konnte. Wie es später einmal zwischen ihnen sein würde, wusste ja noch keiner.

Meine Kreislaufprobleme waren beinahe den ganzen Tag vorhanden. Ich hatte auch keinen Appetit mehr, ich kochte zwar für meine Tochter und meinen Mann, aber ich selber brachte keinen Bissen hinunter. Ab und zu versuchte ich sogar einen Löffel von Leons Babybrei, und das auch nur, damit ich überhaupt irgendetwas für meinen Magen unternahm. Ich hatte nämlich sehr wohl Hunger, ich hatte Lust auf meine geliebte Pasta, ich wollte Pizza bestellen und Gemüse kochen. Doch sobald ich ein bisschen davon auf der Gabel hatte, brachte ich die Gabel letztlich nicht mehr in den Mund. Ich wusste nicht, was mich blockierte. Es kam mir vor, als wäre ich zu müde, zu erschöpft, um zu kauen und zu schlucken. So kam es, dass ich zuerst einen Tag lang nichts aß, dann zwei Tage, dann drei Tage, bis schließlich mehr als eine Woche so verging. Dann schaffte ich es wieder einmal, ein paar Löffel Joghurt zu schlucken, mehr nicht. Auch das machte mich nervös, ich musste doch endlich wieder essen. Wie lange konnte ein Mensch ohne Nahrung überleben? Ich wusste, dass diese Frage natürlich etwas übertrieben war. Aber ich machte mir dennoch langsam Sorgen beziehungsweise wusste, dass ich endlich wieder einmal richtig essen sollte. Ich trank dafür sehr viel Wasser und erhoffte mir davon, dass es gegen meine Kreislaufprobleme half. Drei bis vier Liter an einem Tag waren es. Es gab Tage, da ging es mir etwas besser und ich funktionierte einfach. Aber im Hinterkopf war immer die schlimme Vorstellung: Was, wenn ich wirklich ohnmächtig würde und ich alleine mit den Kindern wäre? Mein Mann arbeitete die ganze Woche und ich war noch im Mutterschaftsurlaub.

Gleichzeitig war noch die Eingewöhnung in der neuen Krippe mit beiden Kindern in meinem Kopf. Das stresste mich schon im Voraus. Was, wenn es *Lilly* in der neuen Krippe nicht gefiel? Was, wenn sie die anderen Betreuerinnen vermisste und sich nicht auf die neuen und unbekannten Kinder einlassen wollte? *Leon* war auch noch einen Monat jünger, als es *Lilly* damals war, als sie in der Krippe startete, weil mein Mutterschaftsurlaub dieses Mal einen Monat kürzer war als der letzte. Die Eingewöhnung in der Krippe gestaltete sich so, dass man die Kinder brachte, anfangs als Elternteil noch etwas dort blieb und dann immer länger und öfter wieder wegging, sodass die Kinder lernten, auch ohne Mama oder Papa zu sein, aber dabei die Gewissheit hatten, dass sie wieder kommen. *Lilly* kannte den Krippenalltag ja bereits aus der ersten Krippe, für *Leon* war es neu. Sie machten es beide wirklich großartig. Aber für mich war es dennoch ein Stress: beide bereitmachen, beide hinbringen und dann nur für eine kurze Zeit wieder nach Hause oder einkaufen gehen, dann wieder abholen und schlussendlich zwei übermüdete und quengelige Kinder zu Hause beschäftigen, bis es abends wieder ins Bett ging. Ich wusste, dass die Eingewöhnung nur eine Phase war, und vor allem eine sehr wichtige, und deshalb wollte ich das natürlich auch gut überstehen. Die Kinder sollten nicht spüren, welche Gedanken und Sorgen ich teilweise hatte.

An einem Mittwochmorgen, als ich die Kinder in der Früh in die Krippe bringen wollte, hatte ich auch wieder auf der Autofahrt Kreislaufprobleme. Der Schwindel war schlimm und ich wusste, dass es eigentlich fahrlässig war, in diesem Zustand selber zu fahren, zumal ich auch noch meine Kinder dabei hatte. Was, wenn ich während der Fahrt ohnmächtig würde? Es gäbe einen Unfall, im schlimmsten Fall wäre es nicht nur ein Blechschaden, sondern es gäbe Verletzte. Meine Kinder könnten verletzt werden, ich könnte tot sein und sie würden mich verlieren, ihre leibliche Mutter. So, wie es mir passierte, als ich in Indien war. Während ich das erste Mal diese Tatsache so bewusst wahrnahm, kämpfte ich mit den Tränen und versuchte mich am Lenkrad festzuhalten und mich weiter auf den Verkehr zu konzentrieren. Ich stand an der Ampel und wusste, dass ich nur noch links abzubiegen hätte, dann läge die Krippe auch schon vor uns. Ich musste es schaffen. Aber ich wusste nicht, ob ich das tatsächlich konnte.

Irgendwie brachte ich diese zwei Minuten Autofahrt dann doch noch hinter mich. Die Krippenleiterin bemerkte sofort, dass es mir nicht gut ging, und brachte mir Wasser. Als ich ihr sagte, dass der Kreislauf mir Probleme machte, suchte sie nach Schokolade, Gummibärchen und Traubenzucker. Ich setzte mich vor die Krippe auf den Parkplatz. *Lilly* verstand natürlich nicht, weshalb ich morgens bereits Schokolade essen durfte und draußen saß. Sie blieb die ganze Zeit bei mir und freute sich wohl einfach über die Süßigkeiten. Ich wollte nicht, dass sie bemerkte, wie schlecht es mir ging. Doch mittlerweile wusste ich, dass ich ihr nichts mehr vorspielen konnte, auch wenn sie erst zweieinhalb Jahre alt war. *Lilly* kannte mich. Und ich kannte sie. Sie streichelte meinen Bauch und sagte, dass ich mir keine Sorgen machen müsse, dass *Lilly* da sei und dass das Bauchaua weggehen würde. Ich müsste auf dem Sofa eine Pause machen. Ich war so unglaublich stolz auf meine Tochter, wie viel sie mitbekam und wie fürsorglich sie war. Aber es machte mir auch Angst. Ich konnte ihr nicht erklären, was ich hatte, und ich wollte ihr auf keinen Fall sagen, dass Mama traurig war. Mama war schließlich immer fröhlich und tröstete die Tränen der Kinder, wenn diese traurig waren. Ich traute mich nicht mehr nach Hause zu fahren, obwohl die Kinder ja für den Vormittag in der Krippe bleiben konnten.

Ich rief meinen Mann an und er musste kommen und mich nach Hause fahren. Ich war ihm sehr dankbar, auch dafür, dass er mir keine Schuldgefühle gab, weil er bei der Arbeit alles stehen und liegen lassen musste. Ich war vor allem froh, dass er mich dafür nicht verurteilte. Aussagen wie, dass es ja nur zehn Minuten nach Hause wären oder dass ich mich zu Hause jetzt ja ausruhen könnte, weil die Kinder betreut waren, hätten mir in dieser Zeit nicht geholfen. Ich war *Dave* sehr dankbar dafür, dass er Verständnis hatte. Aber ich selber hatte diese Gedanken und Schuldgefühle natürlich schon. Es tat mir alles so leid und ich wusste nicht, wie ich das alles erklären und entschuldigen konnte. Zu Hause war jedoch keine Rede davon, mich hinzulegen. Ich tigerte durch die ganze Wohnung und wollte endlich eine Erklärung dafür und eine Antwort darauf, was in mir vorging, weshalb ich plötzlich vor so vielen Dingen Angst hatte. Ab diesem Tag hatte ich nämlich auch Angst, in ein Auto zu steigen. Und von selber fahren konnte sowieso keine Rede mehr sein.

Ich rief meinen Vater an. Er war vor einigen Jahren in die verdiente Frühpension gegangen und arbeitete deshalb nicht mehr. Er hatte seine ganze berufliche Tätigkeit dem Lehrersein gewidmet. Meine Mutter war auch Lehrerin, sie stand jedoch noch immer im Berufsleben. Manche dachten wohl: eine Lehrertochter, dann ist alles klar. Diesen Spruch hatte ich nämlich schon zur Genüge gehört. Ich hatte diese Aussage aber nie wirklich nachvollziehen können. Einen Bezug dazu gab es aber dennoch, diesen erkannte ich jedoch auch erst etwas später. Ich war froh, dass mein Vater Zeit hatte, um vorbeizukommen. Mein Vater war schon immer mein Vorbild gewesen. Oder wie man so schön sagt, ein Papa ist stets die erste Liebe einer Tochter. So war das auch bei mir. Ich liebte meinen Vater und sah zu ihm hoch, auch wenn ich heute selbst erwachsen und Mama war. An dieser Beziehung hatte sich nichts verändert, Papa ist und bleibt mein Held. Wie ich anfangs erwähnt hatte, bin ich adoptiert. Und somit ist er natürlich mein Adoptivvater und meine Mutter meine Adoptivmutter. Sie sind für mich meine Eltern, hatten mich groß gezogen, erzogen und mir ein Leben ermöglicht, dass ich nie hätte leben können, wenn ich damals, am 24. Februar 1994 nicht von ihnen adoptiert worden wäre.

Die Meinung meines Vaters war mir sehr wichtig und ich hatte ein sehr enges Verhältnis zu ihm. Ich konnte ihn stets um Rat fragen und es erfüllte mich mit Stolz, seine Tochter zu sein. Ich wollte deshalb immer alles machen und erreichen, damit er stolz auf mich sein konnte. Ich liebe es auch, meinen Vater mit meinen Kindern zu sehen. Er ist ein stolzer und fürsorglicher *Nonno*. Meine Eltern nennen sich als Großeltern *Nonno* und *Nonna* für meine Kinder. Das tun sie, weil wir in der Familie italienische Wurzeln haben und sich das meiste eigentlich immer um Italien dreht. Angefangen natürlich bei meinem geliebten Fußballverein, der *AS ROMA*, über unser Landhaus im Piemont und meinem *Nonno*, der in Süditalien lebt. Ich genoss die Gespräche mit meinem Vater jedes Mal, wir konnten uns vieles erzählen, über Gott und die Welt diskutieren und philosophieren. Er konnte mir von seinen Erfahrungen erzählen und ich ihm davon, was mich beschäftigte. Auch an diesem Tag war das so. Ich erzählte ihm, wie es mir ging, und auch wenn ich oft nach Worten suchte, um ihm in irgendeiner Weise verständlich zu machen, was in mir vorging, konnte er mich verstehen. Er erzählte mir, dass auch er einmal eine solche Krise hatte, jedoch aus anderen Gründen wie bei mir. Gründe? Ich kannte meine Gründe ja gar nicht. Wenn ich gewusst hätte, wo das Problem lag, wäre ich dieses gezielt angegangen und hätte dafür eine Lösung gefunden, das wusste ich. So, wie ich nun mal jedes Problem anging. Mir ging es bald etwas besser. Es tat mir sehr gut, dass er bei mir war, und es war schön, von ihm verstanden zu werden. Am Nachmittag holten wir gemeinsam wieder die Kinder ab und abends ging er zusammen mit meinem Mann dann mein Auto holen, welches ja noch immer vor der Krippe auf dem Parkplatz stand. Einmal mehr musste man mein Auto holen, weil ich nicht nach Hause fahren konnte.

Die nächsten Tage waren schlimm. Ich konnte nicht mehr alleine sein. Und damit meinte ich nicht, ganz alleine. Auch das Alleinsein mit den Kindern machte mir Angst, etwas ganz Normales, was bis dahin Gewohnheit und auch mein Alltag war. Meine Eltern kamen fast täglich vorbei, kümmerten sich um die Kinder, während ich nur da saß, immer wieder versuchte, etwas zu essen, wenn auch mit sehr mäßigem Erfolg, oder mich aufgrund von Schwindel und Magenschmerzen weinend ins Bett verkroch. Ich war energielos und hatte den Eindruck, dass mein Körper nicht einmal die Kraft hatte, meinen kleinen Sohn herumzutragen, dass meine Beine oder meine Arme nachlassen würden und er dann zu Boden fallen könnte. Ich traute mich kaum, ihn hochzuheben. Selbst wenn *Lilly* nur nach mir rief oder etwas trinken oder essen wollte, war das schon zu viel für mich. Ich tat oder gab ihr, was sie brauchte, innerlich zerbrach ich jedoch fast. Und ich stellte mir immer wieder dieselbe Frage: Wie viel konnte ich noch ertragen?

Ein paar Mal kam auch eine Nachbarin vorbei und schaute auf die Kinder, damit ich mich etwas hinlegen konnte, und ich war ihr sehr dankbar dafür. Ich rechnete mir bereits morgens die Stunden aus und plante, wer bei uns sein konnte, bis mein Mann abends wieder nach Hause kam. Aber auch wenn jemand da war, ich fühlte mich immer einsam, alleine und gefangen mit und in dieser Situation. Und die Schuldgefühle darüber, dass ständig jemand für mich da sein und mich unterstützen musste, waren eine schwere Last für mich. Ich wusste, dass mir alle gerne halfen, vor allem auch meine Eltern genossen es, so viel Zeit mit den Kindern zu verbringen. Wovor ich die ganze Zeit Angst hatte? Ich glaube, es war die schlimme Vorstellung, dass mir etwas hätte passieren können und die Kinder dann ihre Mutter nicht mehr hätten. Und das, obschon ich wusste, dass mir wirklich nichts passierte. Das war mir durchaus bewusst und auch im Spital vergewisserten sie mir ja, dass alles gut war. Und dennoch waren diese Gedanken und Gefühle da. Diese große Angst und Panik, die enorme Nervosität und diese angespannte innere Unruhe. Sie hielten mich gefangen, sie bestimmten seit diesem 4. Juli meinen Alltag, zwangen mich in die Defensive und schüchterten mich mehr ein, als jemals irgendetwas anderes, was mir bis dahin in meinem Leben geschah.

Es gab in dieser Zeit nur einen einzigen Tag, an welchem ich mich besser fühlte. Es war ein heißer Sommertag. Am Nachmittag kam *Mario*, ein guter Freund von mir, mit seinem kleinen Sohn vorbei. Wir kannten uns schon viele Jahre. Einige Jahre lang war der Kontakt jedoch nur auf ein „Happy birthday" oder „Frohes Neujahr" beschränkt. Seit wir beide jedoch Eltern wurden und so auch vieles über die kleinen Knöpfe auszutauschen hatten, wurde der Kontakt wieder intensiver und es entstand auch eine sehr schöne und für mich auch wichtige neuauferstandene Freundschaft. Der Kleine war nur vier Monate jünger als *Lilly*. Ich betete den ganzen Morgen dafür, dass es mir an diesem Tag gut gehen würde und dass es auch am Nachmittag so bleiben würde. Und falls nicht, dass *Mario* mir zumindest nicht anmerken würde, wie ich mich innerlich fühlte. Wir hatten uns schon sehr lange nicht mehr gesehen und ich freute mich riesig, auch darüber, dass der Kleine mitkam und *Lilly* jemanden zum Spielen hatte. Die Kleinen aßen Eis, tobten im Garten herum und warfen die Spielsachen in unseren Pool. *Leon* saß dabei in seinem Kinderstuhl und beobachtete alles mit seinen großen Augen. Ich genoss es, den beiden beim Spielen zuzuschauen. Es war ein schöner Tag, ein Tag ohne Bauchschmerzen und ohne Schwindel und ich war einfach dankbar dafür, dass alles gut ging und ich mich wieder einmal besser fühlen durfte.

Ich hatte auch Angst, ein Bier oder ein Glas Wein zu trinken, dabei liebte ich Bier und Wein oder selbstgemixten Erdbeermargarita. Aber ich wollte nicht herausfinden, wie sich der starke Schwindel und meine momentane Verfassung mit Alkohol vertrugen. Beim Alkohol war es ja immer so eine Ansichtssache, was gut, was viel und zu viel war. Ich trank gerne Alkohol, das war offensichtlich kein Geheimnis. Er schmeckte mir einfach. Im Frühling bemerkte ich jedoch, dass sich der Genuss von Alkohol für mich irgendwann veränderte. Wenn ich etwas Alkoholisches trank, hatte ich den Eindruck oder redete mir selbst ein, dass dies nun meine Entspannung war, dass es das Wenige war, was ich für mich tat und für niemanden sonst. Ich wusste natürlich da schon, dass etwas nicht mehr im Lot war. Es ging dabei nicht um die Menge. Ich ging stets verantwortlich damit um, schließlich wusste ich, dass ich jederzeit für meine Kinder da sein und auch nachts fit sein musste, wenn eines erwachen würde. Ich hatte also niemals zu viel getrunken. Jedoch hat sich die Sache an sich verändert, der Wert davon war auf einmal anders, und das war nicht gut. Es war mir bewusst, dennoch unternahm ich nichts dagegen, weil ich nicht die eine Sache aufgeben wollte, welche für mich in diesem Moment noch als kleiner Hoffnungsschimmer wirkte. Ich wollte zu dem Zeitpunkt nicht darüber nachdenken, was die Ursache dafür hätte sein können. Vor allem hatte ich auch gar keine Zeit, mir in Ruhe diese Gedanken zu machen. Ich war vierundzwanzig Stunden am Funktionieren. Dabei blieben ohne zu übertreiben keine fünf Minuten, in denen ich mich hätte in Ruhe hinsetzen können, ohne dass ich dabei eine To-do Liste erstellte, etwas bestellen musste, etwas organisieren, Termine planen, Babybrei zubereiten, Wäsche machen oder sonst irgendetwas erledigen musste.

Natürlich, ich wollte Kinder. Das jedoch auch erst wirklich, als ich mit meinem Mann zusammen kam. Früher wollte ich weder heiraten noch Kinder, ich war sogar absolut dagegen. Ich wollte immer Karriere machen und die Welt bereisen. Ich durfte nämlich schon einiges von dieser Welt bestaunen, flog schon in einige Ecken dieses Planeten und lebte auch für längere Zeit in *Australien*, *Italien*, *England*, *Schottland* und *Frankreich*. Das Reisen, Unbekanntes und Neues entdecken, das fehlte mir sehr. Aus diesem Grund wollte ich auch unbedingt ein paar Tage ans Meer fahren. Mit einer Freundin oder auch alleine. Ich war daran, dies zu planen, doch nun traute ich es mir auf einmal nicht mehr zu. Ich konnte ja nicht mal mehr fünf Minuten Auto fahren oder alleine etwas einkaufen gehen. Die Angst davor, was alles hätte passieren können, schränkte mich auf übelste Weise ein. Meine Angst und Panik setzte somit Lebensweichen.

Als *Lilly* an Weihnachten 2017 zur Welt kam, war für mich sofort klar, dass ich mir irgendwann auch einmal ein Geschwisterchen für sie wünschte. Ich wollte demnach zwei Kinder und ich liebte sie über alles. Ich hätte alles für sie getan. Sie standen für mich immer an erster Stelle. Und das Allerwichtigste für mich war, dass es ihnen gut ging. Also musste ich da auch durch, egal, wie anstrengend es war, egal, wenn ich mich selber nicht mehr spürte und mich selber nicht mehr erkannte und nichts mehr für mich tat oder hatte. Ich wusste genau, dass mein Limit eigentlich erreicht war und, dass ich bald nicht mehr konnte. Und irgendwie wartete ich ständig auf den Moment, in dem etwas passierte, und darauf, dass ich diesen Augenblick erkannte und, dass es endlich vorbei sein würde und ich vom ganzen Druck und Stress erlöst war. In der Schwangerschaft mit *Leon* hatte ich auch große Verlustängste. Die Angst, dass *Leon* oder mir während der Geburt etwas passieren könnte, oder auch *Lilly*, während ich nicht bei ihr sein konnte, da ich bei der Geburt mit *Leon* war, war immer präsent. Zudem konnte ich mir noch nicht vorstellen, wie es sein würde, wenn ich einige Tage nach der Geburt im Spital bleiben müsste und *Lilly* nicht bei mir war. Ich war auch schon vorher für ein paar Tage weg und somit von ihr getrennt gewesen, aber in dieser Zeit konnte ich mir keine Minute mehr ohne meine Tochter vorstellen. Vielleicht auch, weil ich wusste, dass ich, sobald *Leon* da war, nicht mehr so viel Zeit für sie alleine hätte. Ich war dieses Mal auch nicht gerne schwanger, im Gegensatz zur Schwangerschaft mit *Lilly*. In der zweiten Schwangerschaft störte mich der ganze Umstand am Schwangersein, der große Bauch, die Vorbereitung auf das zweite Kinderzimmer, die Formulare für den Mutterschaftsurlaub, einfach alles. Es gab Frauen, die diese Gefühle überhaupt nicht nachvollziehen konnten. Aber ich wusste auch, dass es solche unter ihnen gab, die mir genau nachfühlen konnten. Aufgrund dieser Gedanken hatte ich natürlich große Schuldgefühle. Schließlich war mein kleiner Sohn in meinem Bauch, war gesund und boxte wild darin umher, und dennoch konnte ich nicht sagen, dass ich glücklich war. Wie sah meine Zukunft aus? Würde ich den Rest meines Lebens nur noch

Mama sein? Es zerriss mich innerlich jeden Tag. Ich konnte es niemandem sagen und mir selbst nicht erklären. Ich fragte mich jeden Tag aufs Neue, ob dies nun mein Leben war, und ob es auch das Leben war, welches ich für mich wollte. Die Antwort schwankte immer zwischen ja, nein und ich weiß es nicht. Wie die vibrierende Nadel eines defekten Kompasses sich hin und her bewegt und nie stehen bleibt. Ich hatte alles, was man sich nur wünschen konnte. Einen Mann, der mich liebte, eine gesunde kleine Tochter, einen gesunden kleinen Sohn in meinem Bauch, eine Eigentumswohnung, einen tollen Job, viele Freunde und ich selber war auch gesund. Ich hatte wirklich alles. Ich wusste also nicht, was mir fehlte, was ich bräuchte, was ich wollte oder was nicht gut war. Wusste nicht, was der Grund dafür war, dass ich so empfand. Ich wusste nur, dass es so war. Die Schuldgefühle für diese Gedanken und Gefühle waren immens.

Gabriela, einer guten Freundin von mir, erzählte ich, dass es momentan schwierig für mich war. Sie hatte selber Erfahrungen mit Ängsten und ermutigte mich auch im Frühling dazu, eine Psychologin aufzusuchen. Ihre Mutter bot mir sogar an, mich manchmal zu begleiten, wenn ich die Kinder von der Krippe holen musste, und kümmerte sich auch das eine oder andere Mal um sie. Ich war sehr froh und dankbar für diese Hilfe. Ich fühlte mich natürlich schwach, weil ich diese Hilfe brauchte. Ich genoss die Gespräche mit ihr sehr, wir konnten bei uns im Garten viel lachen und uns auch über ihre Lebenserfahrungen mit ihren eigenen Kindern austauschen. Als es mir wieder einmal sehr schlecht ging, fuhr sie sogar die Strecke zur Krippe und wieder zurück und blieb auch bei uns, bis mein Mann abends zu Hause war. *Gabriela* wusste von einer Psychiatrischen Spitex, welche mir vielleicht helfen konnte. Im letzten Winter erlitt *Gabriela* einen persönlichen Schicksalsschlag und kämpfte zu dem damaligen Zeitpunkt noch immer damit. Ich konnte vielen Menschen nachfühlen, doch nie wirklich verstehen. Auf einmal sah das anders aus. Auf einem Spaziergang erzählte mir *Gabriela*, wie es ihr dabei ging, als sie Panik davor hatte, alleine einkaufen zu gehen oder alleine zu Hause zu sein. Sie hatte mir das auch früher schon erzählt, aber ich konnte es nie ganz verstehen. Jetzt konnte ich es. Ich konnte mich in ihren Erzählungen und Schilderungen wiederfinden. Und so erzählte sie mir von der Psychiatrischen Spitex. Im ersten Moment fand ich diese Idee völlig übertrieben und absolut nicht notwendig. Das alles würde sich wieder legen, dachte ich mir, und ich brauchte sicherlich keine solche Hilfe. Wie hätte sich denn das angehört? Ich brauchte doch keine Hilfe im Haushalt. Ich konnte staubsaugen, kochen, Windeln wechseln und putzen. Und wenn ich mir selber nicht erklären konnte, weshalb ich ständig erschöpft war und plötzlich Angst vor den unmöglichsten Dingen hatte, konnte mir auch niemand anders helfen. Dennoch vereinbarte ich einen ersten Termin mit dieser Stiftung, in diesem Moment mehr, um *Gabriela* einen Gefallen zu tun und mir hinterher nicht sagen zu müssen, hätte ich es doch wenigstens versucht. Ich war jedoch überzeugt, dass es nichts für mich war.

Im Nachhinein war ich natürlich froh, dass ich diesen Termin wahrgenommen hatte. Ich versuchte, meine aktuelle Situation zu beschreiben, und wir vereinbarten gleich zwei weitere Termine. Gemeinsam mit der Psychiatrischen Spitex konnte ich dann sogar die beiden Male den Weg in die Krippe fahren. Ich saß dabei auch selber hinter dem Steuer und es ging ohne Probleme, weil ich die Sicherheit hatte, dass, wenn es nicht ginge, jemand da war, der hätte übernehmen können. Das Ziel bei einer Psychiatrischen Spitex war nicht, dass sie für einen Sachen erledigten, sondern, dass sie alles gemeinsam mit einem machten und einen unterstützen und motivierten. Die Spitex riet mir, meinen Hausarzt aufzusuchen, der mir allenfalls ein Medikament verschreiben konnte. Bei mir schlugen bereits wieder die Alarmglocken, Medikamente! Ich wusste mittlerweile, dass ich Hilfe brauchte. Was ich mir noch viel mehr erhoffte, das war eine Erklärung für das Ganze.

Mein Vater kam vorbei und fuhr mich zum Hausarzt. Ich kannte diesen eigentlich kaum, hatte ihn damals nur aufgesucht, als ich von Zürich umgezogen war, damit ich im Notfall einen

Arzt in der Nähe hätte. Denn wie schon erwähnt, ging ich nur ganz selten zum Arzt. Nicht, weil ich nicht wollte, sondern, weil ich auch nicht musste, da ich zum Glück immer gesund war.

Auch hier versuchte ich wieder, alles zu erzählen. Langsam hatte ich das Gefühl, ich bildete mir mein ganzes Leben nur ein. Dass alles gar nicht war, wie es mir schien, und ich einfach nur weg müsste. Weit weg von diesem Leben und leider auch den Menschen um mich herum. So, dass einfach niemand unter meinen komischen Ängsten leiden müsste und mir auch niemand helfen müsste. Ich war im Moment auf tägliche Hilfe angewiesen, eine schlimme Tatsache für mich in dieser Zeit. Mein Hausarzt meinte, dass ich tatsächlich unter Panikattacken leiden könnte und, dass es Anzeichen für eine Postpartale Depression, umgangssprachlich auch oft als Postnatale Depression bezeichnet, gab. Ich war schockiert. Ich wusste, dass es diese Diagnose oder Krankheit gab und dass sehr viele Mütter darunter litten. Meine Tante hatte auch schon von dieser Krankheit gesprochen beziehungsweise angedeutet, dass sich bei mir Symptome dafür abzeichnen würden. Meine Tante arbeitet in einer leitenden Funktion in einem Spital und kennt sich damit sehr gut aus. Meiner Meinung nach musste man aber nicht immer gleich eine Diagnose stellen. Es war bestimmt nur eine strenge Zeit für mich, das war alles. Es war in diesem Moment also nur eine erste Diagnose. Wie sich später herausstellte, auch nicht die letzte und schon gar nicht die Enddiagnose.

Das alles jetzt von meinem Arzt zu hören zu bekommen, der mir so direkt gegenüber saß, war nicht sehr ermutigend. Der Hausarzt verschrieb mir etwas für die Magenschmerzen und das pflanzliche Lavendelölpräparat *Laitea*. Ich war froh, dass es etwas Pflanzliches war. Ob es mir auch in diesem Falle half, wusste ich nicht. Pflanzliche Sachen hatten durchaus Heilkräfte, das wusste ich. Es würde, wenn man es über längere Zeit abends einnahm, Ängste lindern und Sorgen mildern. Naja, wie aber sollte eine solche Kapsel, auch wenn sie mit Lavendel gefüllt sein mag, mir meine Ängste und Sorgen nehmen können? Etwas skeptisch war ich trotzdem. Wusste denn die Kapsel etwas über meine Sorgen?

Wenn ja, durfte sie mich gerne endlich aufklären. Dennoch war es zumindest kein Antidepressivum, welches er mir als erstes vorgeschlagen hatte. Ich würde niemals Antidepressiva nehmen, wehrte ich mich sofort. Ich hatte eigentlich keine Ahnung, was Antidepressiva waren. Ich konnte mir nur die vielen Nebenwirkungen, welche er aufzählte, speichern. Und wie der Name schon verriet, irgendetwas, in dem das Wort depressiv oder Depression vorkommt, wollte ich auf keinen Fall nehmen.

4

Auffangstation in seelischer Not

An diesem Freitag erwachte ich bereits mit starkem Schwindel und Übelkeit. Ich riss mich zusammen und versuchte, die Kinder zu wecken und anzuziehen. Das Meiste davon erledigte ich mit geschlossenen Augen. Wir konnten mit der Krippe vereinbaren, dass mein Mann die Kinder morgens auf dem Weg zu Arbeit bereits bringen durfte und abends auch wieder holen. Das, obwohl wir immer noch in der Eingewöhnungsphase waren und die Kinder somit eigentlich erst ein paar Stunden in der neuen Krippe sein durften. Deshalb musste ich der Krippenleiterin mitteilen, dass ich aktuell leider nicht in der Lage war, das alleine zu meistern, und ich morgens um halb acht auch noch niemanden um Hilfe bitten konnte. Ich war froh, dass diese Vereinbarung so klappte, und dankbar dafür, dass meine Kinder sich so toll in der neuen Krippe machten, sodass das überhaupt möglich war.

Nachdem *Dave* und die Kinder aus dem Haus waren, machte ich mir einen Kaffee und ging in den Garten, um eine Zigarette zu rauchen. Ich wollte mich hinsetzen, doch ich konnte nicht. Ich stand mit meiner Tasse Kaffee in der Hand und der glimmenden Zigarette in meinem Mund also nur da und schaute auf die Sitzfläche des silbernen Gartenstuhles nieder. Ich konnte mich einfach nicht hinsetzen. Also begann ich wieder herumzutigern, die Platten auf und ab zu gehen, in die Wohnung hinein und wieder in den Garten hinaus. Der Schwindel war stark, aber ich wollte mich weder hinsetzen noch hinlegen. Ich war nervös. Auf einmal merkte ich, dass ich mich hier gar nicht mehr sicher fühlte. Obschon ich die Kinder nicht bei mir hatte, für diese ich jetzt hätte sorgen müssen. Es reichte mir auch nicht mehr, dass mein Mann abends jeweils da war, denn auch er konnte mir nicht helfen. Mein eigenes zu Hause gab mir nicht mehr genügend Sicherheit. Ich musste weg, meinetwillen, aber auch meiner Familie wegen. Es war kein Zustand mehr, wenn ich da war, und trotzdem nicht wirklich hier war. So konnte mich niemand gebrauchen und so wollte mich wahrscheinlich auch niemand mehr. Am allerwenigstens wahrscheinlich meine Familie, die auf mich zählen wollte, aber es nicht mehr konnte. Ich kannte zwar mittlerweile diese Gefühle, diese Anspannung in mir, und auch die Brust begann wieder stark zu schmerzen und alle dreißig Minuten kam wellenartig eine gewaltige Nervosität über mich. Ich war ein Häufchen Elend, jeder noch so zarte Windstoß hätte mich sofort umgefegt. So konnte es nicht weitergehen.

Also kontaktierte ich bereits früh morgens meine Bezugsperson von der Psychiatrischen Spitex. Natürlich würde sie noch nicht im Büro sein und wenn ja, dann würde sie bestimmt noch nicht ihre Emails lesen, geschweige denn bereits beantworten. Das war mir bewusst und dennoch musste ich alle zwei Minuten prüfen, ob ich eine neue Nachricht im Emailpostfach hatte. Zehn Minuten später bekam ich tatsächlich schon eine Antwort. Wir vereinbarten, miteinander zu telefonieren. Ich rief sie an und weinte dabei wie ein kleines Kind, am Ende jedes Vertrauens in mich selber. Ich fühlte mich hilflos und hatte wenig Hoffnung, dass mir noch jemand helfen konnte. Sie bestätigte mir, dass es so nicht weitergehen konnte, und versprach, etwas abzuklären und mich wieder zurückzurufen. In diesen zwanzig Minuten tigerte ich wieder in unserer Wohnung herum. Als das Telefon wieder klingelte und sich die Spitex wieder meldete, erfuhr ich, dass sie mir einen Platz in einer Auffangstation organisieren konnte. Sie erklärte mir, dass man dort in einer Notfallsituation für ein paar Tage hingehen kann, und es dort Ärzte gibt, die vierundzwanzig Stunden am Tag helfen können. Es ging also nicht um einen Ort, an den man besitzerlose oder verletzte Tiere hinbringen konnte, sondern um einen Ort, den man aufsuchen konnte, wenn man akute Hilfeleistung benötigte. Obwohl ich mich durchaus auch verletzt und einsam fühlte. Den offiziellen Namen der Institution darf ich hier, wie schon im Vorwort erwähnt, aus rechtlichen Gründen nicht nennen. Es war der richtige Ort für akute Hilfeleistung. Einerseits war ich sehr froh, andererseits hatte ich keine Ahnung, was da auf mich zukam und worauf ich mich da einließ. Ich rief meine Mutter an und informierte sie, schrieb meinem Mann ein Email ins Büro und versuchte, die Schuldgefühle, die hochkamen, weil ich abends nicht zu Hause sein würde, wenn die Kinder kamen, zu verdrängen. Was sollte mein Mann ihnen sagen, wo ich war? Ich wusste keine Antwort und auch nicht, was ich ihm dafür hätte raten können. Ich war aufgewühlt und damit ich mich ablenken konnte, startete ich den Laptop und versuchte die Rechnungen zu bezahlen. Es war Ende des Monats und ich wusste nicht, was es genau hieß, wenn ich für ein paar Tage in dieser Auffangstation war. Handelte es sich dabei um ein paar Stunden, Tage oder gar Wochen? Bei uns zu Hause kümmerte ich mich um alle finanziellen Angelegenheiten, um Versicherungen und die Hypothek, um die Krankenkasse und die Krippenbeiträge. Das war schon immer so und ich tat es auch gerne. Außerdem wollte ich stets wissen, wie unsere finanzielle Lage aussah, und mich bewusst selber darum kümmern. Erst danach holte ich den Koffer aus dem Keller und packte die nötigsten Sachen ein. Normalerweise hätte ich eine Packliste geschrieben. Aber es waren keine Ferien. Und ich wusste nicht, was ich dort alles brauchte und wie viel davon. Ich warf alles hinein, was mir gerade in die Hände kam. Dazwischen ging ich mehrmals eine Zigarette rauchen, weil ich mich nicht länger als einige kurze Minuten auf das Packen konzentrieren konnte.

Eigentlich hatte ich am Nachmittag mit einer engen Freundin ein Treffen abgemacht. Wir wollten ein bisschen plaudern und allenfalls frischen Margarita mixen, so wie wir es schon viele Nachmittage diesen Sommer zusammen genossen hatten. Ich schrieb *Bianca* eine WhatsApp-Nachricht und vor allem, wie leid es mir tat, weil sie sich extra den Nachmittag im Büro frei genommen hatte und wir uns schon lange darauf gefreut hatten.

Bianca und ich kannten uns seit zwei Jahren, mittlerweile war unsere Freundschaft sehr gut und sehr eng. Sie war mir wahnsinnig wichtig und half mir auch in den letzten Wochen immer wieder. Sie war für mich da, hatte eingekauft, weil ich es nicht schaffte mit beiden Kindern in den Laden zu gehen, und sie hatte sich auch sofort um *Lilly* gekümmert, als ich im Februar mit Wehen ins Spital musste und *Leon* zur Welt kam. *Bianca* war jederzeit und sofort für mich da, wenn ich sie brauchte und ich hatte sie unglaublich gerne. Und bei ihr wusste ich auch, dass ich ihr keine saubere und ordentliche Wohnung präsentieren musste und, dass ich weder top gestylt noch in frisch gewaschenem Haar vor ihr stehen musste. Bei und mit *Bianca* durfte ich einfach sein, wie und wer ich war. Das war ehrliche Freundschaft und Vertrauen. Manchmal konnte einem eine Person in kurzer Zeit dieses besondere Gefühl geben, was eine andere Person in vielen Jahren nicht konnte. Zeit bedeutete also nichts, Charakter alles. *Bianca* antwortete direkt, dass sie mich am Nachmittag in diese Auffangstation (nachfolgend nur noch kurz AFS genannt) fahren würde. Ich war ihr sehr dankbar. Dankbar, dass sie so viel Verständnis hatte und mir einmal mehr sofort half. Denn bis dahin wusste ich noch gar nicht, wie ich überhaupt alleine dorthin gekommen wäre. Ich hatte Angst, mich ins Auto zu setzten beziehungsweise den Bus oder den Zug zu nehmen. Eigentlich hatte ich schon beim Gedanken, das Haus überhaupt zu verlassen, Panik. Dennoch plagte es mich wieder sehr, dass ich jemanden brauchte, der mir half und für mich etwas tun musste, weil ich im Moment nicht dazu fähig war.

Die Autofahrt war anstrengend für mich. Ich war nervös und fragte mich ständig, ob ich aussteigen müsste. Weshalb, wusste ich gar nicht. Vielleicht, um mehr Luft zu bekommen. Und das, obwohl wir bereits mit offenen Fenstern fuhren, da ich *Bianca* darum gebeten hatte. Wir sprachen nicht viel und ich konzentrierte mich die ganze Zeit darauf, keine Panikattacke zu bekommen. Es war wirklich ermüdend.

Die AFS war nicht allzu weit weg und gehörte einer Klinik an. Langsam stieg ich die wenigen steinigen Stufen zur Haustüre hinauf und blieb an Ort und Stelle stehen. Im ersten Moment konnte ich gar nicht klingeln. Ich starrte die Beschriftung auf der Glastüre an. So weit war es also gekommen. Jetzt war ich auch eine von denen. Eine von denjenigen Personen, deren Verstand nicht mehr normal war, die nicht klar im Kopf waren und über die man sich lustig machte und die man von Weitem angewidert anstarrte. Ein Psycho, so dachte ich. Es war Wut, Enttäuschung und vor allem große Scham, die ich verspürte. In meinem bisherigen Leben gab es selten Momente, in denen ich mich geschämt hatte, weil ich meistens dazu stand, wer ich war oder was ich tat. Zudem sorgte ich meistens dafür, dass es gar nicht erst zu einer solchen Situation kam, in welcher ich mich hätte schämen müssen. Doch heute war es so weit. Ich schämte mich wahnsinnig. Ich hatte die Kontrolle verloren. Über mich, meinen Körper und mein eigenes Leben. Diese Wahrnehmung machte mir große Angst. Ich wusste nicht, wie weit es noch kommen würde und was das alles überhaupt bedeutete. Wie lange musste ich hier bleiben? Wann war endlich alles wieder normal? Wann war ich wieder normal? Ich musste doch endlich wieder funktionieren können, schließlich hatte ich zu Hause zwei kleine Kinder und einen Mann, die mich brauchten. Funktionieren, das wollte ich wieder. Ich durfte das alles auch niemandem erzählen, kein Mensch durfte jemals davon erfahren. Außer allenfalls mein Arbeitgeber, denn nächste Woche hätte ich wieder bei der Arbeit begonnen. Mein Mutterschaftsurlaub war zu Ende. Aber bis dahin wollte ich sowieso wieder fit sein. Also war die Chance groß, dass doch niemand, auch mein Team im Büro nicht, davon erfahren würde.

Ich klingelte und *Bianca* begleitete mich hinein. Nachdem uns eine Frau begrüßt hatte, wurde mir ein Formular und ein Kugelschreiber in die Hand gedrückt. Es ging hauptsächlich um die Personalien, wer mein Hausarzt und meine Bezugsperson waren und wer mich hierher verwiesen hatte. Bevor ich zum Eintrittsgespräch mit der Pflegefachfrau und dem Arzt gebeten wurde, verabschiedete ich mich von *Bianca*. Als ich sie umarmte und sie fest an mich drückte, fühlte ich mich wie in einer Filmsequenz von *Shutter Island* mit *Leonardo DiCaprio*. Dort war die Psychiatrie eine Festung auf einer verlassenen Insel, aus welcher er nicht mehr herausfand und dabei seinen Verstand verlor. Und genau eine solche Horrorvorstellung hatte ich von einer Psychiatrie. Dass man mir Medikamente verabreichen würde, die ich nicht nehmen wollte, die mich und meinen Verstand wahnsinnig machten und ich nie wieder nach Hause gehen könnte. Ich war mir in diesem Moment nicht sicher, ob ich jeweils wieder frei sein würde. Ich fühlte mich gefangen. Gefangen in allem. Und die Ketten um mich herum waren eng um meinen Körper geschlungen, sodass ich fast keine Luft bekam, und so schwer, dass ihr Gewicht mich beinahe erdrückte. Und das Schlimmste daran war die Vorstellung, dass es kein Schloss dazu gab, um die Ketten jemals wieder zu lösen.

Das Eintrittsgespräch dauerte ungefähr eine Stunde und ich weinte beinahe die ganze Zeit. Ich erzählte, wie ich mich fühlte, davon, wie erschöpft ich von allem war, dass ich spürte, dass ich nicht glücklich war, und von meinen neuen und plötzlichen Angst- und Panikzuständen. Mittlerweile konnte ich es nicht mehr leugnen. Es war, wie es war. Zu oft hatte ich diese Zustände in den letzten drei Wochen erlebt. Alles, was ich wollte, war endlich eine Erklärung und eine Lösung dafür. Ich wollte wissen, wann endlich alles wieder normal war. Ich hatte fast keine Geduld mehr. *Frau Wieser* war Pflegefachfrau und meine Bezugsperson während meines Aufenthaltes hier und *Herr Amann,* der vorwiegend das Gespräch führte, war der Assistenzarzt. Er stellte viele Fragen und seine Stimme war sehr beruhigend, sodass ich mich gegen Ende des Gesprächs sogar wieder etwas beruhigen konnte. Ich sagte auch, dass ich noch nicht wüsste, wie es weiter gehen würde mit den Kindern. Mein Mann hatte nächste Woche Ferien. Ferien, welche wir gemeinsam als Familie genießen wollten. Daraus würde wahrscheinlich nichts mehr werden, zumindest für mich nicht. Und ich wusste nicht, ob mein Mann das alleine mit beiden Kindern hinbekommen würde. Ich wusste nicht mal, ob ich noch genügend Babybrei zubereitet und eingefroren hatte und ob wir noch genügend Windeln hatten, bis ich wieder zu Hause war und einkaufen konnte. Falls ich länger als eine Woche hier bleiben musste, was jedoch selten der Fall war, da man für gewöhnlich höchstens sieben Tage hier sein durfte und dann eine Anschlusslösung finden musste, musste ich also einen Plan für die Kinderbetreuung herbeizaubern. Und ich hatte keine Ahnung, wie dieser Plan hätte aussehen sollen. Wir hatten niemanden im näheren Umfeld, der sich so intensiv um die Kinder hätte kümmern können. *Herr Amann* antwortete mir, dass ich mir gar noch nicht so viele Gedanken dazu machen musste und wir auch nicht morgen oder übermorgen eine Lösung für irgendetwas bräuchten. Wichtig war, zuerst einmal zur Ruhe zu kommen und mich etwas zu entspannen. Sie würden mir jederzeit helfen, egal was ich bräuchte, und sie seien vierundzwanzig Stunden vor Ort für mich da. Diese Information beruhigte mich tatsächlich etwas.

4.1 Teufelsthema Medikamente

Was mich wiederum nervöser machte, war wieder einmal das Thema Medikamente. *Herr Amann* empfahl mir das bereits bekannte *Temesta*. Ich war sehr angespannt, was er auch sofort registrierte. Vor allem, als er mich fachmännisch informierte, dass dieses Medikament zwar bei den meisten Panik- und Angstpatienten verschrieben würde, aber, dass es ein Medikament mit sehr hohem Suchtpotenzial war, wurde die Nervosität noch größer und ich bekam feuchte Hände. Wenn man *Temesta* über zwei Wochen hinweg regelmäßig einnahm, war man bereits abhängig davon und das Absetzen danach konnte somit wiederum Probleme bereiten. Man müsste es dann einfach sehr langsam ausschleichen, was so viel hieß wie, dass man die Dosierung kontrolliert mit einem Arzt immer wieder weiter reduzieren müsste. *Temesta* ist ein Arzneistoff aus der Gruppe der Benzodiazepine. *Valium* wird auch dieser Medikamentengruppe zugeteilt. Es besitzt eine sedierende, hypnotische und muskelrelaxierende Wirkung. Dass das sehr wohl so ist, hatte ich ja bereits selber erlebt. Und ich war danach wie im Koma, nicht mehr ansprechbar, sah teilweise alles vernebelt und war kurz darauf im Tiefschlaf und bekam nichts mehr mit. Und davon abhängig zu werden, wollte ich auf keinen Fall riskieren. *Herr Amann* machte sich vor allem um mein Gewicht Sorgen. Ich hatte die letzten Wochen sehr viel abgenommen, weil es mir so schlecht ging und ich praktisch gar nichts mehr essen konnte. *Frau Wieser v*ersuchte mir zu sagen, dass ich mich mit der Aussage, dass ich endlich etwas essen müsste, selber nicht unter Druck setzen dürfte. Ich sollte akzeptieren, dass mein Körper es im Moment einfach nicht wollte. Sie machte mir den Vorschlag, dass ich es bei jeder Mahlzeit mit einer Gabel, also einem Bissen, versuchen könnte und das dann irgendwann steigern. Einen Bissen zu essen, war für mich momentan jedoch unvorstellbar. Ich brachte gar nichts hinunter. Und mittlerweile war ich sicher, dass die starken Magenschmerzen langsam auch davon kamen, weil mein Magen so leer war. *Herr Aman*n runzelte besorgt die Stirn und meinte, dass bei meinem geringen Körpergewicht es sehr schwierig sei, eine richtige Dosierung mit einem Medikament zu finden. Medikamente müsste man einstellen, und ihnen immer wieder Zeit geben, um die Nebenwirkungen festzustellen und auf diese wiederum zu reagieren. Ich war müde und es war anstrengend, alle diese Informationen aufzunehmen und diese auch noch zu verstehen. Und dann verlangte man von mir noch die Fähigkeit, zu entscheiden, womit ich am ehesten einverstanden wäre. Schlussendlich konnte ich mich überwinden, es abends vor dem Einschlafen mit 50 mg *Trittico* zu versuchen, das entsprach einer Tablette. *Trittico* ist zwar auch ein Psychopharmakon*,* es ist aber auch ein Antidepressivum und wirkt mit seinem Ausschuss von Melatonin schlafanstoßend. Aufgrund seiner ebenfalls sedierenden und antidepressiven Wirkung wird *Trazodon* zur Behandlung von Schlafstörungen und Depressionen verschrieben. Wichtig war, dass ich das *Trittico* ungefähr eine Stunde vor dem Schlafen mit etwas Wasser einnahm. Damit würde ich etwas ruhiger werden und so besser einschlafen können, sagte man mir. Ob ich Gedankenkreisen hätte, wollte *Herr Amann* noch wissen. Ich verstand nicht einmal, was er damit genau meinte. Ja, ich hatte unendlich viele Gedanken, der eine Gedanke jagte und überholte den nächsten, sodass ich manchmal nicht mehr wusste, was ich alles denken sollte. Das war wohl damit gemeint. Ich war sogar bereit, morgens das *Citalopram* zu versuchen. Das ist ein Arzneistoff aus der Gruppe der selektiven Serotonin-Wiederaufnahmehemmer und wird als Antidepressivum ebenfalls in der Behandlung von Depressionen eingesetzt. *Herr Amann* erklärte mir, dass Serotonin unser Glückshormon ist, und diesen Hormonspiegel, wie er es bezeichnete, müssten wir bei mir wieder hochfahren und stabilisieren. Wir vereinbarten, gleich morgen früh zu Beginn mit einer halben Tablette zu starten.

Nun begann ich wieder zu weinen, ich war unglaublich erschöpft. Das viele Fachwissen prasselte auf mich ein und die schreckliche Tatsache, dass ich nun doch solche Medikamente nehmen würde, hinderte mich irgendwie daran, einen weiteren klaren Gedanken fassen zu können. *Herr Amann* beendete das Gespräch sofort, als er merkte, dass es für mich zu viel war. Wenn mehr Menschen solch feinfühlige Antennen wie *Herr Amann* hätten, wäre doch einiges leichter, dachte ich mir.

Nun durfte ich mein Zimmer beziehen. Ich war sehr erleichtert, dass es ein Einzelzimmer war, und weil ich auch in dieser schrecklichen Situation noch perfekt sein wollte, soweit es eben möglich war, packte ich meinen Koffer aus und verstaute alles schön in die Schubladen des großen Holzschranks und sortierte die Toilettenartikel im Spiegelschrank über dem Lavabo. Wie in den Ferien im Hotelzimmer. Nur mit dem Unterschied, dass es keine Ferien waren und es auch kein Hotelzimmer gab.

Danach machte ich ein paar Fotos vom Zimmer. Keine Ahnung, warum, denn ich wollte sie eigentlich gar niemandem senden. Ich wollte sie mir auch nicht anschauen. Ich tat es nur, weil ich das immer tat. Ich fotografierte alles. Meistens die Kinder oder Dinge für die Kinder. Ich verkroch mich in das kleine Bett und weinte wieder. Ich weinte vor Erschöpfung und weil ich gedanklich nicht mehr damit nachkam, was hier alles passierte. Ich verstand nicht mehr, was mit mir und um mich herum geschah. Ich fühlte mich winzig, klein und kraftlos. Diese Situation aushalten zu müssen, war beinahe unerträglich. Mir tat alles weh, aber ich konnte nicht sagen, was oder wo es mir weh tat. War es wieder der Magen oder der Bauch? War es der Rücken? Aber es war nicht ein bestimmter Körperteil oder eine bestimmte Körperregion, den oder die ich hätte benennen können. Es war ein anderer Schmerz und er tat höllisch weh. Ich hatte keine Energie, um mich abzulenken. Ich wollte niemandem eine Nachricht schreiben, keinen anrufen und auch niemanden sehen. Ich wollte einfach nur alleine sein und schlafen. Denn wenn ich schlief, dann hatte ich alle diese Gedanken und Gefühle nicht, dann kam keine Panikattacke, nichts konnte mir Angst machen und mich gefangenhalten. Die Gedanken jagten wieder in meinem Kopf herum. Ich stellte mir die Regenbogenstrecke bei *Mario Kart* auf *Nintendo Wii* vor und die Fahrzeuge waren in dieser Vorstellung meine Gedanken. Es leuchtete grell, zuckte, blitzte und donnerte, die Gedanken rutschten auf Bananenschalen aus und überholten sich gegenseitig. Ich konnte die Musik dazu förmlich in meinem Schädel trillern hören, aber dieses Mal war es nicht amüsant. Ich drückte mir die Ohren zu und hoffte, dass es dann aufhören würde und ich mich endlich ausruhen konnte. Nichts von Alldem geschah. Ich fand keine Ruhe. Ich lag da und weinte mehrere Stunden für mich alleine.

Irgendwann klopfte es an der Zimmertüre und *Herr Amman* teilte mir mit, dass es jetzt Abendessen gäbe. Benommen blickte ich auf mein Handy, ich weinte ganze drei Stunden. Wie war so etwas überhaupt möglich, konnten einem die Tränen denn nie ausgehen? Wenn ich wollte, könnte ich die Idee mit dem einen Bissen beim Essen versuchen, meinte er. Und wenn es nicht klappen würde, dann wäre es auch in Ordnung. Dann könnte ich es einfach morgen beim Frühstück wieder versuchen. Lustlos schleppte ich mich hinunter ins Wohnzimmer. Das Haus war alt, aber wie mir auffiel, ziemlich wohnlich eingerichtet. Ich war froh, dass es so war und nicht wie befürchtet steril und weiß wie in einer Klinik. Zumindest stellte ich es mir dort so vor. Es gab eine große Küche mit einem Kühlschrank, der von allen benutzt werden durfte, und eine große Kaffeemaschine, was für mich als Kaffeegenießerin sehr wichtig war. Im Wohnzimmer standen Sofas, ein Fernseher mit einem DVD-Gerät, ein Bücherregal und einige Tische mit Stühlen. Irgendwo im Haus gab es noch einen Raum für Kunst- und Maltherapie. Ich wusste nicht, was das genau sein sollte, ich wusste nur, dass dieser Raum existierte, weil *Frau Wieser* mir das erzählt hatte, als sie mir mit dem Koffer die Treppe hoch half. Im Keller gab es noch eine Waschmaschine und einen Tumbler. Ich schöpfte mir ein bisschen Salat und zwei Löffel Penne mit Pestosauce. Es roch gut und erst jetzt bemerkte ich, welch großen Hunger ich eigentlich verspürte. Mein Magen knurrte sogar. Gegessen hatte ich schlussendlich ein einziges Salatblatt, nämlich das eine, das keine Salatsauce darauf hatte. Mehr schaffte ich nicht, trotz Hungergefühl und knurrendem Magen. Wie erschlagen saß ich da, einmal mehr enttäuscht von mir selber. Wo war mein Wille geblieben? Ich wollte doch so gerne essen. Wieso brachte ich das bisschen Essen, das auf nur einer Gabel Platz hatte, nicht in meinen Mund? Mein Mund war geöffnet, die Gabel vor mir, wieso schaffte ich das nicht? Ich war mehr als frustriert, ich war sauer. Aufgrund des Schutzkonzeptes gegen *Corona* waren die Tische weit auseinander gestellt worden und an jedem Tisch saß nur eine Person. Ich wollte die anderen aber nicht anschauen, weil mir bewusst war, dass es Patienten waren, Patienten wie ich. Und Patient war man nur, wenn man krank war. Aber ich wollte nicht krank sein. Ich war fest davon überzeugt, dass es eine ganz einfache Erklärung für meine Situation geben musste, und sobald man diese einmal kannte, konnte man auch ganz schnell eine Lösung finden. Und dennoch wusste ich irgendwie, dass irgendwas nicht stimmte, und somit musste es vielleicht doch mit Krankheit zu tun haben. Außerdem wollte ich gar nicht erst herausfinden, ob ich hier allenfalls jemanden kannte. Oder noch schlimmer, ob mich jemand hier erkannte. Es war mir nach wie vor peinlich und ich stand so leise wie

möglich auf und schob den Stuhl ganz sachte an den Tisch zurück, sodass möglichst niemand ein Geräusch wahrnahm. Keiner
der Anwesenden sollte sich umdrehen oder aufschauen müssen.
Mit gesenktem Kopf, damit ich niemanden anschauen musste
und auch niemand mir ins Gesicht sah, räumte ich das Geschirr
weg. Es war schade, das ganze Essen in den Kompost zu werfen.
Aber aufgrund von Hygienevorschriften musste alles Essen, das
einmal auf einem der Teller gelegen war, in den Kompost. Nur
unberührtes und ungeöffnetes Essen durfte man zurück in den
Kühlschrank stellen und für später mit dem Namen und dem Ta-
gesdatum anschreiben.

Ich ging nach draußen, auf die hauseigene Terrasse hinter
dem Haus. Im Treppenhaus gab es eine direkte Türe dorthin.
Die Terrasse war wohl das Schönste hier. Ein Teil von ihr war
überdacht und mit einem Ecksofa und einem kleinen Beistelltisch
versehen. Der Rest war unter freiem Himmel und mit einzelnen
Tischen und Stühlen vollgestellt. In der Mitte des Platzes stand
ein wuchtiger Sonnenschirmständer mit noch größerem Schirm
darin. Auf dem Sofa saß bereits eine Patientin, die rauchte. Wir
nickten uns schweigend zu, während ich mich ans andere Ende
des Sofas setze und mir ebenfalls eine Zigarette anzündete. Ab
und zu sah ich hoch und schaute sie an. Sie sah sehr müde und
kaputt aus, das war das Erste, was mir auffiel. Ihre langen Haare hatte sie zu einem unordentlichen Zopf geflochten, die Trainerhosen waren viel zu weit für ihre schmale Figur und die große Strickjacke glich mehr einem Zelt. Und obwohl ich sie nicht
kannte, nichts über sie oder ihr Leben und ihre Geschichte wusste, hatte ich Mitleid mit ihr. Mitleid, weil ich genau wusste, wie
beschissen sie sich fühlte, und es machte mich sehr traurig. Es
musste in ihrem Leben etwas geben, was sie genauso verzweifeln
ließ. Sonst wäre sie hier nicht gelandet. Der Grund dafür spielte keine Rolle. Den wichtigen Aspekt, Mitleid und Mitgefühl
voneinander zu trennen, musste ich noch lernen. Denn die Trennung voneinander ist sehr wichtig und erhält einen am Leben.

Ich verabschiedete mich nach meiner Zigarette wieder mit
einem wortlosen Nicken und ging in mein Zimmer hoch. Ich

schaffte es, meinen Mann und meine Mutter zu informieren, dass ich nun hier angekommen war, und schickte die Fotos, welche ich vorher vom Zimmer gemacht hatte. Damit sie sich ein Bild davon machen konnten, wie es bei mir aussah. Danach ging ich wieder auf die Terrasse hinunter. Die Frau von vorhin interessierte mich irgendwie. Obwohl ich eigentlich nicht in der Lage war, mir ihre Probleme anzuhören, hätte ich gerne einmal mit jemandem gesprochen. Ich fühlte mich sehr alleine. Sie saß noch immer auf ihrem Platz auf dem Sofa und lächelte mich müde an, als ich mich wieder zu ihr setzte. „Ich rauche den ganzen Tag, ich habe einfach zu viel Zeit hier", meinte sie. Ihre Stimme war rau und kratzig, aber als wir uns so direkt in die Augen sahen, bekam ich tatsächlich Gänsehaut. Da war so viel Wärme in ihren Augen. Sie waren feucht und glänzend von Tränen, aber sie leuchteten dennoch. Und ich war überwältigt davon. Irritiert und zugleich fasziniert, in einer solchen Trauer gleichzeitig ein derartiges Licht zu erkennen. Der Spiegel zur Seele, wie man so schön sagt.

Esmeralda, so stellte sie sich mir vor. Sie erzählte mir, dass sie vor ein paar Jahren schon einmal in der AFS war. Wir sprachen über vieles, ruhig und sehr vorsichtig, weil wir beide nicht wussten, was wir der Anderen erzählen wollten, und auch, was die Andere in diesem Moment ertragen würde. Ja, so war es. Ich ertrug momentan beinahe gar nichts. Vor allem auch keine anderen traurigen Geschichten. Es war ein schönes Gespräch, voller Vorsicht und dennoch Interesse am Gegenüber. Ich mochte *Esmeralda* bereits. Normalerweise war ich sehr vorsichtig damit, jemanden zu mögen oder ihm sogar zu vertrauen. Zu oft wurde ich schon hintergangen und enttäuscht und somit auch verletzt. Doch ich hatte ein gutes Bauchgefühl. Mein Bauchgefühl war nämlich ein verdammt kluger Kopf. Leider vergaß ich das im alltäglichen Stress aber zu oft. Ich nahm mir fest vor, wieder mehr auf meinen Bauch zu hören.

Nach diesem Gespräch ging es mir ein kleines bisschen besser und ich ging wieder in mein Zimmer hoch, um mittels Facetime meine Familie anzurufen. Ich musste das Telefongespräch jedoch nach wenigen Minuten wieder abbrechen. Meine Tochter so zu sehen, tat unglaublich weh. Sie saß auf dem Sofa und fragte ununterbrochen, wo ich war, und bettelte, dass ich nach Hause kommen müsste und mit ihr kuscheln sollte. Ich sagte ihr, dass ich bald nach Hause käme und ich Bauchschmerzen hätte und deshalb nicht zu Hause war. Es war schwierig, die richtigen Worte für eine Zweieinhalbjährige zu finden. Ich wollte und konnte sie nicht anlügen, denn dieser Zug war sowieso schon längst abgefahren bei meiner Tochter. Sie verstand bereits zu viel. Andererseits wollte ich ihr dennoch keine Angst machen. *Lilly* sagte, dass, wenn ich Bauchaua hätte, wie sie es ja immer so süß formulierte, ich ganz viel mit ihr auf dem Sofa kuscheln müsste. Wenn sie meinen Bauch streicheln würde, dann würde es mir ganz schnell wieder besser gehen. Die Tränen schossen mir in die Augen und ich konnte nicht mehr. Ich sagte meinem Mann, dass ich auflegen muss. Keine Ahnung, ob ich überhaupt einen ganzen Satz zusammenbrachte. Aber ich wusste, dass er mich verstanden hatte, weil er antwortete, dass er sehen würde, dass es zu viel für mich war. Es war mir tatsächlich zu viel, viel zu viel. Die Schuldgefühle waren zu groß, es tat so weh. Nicht nur, dass ich nicht zu Hause war, auch, dass ich das Telefongespräch sogar wieder abbrechen musste, machte mir Schuldgefühle. Und mein Mann war nun alleine in dieser Situation und würde den ganzen Abend versuchen, *Lilly* weiterhin zu beruhigen, und ihr sagen, dass ich bald wieder nach Hause käme. Obwohl er selber nicht wusste, was ich hatte, wie es mir ging und wann ich wieder nach Hause kommen würde.

Ich spürte, wie diese Panik wieder hochkroch. Ich wollte schreien, um Hilfe rufen, doch ich brachte keinen Laut über meine Lippen. Ich verkrampfte mich und biss meine Stockzähne so fest aufeinander, dass es weh tat. Ich sah meinen eigenen Beinen zu, wie sie zitterten. Es war, als geschehen diese Dinge einfach von alleine, ohne, dass ich einen Einfluss darauf hatte oder mir bewusst sagte, dass ich es machen wollte. Ich konnte diese Abläufe nur feststellen und dabei zuschauen. Ich war nur Zuschauer der Ereignisse und konnte in diesem Moment nichts dagegen unternehmen. Der Schmerz in meiner Brust begann wieder, mein Herz raste und das Stechen in meinem Oberkörper ließ mich zusammenfallen. Von Panik erfüllt riss ich das alte Fenster auf und streckte meinen Kopf nach draußen. Doch die Luft da draußen war genauso stickig. Ich bekam keine Luft mehr und stellte mir vor, wie es am Ende der Luftröhre in meinem Hals einfach eine Klappe darüber gab, welche verklebt war. Verschlossen und so dicht, dass die Luft, die ich versuchte einzuatmen, keinen Weg zur Lunge fand. Und wenn diese Klappe nicht aufging und die Lunge keinen Sauerstoff bekam, würde ich ersticken. Das war eine logische Schlussfolgerung. Ich drehte mich um und rannte nach unten zum Stationsbüro. In diesem Moment vergaß ich Anstand und Höflichkeit und stürmte ohne anzuklopfen hinein. *Frau Wieser* saß an ihrem Schreibtisch und sah mich überrascht an, stand dann aber auf und kam langsam auf mich zu. Sie nahm meine Hand und schob mich vorsichtig zu einem der Holzstühle, die um einen großen ovalen Tisch aneinandergereiht waren. Sie wollte wissen, was passiert war. Als ich nicht gleich antworten konnte, kam sie ganz nah zu mir und atmete so laut und tief, dass ich es hören konnte. Fragend musste ich hochschauen und sah, wie sich ihr zarter Oberkörper hob und senkte. Immer wieder und sehr langsam. Sie bat mich, mit ihr zusammen ruhig zu atmen. Ich versuchte es. Währenddessen zählte sie zwischen dem Ein- und Ausatmen jeweils auf vier. Mein Herz schlug gefühlt das Tausendfache, als ich angestrengt versuchte, mitzuatmen. Irgendwann konnte ich meine Atmung ihrem Rhythmus anpassen und mein Herzschlag beruhigte sich. Endlich konnte ich ihr erzählen, wie der Facetimeanruf mit meiner Familie ablief. Ich vermisste meine Familie so sehr. Ich vermisste es, jetzt mit ihnen auf dem Sofa zu kuscheln, die Kinder in ihr Bett zu bringen, *Leon* seinen Schoppen zu geben und *Lilly* eine Geschichte vorzulesen. Und im Hinterkopf hörte ich die Stimme meiner Tochter, die immer wieder irritiert fragte, wo ich war und wieso ich nicht zu Hause bei ihr sein konnte. Ich war beeindruckt, in welchem Tonfall sie vorher überhaupt mit mir sprach. Ich konnte ihre Irritation über die ganze Situation und sogar die Sorge darin heraushören. Es machte mich sehr traurig und ich fühlte mich wahnsinnig schuldig. *Frau Wieser* sagte mir, dass sie selber Mutter sei und solche Gefühle kenne. Und, dass es normal sei, dass ich mich als Mama um meine Kinder sorgte und ich sie schrecklich vermisste. Sie sagte auch, dass ich mir deswegen aber keine Schuldgefühle machen dürfte, weil es mir jetzt nicht gut ging. Auch wenn ihre Worte nett gemeint waren, dachte ich, dass sie keine Ahnung hatte, wie ich mich fühlte. Natürlich hatte ich Schuldgefühle. Schließlich war es meine Aufgabe als Mama, bei meinen Kindern zu sein. Ich fühlte mich unverstanden, obschon sie mir vergewisserte, dass sie mich verstand. Ich fühlte mich alleine mit all diesen Gefühlen und es wurde wieder schlimmer. Ich wurde wieder nervös, weil ich mir sicher war, dass es nichts gebracht hatte, heute hierher zu kommen.

Dennoch ging ich in die Küche und machte mir einen Orangenblütentee, mit einem Beutel, den mir *Frau Wieser* mitgab. Während ich noch das Wasser im Wasserkocher erhitzte, wurde mir schwindlig. Meine Blicke schoben sich übereinander und alles wurde verschwommen. Wie ein schwerer Eimer Zement sackte ich zu Boden.

Dann ging alles ganz schnell und auch im Nachhinein konnte ich nur Bruchstücke von diesem Moment aus meinen Erinnerungen hervorrufen. Das Meiste davon wurde mir später erzählt. Die Ambulanz vom Spital kam mit Blaulicht, dieses Mal sogar mit ohrenbetäubendem Martinshorn. Ich wurde in die Notfallaufnahme gebracht. Also schon wieder Ambulanz, schon wieder Spital, ich konnte es nicht fassen. Erst als ich dort in der Notfallaufnahme lag, zwei Ärzte und drei Krankenschwestern über mich gebeugt, kam ich wieder etwas zu mir. Ich versuchte, die vielen Fragen zu beantworten, und hörte, wie einer der Ärzte dem anderen Arzt sagte, dass er sich sicher sei, dass alles psychischer Natur sei. Es war also alles nur psychisch, also nur eingebildet und nicht real, meinten alle. Meine Magenschmerzen meldeten sich wieder. Die Beutel mit einem Schmerzmittel in der Infusion wurden mehrmals ersetzt. Ich weigerte mich zuerst, wieder ein

Temesta zu nehmen, da ich nun von *Herrn Amann* aus dem AFS wusste, dass dieses schnell und stark süchtig und abhängig macht. Der Arzt sagte, dass er mich nicht dazu zwingen könnte, er es aber dringend empfehlen würde. In diesem Moment begriff ich, dass ich derzeit nicht mehr in der Lage war, selber eine sinnvolle Entscheidung zu treffen. Ich wusste nicht mehr, was gut war und was notwendig. So weit war es also schon. Dennoch nahm ich widerwillig, beinahe trotzig das *Temesta*. Diese Droge, wie ich sie nun nannte, hatte natürlich ihre Wirkung. Ich beruhigte mich schnell, das Zittern ließ nach und ich fühlte mich wieder besser. Eine Stunde später konnte ich mir ein Taxi nehmen und wieder zurück zur AFS fahren. Die Autofahrt schien mir auch kein Problem, ich war weder nervös, noch machte ich mir Vorstellungen darüber, ob ich genügend Luft bekäme, und ich hatte auch nicht das Bedürfnis, in diesen knapp zehn Minuten aussteigen zu müssen. Das *Temesta* hatte definitiv seine Wirkung.

Mittlerweile war es bereits Mitternacht. Ich meldete mich bei der Nachtwache und drückte dem Mann den kurzen Bericht aus dem Spital in die Hand. Als er mir das verordnete *Trittico*, welches ich mit *Herrn Amann* beim Eintrittsgespräch vereinbart hatte, in die Hand drückte, wehrte ich mich nicht. Er wollte, dass ich es vor seinen Augen nehme, damit er sicher gehen konnte, dass ich es wirklich genommen hatte. Wortlos schluckte ich es, rauchte eine letzte Zigarette auf der Terrasse und legte mich ins Bett.

Ich schlief die ganze Nacht durch. Am nächsten Morgen fühlte ich mich aber dennoch sehr müde und schwach. Ich versuchte, am Frühstück teilzunehmen, und konnte eine einzelne verschrumpelte Rosine zu mir nehmen. Dann musste ich mich im Stationsbüro melden und das vereinbarte *Citalopram* einnehmen, zwei einzelne Tropfen. Eigentlich hatten wir zuerst eine halbe Tablette vereinbart. Da ich etwas später dann aber doch nicht mehr so überzeugt davon war, entschieden wir uns nun, mit einer noch niedrigeren Dosierung zu starten. Fünf Minuten später war mir dann aber trotzdem schwindlig und übel. So lag ich dann an diesem Morgen die meiste Zeit im Bett. Ich hatte wirklich Angst, herumzulaufen, weil ich die Treppenstufen

einmal doppelt und dann wieder ganz verschwommen wahrnahm. Ich konnte so auch überhaupt nicht mehr erkennen, wo
eine Treppenstufe nun genau war, und hob meine Füße nur
noch nach Gefühl.

Am Nachmittag fühlte ich mich dann endlich etwas besser
und wollte nach draußen. Mir fehlte frische Luft. *Bianca* und *Aron*
kamen vorbei, um mir noch etwas Kleidung und einige Toilettenartikel vorbeizubringen. Weil ich mittlerweile auch wieder
etwas klarer sehen konnte, machten wir einen Spaziergang. Ich
genoss es sehr mit den beiden und traute mich, ihnen ehrlich
anzuvertrauen, wie es mir momentan ging, körperlich und see-
lisch und wie ich damit versuchte umzugehen, dass ich momentan bei einer solchen Auffangstation war. *Aron* kannte ich schon
viele Jahre und unsere Freundschaft hatte sich vom ersten Tag
an einfach richtig angefühlt. Ich wusste, dass ich mich auf ihn
verlassen konnte. Er war genauso wie *Bianca* immer für mich da
und ich konnte ihm alles erzählen. Meine Kinder liebten die beiden und es war ein wundervolles Geschenk, solch tolle Freunde in meinem Leben zu haben. Ich wusste, dass das nicht selbstverständlich war, und schätzte Bianca und Aron wahnsinnig.
Wir schlenderten am Sportplatz und an den dahinter liegenden
Schrebergärten vorbei in den nahe gelegenen Wald hinauf. Ich
war froh, dass ich niemandem begegnete, den ich kannte, und
niemandem, dem ich hätte erklären müssen, was ich hier tat. Irgendwann wurde ich müde und wieder etwas nervös, weil ich
mir plötzlich nicht mehr sicher war, ob ich den Rückweg noch
schaffen würde. Frustriert musste ich feststellen, dass ich meine
Grenzen nun auch nicht mehr kannte und meine Kräfte somit
nicht mehr einschätzen konnte. Nach einer kurzen Pause auf einer
Sitzbank wollte ich dann wieder zurück. Beim Aufstehen von der
Bank wurde mir für einen kurzen Moment schwarz vor Augen.
Aber ich wollte mich nicht nochmal hinsetzen und eine längere
Pause gönnen. Ich wollte nur noch zurück zur AFS. Dort fühl-
te ich mich sicher. Und hier im Wald konnten auch *Bianca* und
Aron mir nicht helfen. Ich wollte keinen der beiden an der Hand
halten, obwohl ich mir überlegt hatte, sie zu fragen, ob ich das

dürfte, weil der Weg vor mir verschwommen war. So lief ich einfach sehr langsam weiter, bis wir zurück in der AFS waren. *Frau Wieser* empfing mich an der Haustüre und erklärte mir sogleich, dass Kreislaufprobleme und Übelkeit zu den häufigsten Nebenwirkungen von Antidepressiva gehören. Auch bei einer sehr geringen Dosierung muss sich der Körper erst einmal daran gewöhnen, ich sollte mir einige Tage Zeit dafür geben. Dann würde es besser werden und noch ein paar Tage später zu wirken beginnen. Ich nahm diese Erklärung einfach so hin, denn ich wollte mir keine Gedanken dazu machen. Ich war zu müde, um mich zu fragen, was ich davon hätte halten können. Diese Medikamente sind einfach nur ein Teufelsthema, kam mir in den Sinn. Ich bedankte mich bei *Bianca* und *Aron* und es tat mir leid, dass sie meinen Schwächeanfall miterleben mussten. Dass ein kleiner, gemütlicher Spaziergang von knappen zwanzig Minuten meinen Körper heute bereits an seine Grenzen brachte, sogar seine Grenzen überschritt, war ziemlich niederschmetternd für mich.

Auf der Terrasse sah ich *Esmeralda*, die in ein dickes Buch vertieft war. An einem Tisch etwas abseits saß ein großer, sehr schlanker junger Mann. Sein gepflegtes Erscheinungsbild fiel mir sofort auf. Er hatte eine Zigarette im rechten Mundwinkel und sah sich suchend um. Der Aschenbecher stand auf dem Tisch direkt zu meiner Linken. Ich brachte ihm den Aschenbecher hinüber und fragte, ob ich mich zu ihm gesellen dürfte. *Moritz* freute sich darüber. Er erzählte mir, dass er gerade eine schlimme Trennung hinter sich gebracht hat, seine Arbeitsstelle verlor und wie sehr er *Wien* liebt, da dort seine Omi lebt. Seine offene Persönlichkeit und die Art, wie er die Dinge erzählte, fand ich toll. Ich war begeistert und es tat mir unheimlich gut. *Moritz* erzählte seine Geschichten äußerst detailreich. Es kam mir so vor, als wäre ich selbst dabei gewesen, und dies gab mir das Gefühl, auch ein kleiner Teil von seinen Geschichten zu sein. *Moritz* war ein Paradiesvogel, bunt und quirlig, voller Gefühle und trotz seiner schwierigen Situation, mit der er zur Zeit kämpfte, mit so viel wunderbarer, positiver Energie erfüllt. Für dieses Gefühl war ich ihm sehr dankbar. Ich fühlte mich das erste Mal seit Langem nicht mehr einsam.

Am Abend war gemeinsames Kochen angesagt. Ich hatte aber keine Kraft dazu und das wurde zum Glück auch so akzeptiert. Ich versuchte, ein Mandala zu malen. *Frau Wieser* gab mir den Tipp, da Malen und Farben anscheinend entspannen. Ich ging hoch in die erste Etage und setzte mich an den großen Tisch im Ergotherapieraum. An den Wänden hingen Zeichnungen und Gebasteltes. Es war ziemlich bunt hier, roch nach Farbe, Lack und frischem Holz. Ich liebte den Geruch von Holz. In einer Kiste unter dem Tisch waren verschieden lange Holzbretter aufeinandergestapelt. In dem Regal zu meiner Rechten fand ich dann einen Ordner, welcher mit *Mandala* beschriftet war. Ich blätterte etwas lustlos darin herum. Mir gefiel keines der Muster, mir schienen alle gleich auszusehen. Also nahm ich schlussendlich einfach das erste im Ordner, wahrscheinlich, um mich für keines entscheiden zu müssen. Da es im Sichtmäppchen noch mehrere vom gleichen Muster gab, musste ich keine Kopie erstellen. Wie ein Kleinkind kam ich mir vor, das nun mit den Farbstiften versuchte, irgendwie zu hantieren. Wie nutzlos es war, die Zeit mit einer solchen Sache zu verschwenden, dachte ich. Gab es nicht Wichtigeres zu tun? Vielleicht endlich die Ursache für dieses ganze Schlamassel zu finden? Eine Lösung dafür zu suchen? Einen Plan zu erstellen, wie man das Ganze anging? Ich tat es mehr, um *Frau Wieser* nicht unbedingt einen Gefallen zu tun, aber um ihr zumindest zu beweisen, dass ich es wenigstens versuchte, mich nicht selbst zu bemitleiden. Ich setzte mich an den Tisch, drückte mir die Kopfhörer auf die Ohren, stellte die Musik von *Luis Fonsi* auf meinem Handy lauter und begann ein erstes Feld auszumalen.

Erst als ich den Geruch von geschmolzener Butter in meiner Nase wahrnahm, blickte ich auf die Uhr und stellte überrascht fest, dass ich knappe zwei Stunden gemalt hatte. Ich hielt das Mandala etwas von mir ausgestreckt in die Höhe und betrachtete es. Es war wunderschön, bunt und leuchtend und es gefiel mir richtig gut. Die Farbkombinationen, welche ich nebeneinander gewählt hatte, waren perfekt aufeinander abgestimmt. Bei einem Ornament kam ich beim genaueren Hinsehen etwas über die Linie, was mich doch ziemlich ärgerte. Denn so war es doch nicht perfekt, nicht so, wie ich es wollte. Das Mandala war natürlich auch nach zwei Stunden noch nicht fertig ausgemalt. Aber da es nun nicht ganz so gut war, wie ich es gerne gehabt hätte, konnte ich es auch gleich wegwerfen. Falls ich nochmals Lust bekommen sollte, musste ich halt mit einem neuen beginnen. Mit meinem Perfektionismus setzte ich mich zu einem späteren Zeitpunkt noch intensiv auseinander. Ich war aber sehr erstaunt darüber, dass ich mich so lange auf das Zeichnen konzentrieren konnte, und darüber, wie gut ich mich nun fühlte, obschon es für mich nicht perfekt war. Ich war immer so erschöpft, dass ich kaum die Augen offen behalten konnte. Ich bemühte mich trotzdem, weil ich befürchtete, dass ich im Stehen einschlafen könnte. *Frau Wieser* hatte Recht, es tat mir gut und ich war froh, dass ich es versucht hatte. Es war also niemals nutzlos, die Zeit damit zu verbringen, mir etwas Gutes zu tun. Das sollte ich mir wirklich merken, dachte ich.

Esmeralda hatte sich bei der Kochgruppe beteiligt und leckere Melanzanepiccata gebraten und Hörnlisalat zubereitet. Ich schöpfte mir ein bisschen mehr als gestern und in der Runde mit *Moritz* und *Esmeralda* schaffte ich es dann tatsächlich sogar, noch eine zweite Portion zu holen. Ich hatte Hunger und große Lust, zu essen. *Moritz* und *Esmeralda*, die inzwischen wussten, wie schwierig das Essen für mich im Moment war, lobten mich dafür und meinten, dass sie stolz auf mich seien. Es war ein neues Gefühl, von zwei eigentlich noch sehr fremden Menschen ein Lob zu erhalten, und das noch dazu für so eine Kleinigkeit. Obschon diese Kleinigkeit im Moment für mich natürlich eine große Sache war. Es tat gut und ich freute mich wirklich darüber. Wir verbrachten gemeinsam diesen warmen Sommerabend bis spät nachts auf der Terrasse. *Moritz* erzählte von seinen ersten Aufträgen als Hochzeitsplaner und von seinem Traum, sich irgendwann selbstständig zu machen. Es war seine Berufung, so viel war auch mir klar. Mit dieser Energie, seinem großen Herzen und dem Auge fürs Detail in Sachen Liebe, das war sein Ding. *Esmeralda* beschäftigte sich mit dem Gedanken an ihre Arbeit. Sie arbeitete in einem Alterszentrum und die Schichten waren lang und hart, ihr wurden zu wenige Ruhepausen gegönnt, obwohl es vertraglich eigentlich so vereinbart war. *Esmeraldas* Leben war von häuslicher Gewalt, Erniedrigung und Alkohol gezeichnet. Während sie das so erzählte, kämpfte sie immer wieder mit den Tränen und dennoch war ihre Stimme klar und deutlich. Das Erlebte hatte sie kaputt gemacht, doch sie war auch unglaublich stark. Und ich war mir sicher, dass sie sich auch aus diesem Tief, wie schon vor ein paar Jahren, wieder zurück ins aktive Leben kämpfte. *Moritz* und ich ermutigten sie dazu, sich mit dem Sozialdienst aus der AFS zu treffen und die Sache bezüglich ihrer Arbeit somit mit Unterstützung anzugehen. Ein klärendes Gespräch mit ihren Vorgesetzten schien dringend nötig zu sein.

Etwas später rief mein Mann an. Die Kinder waren im Bett und er hatte Zeit zu telefonieren. Ich wollte wissen, wie der Tag mit den Kindern war, wie es ihnen zu Hause erging und auch, wie sich mein Mann fühlte. Ich fragte meinen Mann, ob er seine Mutter anrufen und sie fragen würde, ob sie uns mit der Kinderbetreuung helfen könnte, falls ich nächste Woche, wenn seine Ferien vorbei waren, noch nicht zu Hause sein könnte. Mein Mann brauchte Hilfe zu Hause. *Dave* arbeitete die ganze Woche und die Kinder waren nur an zweieinhalb Tagen in der Krippe.

Ungefähr eine Stunde vor dem Zubettgehen nahm ich wieder das *Trittico*. Ich konnte gestern Abend ja wunderbar damit ein- und auch durchschlafen, also schien ich dieses Medikament gut zu vertragen und es half mir anscheinend auch. Denn die Nächte davor, zu Hause, hatte ich große Mühe, einzuschlafen. Ich wusste, dass mich alles sehr mitnahm. Erstaunlicherweise konnte ich diese Gefühle in diesem Moment aber gar nicht richtig wahrnehmen. Ich wusste, dass ich traurig war, aber ich fühlte diese Trauer nicht. Es war seltsam, so klar zu wissen, was ich fühlen sollte oder was ich dachte zu fühlen, es aber nicht wirklich zu tun.

Als ich am nächsten Tag den Arzt in unserem Gespräch darauf ansprach, erfuhr ich, dass gewisse Medikamente, unter anderem auch Antidepressiva teilweise eine Gleichgültigkeit der Stimmungswahrnehmung hervorrufen konnten. Anscheinend gab es Stimmungsaufheller und Stimmungsstabilisierer, aber es wurde auch immer wieder von Patienten berichtet, dass sie genau eine solche Gleichgültigkeit gegenüber den eigenen Gefühlen hatten und diese oftmals als angenehm empfanden. Für die meisten Patienten war das eine große Erleichterung oder Hilfe in diesem Moment. Weil ihre Emotionen ansonsten so stark waren, dass sie kaum damit umzugehen wussten. Ich war selbstverständlich froh, einmal nicht ständig weinen zu müssen, so, wie es die letzten Wochen täglich vorkam. Andererseits war es auch ziemlich beängstigend und seltsam, so wenig zu fühlen und diesen Zustand nicht auszudrücken. Normalerweise konnte ich meine Gefühle und mein Wohlbefinden sehr gut benennen und formulieren. Aber nun sagen zu müssen, dass ich nicht wisse, wie es mir geht, war seltsam und fremd für mich. Es schien mir, als würde nur mein Verstand in der Hülle meines Körpers leben. Aber ich selber existierte dabei gar nicht mehr. Im Verlauf des Tages fürchtete ich mich immer mehr vor dieser Sache, dieser Kälte und diesem Gefühlstod in mir. Und je mehr ich das so empfand, desto größer wurde die Angst vor diesem Zustand. Für mich war es keine Erleichterung. Lieber hätte ich wieder geweint, anstatt mir selber so fremd in meinem eigenen Körper zu sein. Nach dem kürzlich vorgekommenen Blackout auf meinem Spaziergang mit *Bianca* und *Aron* traute ich mich heute Morgen auch nicht mehr das *Citalopram* einzunehmen, wenn auch die Dosierung sehr gering war. Ich fühlte mich danach extrem schwach und vor allem meine Sehkraft war derart eingeschränkt, sodass ich teilweise ja nicht mehr erkennen konnte, wo eine Treppenstufe war. Und falls dieser Gefühlstod von diesem Medikament hervorgerufen wurde, wollte ich es auch nicht mehr nehmen. Ich wusste zwar, und der Arzt sagte es mir auch noch einmal, dass man diesen Medikamenten seine Zeit geben müsste, doch die Angst vor weiteren schlimmen Nebenwirkungen und solchen Zuständen war so groß, dass ich regelrechte Panik hatte, diese Tablette einzunehmen. Auf leeren Magen hätte ich sie auch nicht nehmen dürfen und ich brachte wieder nichts vom Frühstück hinunter. Da man mich zum Glück nicht dazu zwang, so wie ich immer befürchtet hatte, entschieden wir, das *Citalopram* wieder abzusetzen und allenfalls im Verlauf der Woche ein anderes Medikament auszuprobieren. Ich nickte zustimmend und auch dankend, denn ich war froh, dass mir das *Citalopram* nicht mehr verschrieben wurde, war mir aber dennoch bereits sicher, dass ich kein weiteres Medikament mehr ausprobieren würde. Dieses Teufelsthema Medikamente!

Die nächsten Tage verbrachte ich damit, viel Zeit mit *Moritz* und *Esmeralda* auf der Terrasse zu sitzen und über unsere Leben zu diskutieren. Es war schön, dass wir mehrheitlich einfach alle von unseren Geschichten erzählen konnten und uns gegenseitig zwar auch den einen oder anderen Ratschlag gaben, aber vielmehr uns einfach nur zuhörten. Wir wurden voneinander verstanden und einfach so akzeptiert, wie wir waren. Ich musste hier nicht toll gekleidet sein und war all die Tage auch nur in Trainerhosen und Kapuzenpulli unterwegs, hatte die Haare unordentlich zusammengebunden und mich auch niemals geschminkt. Zwischendurch musste sich jeder von uns wieder in sein Zimmer zurückziehen, mit dem Gesagten, den Erinnerungen und den Dingen, die uns aufwühlten, klar kommen und all das wiederum verarbeiten. Es war anstrengend und die Momente, in denen ich mich ein bisschen besser fühlte, waren sehr selten und nur von kurzer Dauer. *Frau Wieser* stellte mir einen Duftstift zusammen, darin waren ätherische Öle von Lavendel, Jasmin, Neroli und Orangenblüten enthalten. Ich sollte diesen Stift immer bei mir tragen und wenn ich eine innere Anspannung verspürte, einfach daran schnuppern. Die Nase könnte über den Riechsinn die Wirkstoffe sofort aufnehmen und weil unser Körper so faszinierend intelligent ist, würde das Gehirn sofort melden, dass dieser Duft Beruhigung bedeutet und ich mich entspannen darf. Ich versuchte es und es half mir wirklich. Zwar nur ein wenig, aber es half. Ich konnte jeden Tag etwas mehr essen, mittlerweile waren es bereits vier oder fünf Gabeln. Es ging ein kleines bisschen bergauf.

Am Wochenende durfte man für vierundzwanzig Stunden nach Hause. Ich traute mir jedoch nicht zu, schon wieder so lange nach Hause zu gehen oder dort sogar zu übernachten. Was, wenn ich wieder eine Panikattacke hätte? So entschied ich, vorerst einfach am Sonntagnachmittag nach Hause zu gehen. Meine Tante bot mir an, mich abzuholen, mit nach Hause zu kommen und mich dann auch wieder zurück in die AFS zu bringen. So meldete ich mich in der AFS für höchstens fünf Stunden ab. Ich war sehr nervös im Hinblick auf die Autofahrt nach Hause und vor allem im Hinblick darauf, die Kinder zu sehen. Wie würde *Lilly* reagieren, vor allem, wenn ich wieder gehen musste? Kannte *Leon* mich noch? So ein kleines Baby sollte doch stets bei seiner Mama sein. Und ich war bereits eine Woche nicht zu Hause gewesen. Schuldgefühle kamen hoch. *Frau Wieser* gab mir ein *Relaxane*, eine kleine hellgelbe Tablette, die mich etwas beruhigen sollte. Da es eine rein pflanzliche Substanz war, konnte ich eine Stunde später sogar nochmals eine nehmen. Es half und das, obwohl ich auch während der Autofahrt sehr angespannt war, die Fenster offen lassen wollte und kaum ein Wort mit meiner Tante austauschen konnte, weil ich so konzentriert darauf war, dass alles gut ging.

Zu Hause stürmte *Lilly* mir sofort entgegen und drückte mich fest. Es tat gut und gleichzeitig auch so weh. Die Liebe einer Mama zu ihren Kindern war unbeschreiblich. Sie war bedingungslos und die größte aller Lieben, die ich mir je hätte vorstellen können. Es war ein wunderschöner Sommertag und wir genossen unseren schönen Garten. Meine Tante freute sich, die Kinder wieder einmal zu sehen und erzählte *Lilly* aus einem Kinderbuch. *Leon* schaukelte gemütlich in seiner Wippe und gluckste fröhlich vor sich hin. Ich saß am Tisch und schaute allem einfach zu. Mein Mann saß neben mir und hielt meine Hand. Wir sprachen nicht viel, aber das war auch nicht nötig. Es reichte, dass er da war und einfach meine Hand hielt, denn genau das war es, was ich in diesem Moment brauchte. Das Gefühl, dass ich nicht alleine war, dass er da war, für mich und unsere Familie, und, dass er zu mir stand. Anfangs konnte ich noch ein bisschen mit *Lilly* reden, doch bald merkte ich, wie es mir wieder zu viel und ich auch sehr müde wurde. Ich hatte Angst, dass diese Müdigkeit wieder in eine extreme Erschöpfung überging und ich dann wieder Panik bekam. Also musste ich mich bereits nach knapp zwei Stunden wieder von meiner Familie verabschieden. Ich versuchte, *Lilly* zu erklären, dass ich nochmals in die Kur müsste, ich aber bald wieder nach Hause käme. *Lilly* wollte sich aber nicht von mir verabschieden und lief, ohne sich noch einmal umzudrehen, in ihr Zimmer und schlug die Türe hinter sich zu. Ich stand da, die Arme noch immer nach ihr ausgestreckt, während Tränen in meine Augen schossen. Ich wusste, dass es ihre Art war, mir zu zeigen, wie traurig sie darüber war, dass ich wieder gehen musste. Ich wollte sie umarmen, sie trösten und ihr versichern, dass ich trotzdem da war, wie leid mir alles tat und wie unglaublich fest ich sie liebte, aber sie konnte es nicht zulassen. Es schmerzte unheimlich. Aber ich musste es akzeptieren, auch wenn ich nicht damit einverstanden war und auch wenn es sich gerade wie ein tiefer Messerstich direkt in mein Mamaherz anfühlte und mein Herz wahnsinnig blutete.

Die nächsten Tage ging es mir soweit gut, sodass ich die Kraft hatte, mehr zu reden, denn manchmal war es so, dass ich sogar zu müde war, um zu sprechen. Mich mit *Moritz* und *Esmeralda* auszutauschen, tat gut, und, dass ich bei jeder Mahlzeit meine mittlerweile fixen fünf Gabeln mitessen konnte, gab mir auch wieder etwas Kraft. Es war noch nicht viel und auch noch nicht annähernd genügend, aber es war ein Anfang.

Ich hatte auch fast jeden Tag Besuch. Meine Eltern kamen vorbei, *Gabriela* kam und auch *Bianca* hatte mich besucht. Vor allem der Besuch meines Bruders freute mich wahnsinnig. Wir gingen zusammen in den nahegelegenen *Denner*, wo er uns ein Eis kaufte. Ich schaffte es, das ganze Eis zu essen, und er sagte, wie toll ich das gemacht hätte. Komisch, als Erwachsener für das Essen eines Eises gelobt zu werden, aber es war genau das, was ich schaffte und auch brauchte. Und mein Bruder konnte es mir geben. Ich schämte mich dafür, wie es mir ging, und dafür, dass ich zur Zeit in einer AFS war, und das sagte ich ihm auch. Zudem bin ich seine große Schwester, zumindest vom Alter her. Er ist natürlich körperlich viel größer als ich, was auch kein Wunder ist, da ich mit meinen süßen Eins-fünfundfünfzig doch ein kleines und zartes Wesen bin. Aber ich hatte nie Probleme mit meiner Körpergröße. Ich sagte immer lachend, dass mein Mundwerk meine Größe kompensieren könnte. Mein Bruder blieb im *Denner* einfach stehen und umarmte mich und sagte, dass ich mich für nichts zu schämen brauchte und, dass er immer für mich da wäre. Ich musste schlucken. So was hatte ich noch nie von ihm gehört, von meinem kleinen Bruder. Und wie wir so in dieser Umarmung in diesem *Denner* standen, das war einfach nur schön. Ich war sehr gerührt und stolz auf ihn. Er war richtig erwachsen geworden. Mein kleiner Bruder war groß. Und ich ließ es das erste Mal zu, dass er mir helfen durfte und er in diesem Moment auch einmal stärker sein durfte als ich.

Andrea kam auch vorbei. Ich kannte sie noch nicht so lange, aber seit ich sie bei unserem ersten Treffen im letzten Winter gesehen hatte, hatte ich sie sofort in mein Herz geschlossen, ohne mich zu fragen, ob ich das wollte oder wie weit ich ihr vertrauen konnte. Ich wusste einfach, dass es richtig war. Ich spürte es und es war klar, dass sie zu meinem Leben dazugehörte. Solche Begegnungen hatte ich bis dahin sehr selten. Vor allem, was Frauen betrifft. Ich hatte es tatsächlich nicht so mit Frauen. Ich hatte eigentlich nur männliche Kollegen und Freunde. Bestimmt auch freizeitbedingt aus früheren Fußballzeiten, aber auch später beim Ausgehen gab es mehr Kollegen für mich, mit denen ich ein Bier trinken oder tanzen ging oder Fußball schaute. Natürlich gab es auch Kolleginnen und Freundinnen und in den letzten Jahren auch einige mehr davon, aber das Verhältnis war alles andere als ausgeglichen. Und mein allerbester Freund, der zwölf Jahre an meiner Seite war, war auch ein Mann. *Andrea* war toll, ein herzensguter Mensch, wahnsinnig hilfsbereit, cool und frech. Und unglaublich lieb. Sie hatte blondes langes Haar, ein paar Piercings und viele Tattoos. Ich mochte Piercings und Tattoos schon immer. Für mich war es eine Kunst und ich selber habe ja auch einige davon, die meinen Körper zieren. *And-*

rea fragte mich mittels Sprachnachricht, was sie mir mitbringen könnte. Ich wollte es mit Pommes versuchen. Ich hatte Lust darauf, wusste aber nicht, ob ich es dann tatsächlich schaffen würde, diese auch zu essen. Und dann hätte ich wieder ein schlechtes Gewissen gehabt, da *Andrea* sie extra für mich bei *Burger King* geholt hätte. Aufgrund von *Corona* durfte kein Besucher sich im Haus der AFS aufhalten. Daher saßen wir dann etwas später am Nachmittag auf dem Plattenboden des hauseigenen Vorplatzes. Ich war etwas nervös und hatte die Befürchtung, dass ich plötzlich wieder zu erschöpft sein könnte, um mich zu unterhalten. Als sich bald ein Sommergewitter über uns entlud, verkrochen wir uns etwas nach hinten unter das Dach der dazugehörigen Garageneinfahrt. Ich sprach nicht viel, dafür erzählte *Andrea* umso mehr, und das war gut so. Ich genoss diese gemeinsame Stunde mit Regen und Pommes. Ich schaffte es nicht, alle Pommes aufzuessen, aber zumindest einige davon. Es war toll und ein unvergessliches Regen-Pommes-Date.

Das nächste Fachgespräch war mit dem Oberarzt, da *Herr Amann* ferienhalber abwesend war. Es war ein sehr gutes, aber natürlich für mich auch emotionales Gespräch. Der Oberarzt konnte die vielen Sorgen, welche ich mir um meine Kinder und die Zukunft machte, verstehen, da er selber Vater war. Das war das erste Mal, dass ich wirklich das Gefühl hatte, dass mich diesbezüglich jemand versteht. Ich war mir sicher, dass auch alle anderen verstanden hatten, was ich ihnen jeweils versucht hatte, zu sagen. Aber so richtig mit Herz nachvollziehen konnte es wahrscheinlich wirklich nur jemand, der selber auch Kinder hatte und wusste, welche Gedanken man sich da überhaupt machen konnte. Das Gespräch drehte sich darum, dass der Oberarzt mir mitteilte, dass ich zwar tatsächlich in eine mittelschwere Depression gerutscht war und dies eine ernstzunehmende und richtige Krankheit sei, aber dass diese heilbar wäre und es auch nicht mein restliches Leben so bleiben würde. Er sprach beinahe streng, als er meinte, ich müsste Geduld haben. Es bräuchte seine Zeit und er könnte mir auch kein Datum nennen, wann es wieder gut wäre.

Voraussetzung dafür wäre aber, einiges in meinen Leben anzugehen und die Bereitschaft dazu zu entwickeln, mich intensiv damit auseinanderzusetzen und gewisse Dinge grundlegend zu ändern. Bei den Worten Krankheit, Geduld und der Aussicht, dass er mir nicht sagen konnte, wann es wieder gut wäre, hörte mein Gehirn kurz auf zu funktionieren. Ich war der ungeduldigste Mensch auf der Welt, vor allem, wenn es um meine eigenen Fähigkeiten und Leistungen ging. Ich musste nur genügend wollen und mich zusammenreißen, dann würde er sehen, wie schnell das alles wieder gut würde, war ich überzeugt. Diese Ansicht war natürlich nur sehr bedingt korrekt. Das Beste kam dann jedoch zum Schluss. Er empfahl mir, mich in einer Psychiatrischen Klinik für einen stationären Aufenthalt anzumelden. „Ich werde gleich heute Vormittag noch anrufen." Mit dieser Aussage wollte er wahrscheinlich die Wichtigkeit seiner Empfehlung unterstützen. Und alles Gute, das ich mir die letzten Tage eingebildet hatte zu empfinden, war auf einmal wie weggeblasen. *Puff,* wie eine Seifenblase war alles vor meinen Augen zerplatzt. Ich war davon ausgegangen, dass ich in den nächsten Tagen wieder nach Hause gehen würde. Und natürlich, ich fühlte mich noch lange nicht so gut, wie es hätte sein sollen, aber ich konnte ja auch nicht wochenlang hier bleiben. Und ich war schon zwei Wochen hier, obwohl man eigentlich nur eine Woche hätte bleiben dürfen im Normalfall. Ich war also kein Normalfall, das musste es wohl heißen.

Stationär in eine Psychiatrische Klinik? Wie lange war mit stationär gemeint? Ich musste doch nach Hause zu meiner Familie. War das jetzt bereits so oder durfte ich überhaupt noch mitentscheiden? Und wer würde das bezahlen? Wir hatten doch nicht so viel Geld für einen solchen Aufenthalt, und dieser, so nahm ich an, würde eine Unmenge an Geld kosten. Ich war baff, zu einem Stein erstarrt saß ich da und schien durch ein großes Luftloch direkt durch den Boden hindurch in den Keller hinunterzustarren. Ich nickte wortlos, verließ den Raum und ging auf die Terrasse hinaus und rauchte eine, zwei, sogar gleich drei Zigaretten hintereinander und sah dabei auf meine Füße, deren Zehennägel schon längst wieder neues Gel und frische Farbe vertragen hätten.

Erst als der Mann neben mir auf dem Ecksofa fragte, ob ich ein Feuerzeug hätte, bemerkte ich die Gesellschaft. Er war Italiener, das sah ich ihm sofort an. Und mit seinem blonden, halblangen, leicht gewellten Haar erinnerte er mich ein bisschen an *Chris Hemsworth* im Film *Thor*. Ich nickte ihm schweigend zu und reichte ihm mein gelbes Feuerzeug. Ich selber zündete mir ebenfalls eine weitere Zigarette an. Eigentlich hatte ich den Einfall, dass ich nun endlich mit dem Rauchen aufhören könnte, wusste jedoch auch, dass es gerade jetzt in dieser Situation keine gute Idee war. Es entspannte mich und half mir beim Nachdenken. Und so, wie es aussah, gab es wohl eine ganze Menge nachzudenken. Womit müsste ich bereit sein, mich auseinanderzusetzen, und was sollte ich grundlegend in meinem Leben verändern? Ich hatte einen Ehemann, der mich über alles liebte. Und auch in den letzten Wochen, als es mir so schlecht ging, oder jetzt, wo ich sogar weg von zu Hause war und er nicht wusste, was ich hatte und wann ich wieder kommen würde, machte er mir keinerlei Vorwürfe. Er fragte mich immer zuerst schriftlich, ob ich Lust hatte, zu telefonieren. Er hatte nämlich die Befürchtung, dass er mich in einem schlechten Moment anrufen könnte. Es war gut, dass er mir das auch mitteilte, so musste ich nicht das Gefühl haben, es würde ihn nicht interessieren. Für diese Rücksichtnahme war ich ihm sehr dankbar. Wie in jeder Beziehung gab es auch bei uns Höhen und Tiefen. Da war einerseits sein vorheriger Job, der ihm viel abverlangt hatte, er war von früh morgens bis spät abends weg gewesen, auch am Samstag, und so war ich das erste Jahr mit *Lilly* viel alleine. Nebenbei hatte mich noch selbstständig gemacht, eine Ausbildung zur Wellnessmasseurin absolviert und einen perfekt ausgestatteten Massagesalon eingerichtet. Im Nachhinein betrachtet tat ich das wohl mehr, um mir zu beweisen, dass ich mehr als nur Mama sein konnte. Nebst meiner Rolle als Mama und Mitarbeiterin bei einem führenden Schweizer Versicherer massierte ich noch und zusätzlich engagierte ich mich auch noch beim Modeln. Das Modeln war ein Cinderellamärchen, ich wurde zufällig darauf angesprochen und hatte überraschenderweise Erfolg damit. Ich hatte tolle Fotoshootings, unglaubliche Locations entdeckt, neue Leute kennengelernt und wahnsinnig tolle Fotos. Ich genoss Preisreduktionen bei den Auftraggebern und konnte sogar das Gesicht einer Marketingfirma in *Wien* sein. Es war seltsam, mich dort auf Plakaten zu sehen und Texte über mich selber zu lesen. Mein Mann ließ mich machen, äußerte sich aber nie groß dazu. Einerseits war es toll, eine solch andere Welt voller Glamour und Glitzer zu entdecken, es war aufregend. Andererseits war es auch eine Bestätigung, welche ich in diesem Moment wohl brauchte, aber sie machte mich natürlich nicht glücklich. Und zudem war es auch stressig. Auch als Markenbotschafterin einer Londoner Frauensportmarke musste ich vieles von zu Hause aus erledigen, schließlich konnte ich nicht ständig nach London reisen. Mein Mann und ich hatten bestimmt beide Fehler gemacht. Und keiner von uns trug alleine die Schuld dafür. Schuld war aber auf jeden Fall manchmal die fehlende Kommunikation. Als mein Mann seine Arbeitsstelle wechselte, änderte sich aber vieles. Voller Energie, Tatendrang und großer Freude nahm er am Familienleben teil. Er packte bei allem mit an, er tat alles, was auch ich mit den Kindern und im Haushalt tat. Und ich war wahnsinnig stolz darauf. Auch heute könnten sich bestimmt manche Ehemänner und Väter eine Scheibe davon abschneiden. *Dave* war ein Macher. Er konnte aus allem etwas zusammenbasteln, was die Kinder oder ich wollten. Sei es ein Haus aus einer großen Kartonkiste, eine Holztreppe an *Lillys* Bett, eine Armbanduhr oder alle Lichtschalter im Hause mit blauem LED-Licht versehen. Er konnte alles und ich war jedes Mal sehr beeindruckt von seinen Fähigkeiten, aber auch davon, wie liebevoll, warmherzig und fürsorglich er zu unseren Kindern war. Mein Mann war der tollste Papa für unsere beiden Kinder und sie liebten ihn abgöttisch. Seine Arbeitsstelle zu wechseln, war für ihn wichtig und tat ihm und uns als Familie sehr gut. Endlich hatte er wieder freie Wochenenden und konnte mit uns als Familie zu Abend essen. Er bekam auch mehr mit, denn so viele erste Male aus *Lillys* erstem Jahr, mit all den vielen Entwicklungsschritten, hatte er verpasst. Und ich wusste, dass ihm das auch sehr weh tat. So schwierig die Begleitumstände manchmal auch waren, wusste ich dennoch, dass die Liebe immer da war. Wer sagt, dass man in einer Liebe niemals kämpfen müsse oder, dass eine Beziehung oder Ehe nur rosa wäre, der darf das gerne für sich behalten. Es wäre eine Lüge. Eine Ehe ist auch Arbeit, und zwar eine Menge davon. Heutzutage ist Liebe aber oftmals nicht mehr das, was sie einmal war. Es ist nicht mehr die Liebe, wie sie Oma und Opa kannten. Diese Gespräche mit dem Partner, um gemeinsam eine Lösung zu finden, gibt es immer weniger. Heute definiert sich Liebe öfters am Aussehen, an der beruflichen Position, dem finanziellen Einkommen oder der Figur. Liebe war doch ursprünglich ein Gefühl und bedeutete so unendlich viel mehr, oder nicht? Seinen Partner zu schätzen, füreinander da zu sein, ihn zu lieben mit allen Ecken und Kanten, seine Vergangenheit zu kennen und diese zu akzeptieren, eine gemeinsame Zukunft zu sehen, seinen Partner niemals als selbstverständlich zu betrachten, ihn in- und auswendig zu kennen und ihn mit jeder Faser zu lieben. In guten wie in schlechten Zeiten und bis der Tod uns schied. Und nicht, bis der oder das Nächstbeste uns schied. Liebe war nämlich viel mehr, als nur verrückte Schmetterlinge im Bauch zu fühlen. Liebe war auch der Respekt, dem Partner richtig zuzuhören, auch dann, wenn er einmal nichts sagte, ihn zu verstehen, an ihn zu glauben und ihn in seinen Werten und Träumen zu unterstützen. Liebe war das Gefühl von Unendlichkeit und Ewigkeit und dabei trotzdem frei zu sein. Es war also nicht die Liebe, die zweifeln ließ, es waren die Menschen, die sie nicht verstanden, die mit der Liebe spielten oder selbst das Gefühl, geliebt zu werden oder richtig zu lieben, nicht kannten. Und nach allem, was unsere Beziehung erlebt hatte, konnte ich es manchmal nicht fassen, dass mein Mann gemeinsam mit mir jedem Sturm getrotzt hatte und immer an meiner Seite war. Unsere Liebe war eine solche, wie die von Oma und Opa. Mit Schönem und auch Fehlern, im Sonnenschein wie auch im Wirbelsturm. Liebe war nicht die Frage, Liebe war die Antwort.

Irgendwann hatte ich keine Lust mehr, nachzudenken, und suchte *Esmeralda* und *Moritz* auf. Sie waren bereits in der Küche, es gab Mittagessen. Ich erfuhr, dass die beiden morgen die AFS bereits wieder verlassen würden. Diese Nachricht machte mich traurig aber es freute mich umso mehr für die beiden, dass es ihnen besser ging und sie nach Hause durften. So genossen wir zu Dritt den letzten gemeinsamen Nachmittag und Abend mit Reden und Lachen. Es tat gut, zwischendurch einfach auch mal zu lachen. Zum Weinen hatte ja jeder von uns genügend.

Das Therapieprogramm in der AFS wurde wieder aufgenommen, da die Fallzahlen von *Corona* im Moment anscheinend wieder besser waren, beziehungsweise die Anzahl der Neuinfektionen wieder zurück ging. Somit gab es jeden Tag zwei Stunden Pflichtprogramm für die Patienten. Heute war eine offene Gesprächsrunde zum Thema Ressourcen, was bedeutete, herauszufinden, was einem in einer Krise gut tat und womit man sich von negativen Gedanken und Gefühlen ablenken konnte. Das wurde uns gleich eingangs während der Gesprächsrunde erklärt. Wir waren sieben Patienten und saßen mit den Stühlen im Kreis, oder aus meiner Perspektive eher einem unförmigen Ei, sodass der Mindestabstand gewährleistet war, und trugen Schutzmasken. Das war das Schutzkonzept für *Corona*, welches die AFS dem Bund vorlegen musste. Ich entdeckte einige neue Gesichter in der Runde. Der Italiener von gestern Abend, der mich nach dem Feuerzeug gefragt hatte, war auch da. Damit die Zeit schneller vorbei ging, versuchte ich, mich aktiv an der Gruppe zu beteiligen und mich einzubringen. Ich brachte Ideen wie Sport treiben und Backen. Das waren Dinge, die ich gerne tat, zumindest bis vor ein paar Wochen. Mittlerweile war ich schon zu müde, um eine WhatsApp-Nachricht zu lesen oder darauf zu antworten. Ich war zu erschöpft, um nur die erste Seite des Buches zu lesen, welches ich vor ein paar Tagen aus einem der Regale im Wohnzimmer heraus geholt hatte. Ich dachte, da ich hier nun so viel Zeit hatte, dass ich auch einmal zum Lesen käme. Doch ich hatte weder die Energie noch die Lust dazu. Ich hätte mich keine fünf Minuten auf den Text konzentrieren können. Und somit hätte die Energie für Sport und Backen sowieso nicht ausgereicht, obwohl beides für mich wichtig war. Ich liebte Sport und ich backte unglaublich gerne, am liebsten Motivtorten mit verschiedenen Füllungen, aufwendigen Toppings und Spritzglasuren. Im Moment hätte ich jedoch nicht einmal die Zutaten für eine solche Torte zusammengebracht. Ich hatte extreme Konzentrationsschwierigkeiten. Dabei waren es Stärken von mir, mich auf etwas länger zu konzentrieren und diszipliniert daran zu bleiben. Anscheinend hatte ich diese Fähigkeit aber verloren. Einer der Mitpatienten teilte mit, dass er sich jedes Mal, wenn er in einer Krise steckte, überlegte, sich das Leben zu nehmen. Es wäre auch der Grund für sein Hiersein. Er hatte letzte Woche wieder versucht, Suizid zu begehen. Mir stockte der Atem, die Luft blieb mir beinahe weg und die war unter der Maske sowieso schon sehr dünn. Ich spürte die Nervosität, wie sie wieder in mir hochkroch. Würde es bei mir auch so weit kommen? Dass es mir so schlecht ging, dass ich sogar mit Selbstmordgedanken spielen würde? Verfolgt von der Nervosität, konnte ich kaum noch still sitzen. Panik ergriff mich. Reflexartig stand ich auf, riss mir die Maske vom Gesicht und stürmte quer durch unseren unförmigen Kreis hinaus auf die Terrasse. Meine Beine zitterten und meine Hände waren klatschnass vor Schweiß. Ich konnte damit nicht umgehen, ich schaffte es nicht. Ich versuchte, mich hinzusetzten, musste jedoch sofort wieder aufstehen und tigerte am Terrassengeländer auf und ab. Was, wenn das Ganze hier nicht mehr vorbei ging? Oder, wenn es so lange weiterging, bis ich irgendwann keine Kraft mehr haben würde, damit klarzukommen? Was, wenn auch ich nicht mehr konnte und mein Leben beenden würde? Ich versuchte, mich wieder an einen der Tische hinzusetzen. Meine Beine zitterten immer noch stark. Welchen Mut es brauchte, das zu tun, und was für eine schlimme Vorstellung und unendliche Hoffnungslosigkeit einen dazu bringen würde, dem eigenen Leben ein Ende zu setzen, fragte ich mich. Mir war echt übel. Der Patient, der das vorher in die Runde warf, kam hinaus. Er setzte sich direkt mir gegenüber und fragte mich, ob es mir gut ginge. Ich schüttelte den Kopf, ohne ihn dabei anzusehen. Ich sah im Blickwinkel nach oben, wie er mir die Hand entgegenstreckte. Er stellte sich mir mit *Tim* vor. Ich konnte seine Hand aber nicht schütteln, es widerte mich an, ihn zu berühren. Ich wusste, dass diese Empfindung nicht nett war und auch sehr unfair ihm gegenüber, aber mein Körper blockierte mich. Wahrscheinlich war es ja mein Kopf, der mich ohnehin schon wahnsinnig machte mit seinen schlimmen Gedanken, und dieser sagte wohl, dass ich anscheinend jetzt auch unhöflich geworden war. Langsam hob ich den Kopf und sah direkt in *Tims* Augen. Er lachte und ich war sehr irritiert deswegen. Er hatte schneeweiße Zähne und ein wirklich hübsches Gesicht, wie mir auffiel. Und einen leicht karamellisierten Teint, jemand von seinen Eltern musste wohl dunkelhäutig sein. Wie etwa bei *Lilly,* die durch unsere Hautfarbenkombination auch etwas dunkler ist. Ich, mit biologisch rein indischen Wurzeln, bin dunkelhäutig und mein Mann, als Schweizer, hellhäutig. *Lilly* hat einen wunderschönen Hautton und braune Knopfaugen wie ich. *Leon* hingegen ist um einiges heller, hat dafür aber die faszinierenden grünen Augen meines Mannes. Wunderschöne grüne Augen, in welchen ich jedes Mal versinken könnte. *Tim* riss mich wieder aus meinen Träumen, was auch gut war, denn ich merkte, wie mir gleich die Tränen gekommen wären, wenn ich noch länger an meine Kinder gedacht hätte. „Ich habe das schon viele Male erlebt. Nicht jeder kommt mit dem Thema Suizid klar und dafür musst du dich auch nicht schämen", meinte er immer noch lachend und zündete sich eine Zigarette an. Natürlich schämte ich mich. Ich war ein sehr höflicher Mensch. Dass die Situation, in der es nur darum ging, sich vorzustellen und die ausgestreckte Hand eines Anderen zu schütteln, mich dermaßen überforderte, war nicht schön. Natürlich war es nicht nur das Händeschütteln, um was es hier ging, sondern das Thema Suizid, das mich total überrumpelt hatte. Ich wusste nicht, wie damit umgehen. *Tim* erzählte, dass er bereits die Koffer gepackt hat und nun direkt auf eine Akutabteilung ging. Eine Akutabteilung war eine geschlossene Station, das hatte ich mittlerweile mitbekommen. Dort durfte man nicht nach draußen gehen und Freunde treffen oder einkaufen gehen. Das war es, was mir am meisten Angst machte in Bezug auf einen stationären Aufenthalt. Dass ich dann eine Gefangene wäre. Ich fühlte mich ohnehin schon in mir selbst gefangen, aber wenn man mich in einem Zimmer oder in einer Abteilung einschließen würde, so wusste ich, würde ich komplett durchdrehen. Wenn jemand selbst- oder fremdgefährdet war, wie es *Tim* anscheinend war, so war eine solche Abteilung jedoch der richtige Ort. Ich war froh, zu hören, dass er Hilfe bekam, aber auch erleichtert, dass er nicht mehr hier sein würde. Er schien ein netter Mensch zu sein, selbstverständlich machte es mich auch etwas traurig, wenn ich mir vorstellte, welches Leid er ertragen musste, bis es so weit gekommen war, doch ich spürte, wie er mir nicht guttat. Es war ungerecht und wahnsinnig unfair ihm gegenüber, das wusste ich. Aber das war alles, was ich spürte und feststellen konnte. Normalerweise stellte ich eher faktisch fest, wenn jemand oder etwas mir nicht gut tat. Ich nannte die Ursachen immer beim Namen, konnte diese formulieren und hatte dabei eine ganze Liste von Vor- und Nachteilen im Kopf. Aber so wirklich bewusst festzustellen, dass mir etwas oder jemand nicht gut tat, und zu wissen, dass das so richtig war, das war mir neu. *Tim* drückte die Zigarette auf dem Rand des Aschenbechers aus und verabschiedete sich. Ich nickte nur und hatte ein ziemlich schlechtes Gewissen bezüglich meines unanständigen Verhaltens, schließlich hatte es *Tim* bestimmt viel Mut gekostet, in einer Gruppe von fremden Menschen so viel von sich Preis zu geben. Und ich war auch froh, dass *Tim* genügend stark war, damit umzugehen, dass nicht jeder mit seinem Thema klar kam. Ich bemerkte, dass sich meine Beine beruhigt hatten und meine Panik wieder vorüber war, zumindest etwas Erfreuliches an diesem Morgen. Ich ging in mein Zimmer hoch und versuchte, die eine oder andere WhatsApp-Nachricht zu beantworten. Seit Tagen hatte ich niemandem mehr zurückgeschrieben, außer meinem Mann natürlich, meinen Eltern, meiner Tante und *Mario*. Bei *Mario* hatte ich sogar selber auch einmal nachgefragt, wie es ihm und dem Kleinen denn ginge. Ich antwortete *Mario* jedoch nur kurz und knapp, dass ich hier in der AFS war. Normalerweise hätte ich jetzt eine lange Erklärung verfasst, denn ich wusste, es war nicht nur schwierig, eine solche Nachricht zu schreiben, sondern auch nicht einfach, eine solche Nachricht zu empfangen. Es brauchte Mut, ja, aber für mich war es in Ordnung, dass *Mario* davon wusste. Er antwortete bereits eine Minute später und fiel natürlich aus allen Wolken. Dass er nie damit gerechnet hätte, dass es mir so schlecht ging, aber auch, dass ich mich jetzt nur auf mich konzentrieren sollte. Ich war froh darüber, dass er nicht nach Gründen fragte, wie es so weit hatte kommen können oder wie lange ich hier sein würde oder wie ich es zu Hause mit den Kindern regeln würde. Da gab es ja viele Fragen. Und natürlich, niemand rechnete damit, niemand kam auf die Idee, dass auch ich einmal an meine Grenzen kommen und das Gleichgewicht verlieren könnte. Nicht einmal ich selbst.

4.2 Die Denner-Gang

Es war ziemlich heiß und der Blick auf meine Wetterapp verriet mir, dass das Thermometer im Verlauf des Tages noch bis auf fünfunddreißig Grad hochklettern würde. In der Schweiz war diese Hitze kaum zu ertragen, die Luft war stickig und schwül und ich hatte zur Zeit schon genügend Probleme beim Atmen, weil ich dachte, ich bekäme ständig zu wenig Sauerstoff. Lustlos scrollte ich auf *Instagram* umher. Ich hatte immer noch ein öffentliches Benutzerkonto für mein Modelbusiness wie auch ein privates Konto. Ich hatte viele Fotos hochgeladen. Fotos von mir und auch den Kindern und ich hatte viele *Follower*, auf meinem Modelkonto sogar einige Tausend. In manchen Modelverträgen war es teilweise auch eine Voraussetzung, ein öffentliches Konto zu führen. So lernte ich natürlich auch immer neue Fotografen kennen und bekam auch immer wieder neue Aufträge und somit neue Chancen. Auf meinem privaten Konto sah ich mir dann all die Fotos, Beiträge und Storys derjenigen Personen an, denen ich folgte oder deren Konto ich abonniert hatte. Ich stellte dabei aber auch fest, wie falsch alles war, wie gestellt und inszeniert alles war und wie sehr es darum ging, die anderen immer zu übertreffen, überbieten und zu beeindrucken. Jeder wollte der Welt zeigen, dass er die schönste Beziehung hatte, wie weit er in der Welt herumjettete, wie schön er war und wie schön seine Kinder waren. Natürlich, auch ich hatte Fotos meiner Kinder hochgeladen und alle Eltern empfinden wohl ihre Kinder als die besten und schönsten, das war klar. Aber was hatte ich davon, wenn andere das auch dachten oder wussten? Nur meine eigenen Kinder mussten das wissen und die wussten es. Und ich musste zugeben, bei den meisten interessierte es mich überhaupt nicht, was sie wirklich machten. Ich begann zuerst einige meiner Abonnenten zu löschen, doch dann merkte ich, dass es auch nicht das war, was ich wollte. Ich wollte gar nichts mehr davon wissen. Ganze zwanzig Minuten musste ich im Internet nach der Anleitung suchen, denn mit der Funktion *Konto löschen* war es noch lange nicht getan. Irgendwann hatte ich es geschafft und meine beiden Benutzerprofile auf *Instagram* waren definitiv gelöscht und ich fühlte mich geradezu erleichtert und frei.

Am Nachmittag lernte ich ein paar neue Leute kennen. Der blonde Italiener stellte sich mir mit *Macaroni* vor, natürlich war es nicht sein richtiger Name. Er nannte ihn mir zwar, aber es war auch gar nicht so wichtig. Er litt schon seit vielen Jahren an seiner Depression, war einsam, weil er sich vor ein paar Jahren von seiner Freundin getrennt hatte, mit der er eine Tochter hatte. Seine Tochter trat diese Woche ihre Lehrstelle an. Obwohl er noch jung war, konnte er nicht mehr arbeiten. Früher war er Forstwart und sein Körper war sein Werkzeug. Und das sah man ihm immer noch an, denn er hatte breite und sehr starke Schultern. *Macaroni* hatte seine Arbeit geliebt und es war für ihn ein großer Verlust, sie aufgrund seiner Krankheit aufgeben zu müssen. Er lebte vom Sozialamt, weil er nicht mehr arbeiten konnte, und hatte ein kleine Wohnung. Sein Beistand half ihm. Den Begriff *Beistand* musste er mir zuerst erklären, denn ich kannte das nicht. Der Beistand war eine Person, die einem half, die Rechnungen zu zahlen und Korrespondenzen mit anderen Behörden zu führen, wie der Krankenkasse und dem Sozialamt. Die Hauptaufgabe eines Beistands war es jedoch, die eigenen Finanzen zu verwalten und die Rechnungen zu zahlen. So wurden die Krankenkassenprämien direkt bezahlt. Am Ende blieb leider nicht mehr viel übrig, um sich etwas zu gönnen. Auch das Einkaufen war eingeschränkt. Lebensmittel kaufte *Macaroni* meistens, wenn es Aktionen gab im Laden. Ein anstrengendes Leben, dachte ich.

Konstantin saß auch mit uns in der Sofarunde. Es war spannend, wie *Konstantin* und ich uns auf Anhieb verstanden und sofort den Draht zueinander fanden. Er war vierzig Jahre alt, trug Bart und seine langen dunkelbraunen Haare trug er zu einem Pferdeschwanz zusammengebunden. Wir konnten uns über Gott und die Welt unterhalten, Witze reißen und gegenseitige Sticheleien brachten uns immer wieder in schallendes Gelächter. *Konstantin* lebte ganz in der Nähe von uns, und wir versprachen uns bereits, dass wenn wir wieder zu Hause waren, wir uns auf ein gemeinsames Bier treffen würden. *Konstantin* wollte sich eine neue berufliche Herausforderung suchen, da die bisherige Arbeit ihm einiges mehr zusetzte, als er zugeben wollte. Er suchte nun nach einem Weg, einer Methode oder Taktik, wie er das Ganze angehen könnte. Wir konnten auch über unsere Kinder reden, da auch er einen Sohn hatte. Der war schon um einiges älter als meine beiden Knöpfe, denn er stand bereits als Lehrling im Berufsleben. Und da gab es auch noch *Jazz*, eine junge, hübsche blonde Frau. Knappe und süße zwanzig Jahre alt. *Jazz* war so richtig cool und ein wahrer Sonnenschein. Sie saß im Schneidersitz auf einem der Stühle uns gegenüber und drehte ihre Zigaretten selber. Sie war unheimlich geschickt. Ihre Finger drehten das Papier so schnell um den hineingestopften Tabak, dass ich nur staunen konnte. Alle drei, *Macaroni*, *Konstantin* und *Jazz*, ermutigten mich, die Zigaretten auch selber zu drehen. *Macaroni* drehte seine Zigaretten auch selber und war natürlich wie *Jazz* ein Profi darin. Es sei vor allem viel günstiger, meinte *Konstantin*. Ich wusste nicht recht. Und mit meinen langen, lackierten Gelnägeln war das bestimmt auch nicht so eine einfache Sache. *Jazz* drückte mir dann einfach Filter und Papier in die Hand und legte ihren Tabak vor mich hin. „Versuch es!", ermutigte sie mich. Ich war dann also eine ganze Weile damit beschäftigt, meine erste, wahnsinnig schiefe und viel zu lockere Zigarette selber zu drehen, benötigte mindestens vier neue Papierblätter und der Filter fiel schlussendlich, als ich schon erfreut jubeln wollte, doch wieder heraus. *Jazz* meinte, dass ich mir im *Denner* das notwendige Werkzeug wie Filter, Papier und Tabak beschaffen könnte, und je mehr ich es versuchte, desto besser würde es mir auch gelingen. *Denner*. Ein Laden. Ein Ort, an welchem viele Menschen waren. Leute, die mich beobachten konnten und mir sofort anmerken würden, wenn ich Panik bekam. Ich wurde nervös und da ich das Vertrauen in diese drei Menschen bereits hatte, gab ich zu, dass ich momentan Panik davor hatte, nur ein paar Schritte alleine aus dem Hause zu gehen. Und, dass ich die Befürchtung hatte, dass ich dann plötzlich wieder Kreislaufprobleme bekommen oder so erschöpft sein würde, dass ich an Ort und Stelle womöglich einschlafen würde. Im Nachhinein waren diese Befürchtungen natürlich lächerlich, aber in diesem Moment schränkten sie meinen Alltag, mein eigenes Leben massiv ein. Sie zwangen mich, in diesem Haus zu bleiben und mich von der Außenwelt abzuschotten. Selbst Zigaretten konnte ich nicht mehr alleine einkaufen gehen. Immer wenn jemand mich kurz besuchen kam, brachte er mir welche mit. Das war doch kein Leben mehr. Ich konnte doch nicht für den Rest meines Lebens in diesem Haus festsitzen! Die drei versprachen mir, mich zu begleiten, denn der *Denner* war nur zwei Minuten Fußweg entfernt, er war wirklich nur eine Querstraße weiter vorne und dennoch stellten diese wenigen Meter für mich zur Zeit ein gewaltiges Risiko dar. Es hätte alles passieren können und trotzdem passierte eigentlich nichts davon. Ich wollte zuerst ablehnen, weil ich auf keinen Fall wollte, dass mich jemand oder sogar gleich drei Personen die paar wenigen Meter in den *Denner* begleiten mussten. *Jazz* meinte, dass sie sowieso auch neuen Tabak bräuchte und daher wirklich selbst noch in den *Denner* müsste. Ich glaubte, dass es mehr ein Vorwand ihrerseits war, damit ich mich auf die Begleitung einließ. Sie wusste, dass ich diese Begleitung von ihnen brauchte, aber auch, dass ich es so schaffen konnte. Es war Vertrauen. Vertrauen in mich und meine Fähigkeit, diese Angst zu überwinden und mich von den panischen Gedanken zu lösen. Es war Vertrauen von einer Frau, die ich gerade mal ein paar Stunden kannte. Ich war überwältigt von diesem Gefühl und von dieser Verbundenheit. Obwohl ich es nicht laut ansprechen konnte, war ich *Jazz* unglaublich dankbar dafür.

Also packten wir unsere Sachen zusammen, was für die anderen nicht viel war. Ich hingegen packte meine ganze Handtasche. Ich wollte den Duftstift von *Frau Wieder* mit dem Lavendel dabei haben und nahm auch meine große Wasserflasche mit. Nachdem wir uns alle im Stationszimmer abgemeldet hatten, klammerte ich mich an meinem Handy fest, als ich die steinige Treppenstufe zur Straße hinunterstieg. Mein Herz klopft laut und ich konzentrierte mich darauf, ruhig und langsam und tief zu atmen. *Konstantin* wich nicht von meiner Seite und erzählte irgendetwas. Es musste was Lustiges gewesen sein, denn *Macaroni* und *Jazz* lachten ein paar Schritte vor uns laut. Ich wusste nicht, worum es ging, denn ich sah mir jedes Steinchen auf dem Boden an, beobachtete meine Füße, wie sie einen Schritt nach dem anderen gingen, und spürte *Konstantins* Arm an meinem. Er war mir ganz nah und ich wusste, wenn ich umfallen würde, würde er mich sofort auffangen. Ich war einfach nur dankbar. Dankbar für diesen Schutz und die Sicherheit, die er mir in diesem Augenblick gab. Ich rannte dann förmlich durch den *Denner*, schnappte mir noch zwei High Protein Shakes, welche mir der Oberarzt als Ergänzungsernährung empfahl, weil ich momentan nicht viel essen konnte, und stürmte zur Kasse. *Jazz* holte Filter und Papier für mich aus dem Regal daneben und fragte für mich an der Kasse nach Tabak. Ich war in diesem Augenblick nicht fähig, zu sprechen, ich war so sehr darauf konzentriert, keine Panikattacke zu bekommen. Ich sah die Menschen um mich herum, aber ich sah sie nicht direkt an. *Konstantin* stand noch eine Weile am Regal mit dem Papier und als er fand, wonach er gesucht hatte, kam auch er zur Kasse und zahlte. Wieder draußen konnte ich endlich wieder tief einatmen. Die Nervosität legte sich so schnell, wie sie vorher gekommen war. Alles war gut. Ich hatte es geschafft. Jetzt musste ich nur noch den Weg wieder zurück in die AFS schaffen. Dann würde es vorbei sein.

Konstantin hatte uns allen noch ein Eis gekauft, das wir auf dem Rückweg genießen durften. Zurück in der AFS machten wir es uns dann auch gleich wieder in der Sofaecke bequem. Und ich versuchte nun, die Zigaretten selber zu drehen.

In den nächsten Tagen versuchte ich es immer wieder. Ich rauchte somit natürlich viel weniger, weil ich so viel Zeit damit verbrachte, überhaupt eine Zigarette zustande zu bringen. Aber ich stellte auch fest, dass es mich beruhigte, wenn ich es tat. Weil ich mir nicht so schnell eine Zigarette anzündete, sondern weil ich mir in Ruhe sagte, dass ich mir zuerst eine drehen muss. Ich fand es toll, wie die drei mich immer wieder lobten und mir bestätigten, dass ich immer besser wurde. Und so wurde unsere *Denner-Gang* gegründet, ich erstellte sogar einen WhatsApp-Chat mit diesem Namen. Mehrmals am Tag gingen wir gemeinsam in den *Denner*, um etwas einzukaufen, bewusst immer wieder und nur wenige Sachen, damit ich so die Gelegenheit hatte, immer öfter vor die Haustüre und den Weg dorthin zu gehen. Damit ich mich immer öfter traute, in den Laden hineinzugehen und an der Kasse anzustehen. Ich merkte nämlich, dass auch das Warten, war es an der Kasse, im Auto, an einer Ampel oder beim Fußgängerstreifen, mich bereits nervös machen konnte. Einmal suchte *Konstantin* im Laden sogar nach Lockenshampoo, weil wir *Macaroni* immer wieder damit aufzogen, dass er sein Haar so eitel pflegte. Es war nicht bös gemeint, wir hatten einfach Spaß. Und davon hatten wir eine ganze Menge. Wir lachten in den nächsten Tagen viel, diskutierten über so manches und der Zusammenhalt, das Gefühl von Verständnis und Verbundenheit war so groß, dass es mir richtig guttat. *Jazz* gab mir jedoch auch viel zu denken. Sie war so jung und wusste nicht, welcher Weg für sie der richtige war. Sie war ständig auf der Suche und das hörte sich sehr anstrengend an. In ihrer Vergangenheit gab es viele Probleme mit Drogen, Vertrauen und Schulden. Wir versuchten, sie dazu zu ermutigen, die Lehre durchzuziehen. Sagten ihr, dass es einem wirklich etwas brachte und weiter bringen würde, wenn man einen Abschluss hatte. Aber es war schwierig, etwas zu sagen, wenn man selbst nicht das Gleiche erlebt hatte und nicht in der gleichen Situation war. Und die Sichtweise mit zwanzig Jahren, das wusste ich aus eigener Erfahrung, war ganz anders als mit dreißig, vierzig oder fünfzig Jahren. Meine Meinung wäre vielleicht auch anders ausgefallen, wenn ich heute nicht verheiratet, Mutter und berufstätig wäre. Ich hoffte für *Jazz*, dass sie es schaffte. Dass es nicht einfach war, das wusste ich. Und Schulden und Drogen waren natürlich keine gute Basis. Ich machte mir nicht nur Gedanken, sondern auch viel Sorgen um *Jazz*, und ich wünschte mir, dass sie mich eines Tages anrufen würde, um mir sagen zu können, dass sie ihren eigenen Weg gefunden hat und, dass es ihrem Herzen gut geht.

Am nächsten Tag durfte ich die Psychiatrische Klinik besuchen. Sie hatten mich aufgrund der Überweisung vom Oberarzt angerufen und wir konnten einen Termin für ein Kennenlerngespräch vereinbaren. Ich hoffte, dass es mir gefallen würde, sofern man das von einer Psychiatrie behaupten konnte, und, dass ich dort schnell eintreten konnte. Ich wusste von anderen mittlerweile, dass es teilweise monatelange Wartelisten gab. Ich konnte aber nicht Monate warten. Ich musste bald wieder gesund werden. Ja, mittlerweile wusste ich, dass ich zur Zeit krank war. Oder es musste zumindest so sein, denn ich hatte ja tatsächlich ein Problem, sogar mehrere davon. Und das war mir nun sehr klar. Diese Probleme mussten so schnell wie möglich aus der Welt geschaffen werden. Denn ich wollte wieder nach Hause. Ich wollte wieder einkaufen gehen, und zwar alleine, ohne Angst und Panik und ohne Begleitung. Ich wollte mich wieder in mein eigenes Auto setzten und irgendwohin fahren können, ohne dabei zu befürchten, das Bewusstsein zu verlieren. Ich wollte wieder essen können. Und ich wollte nicht mehr die Angst haben, dass ich aufgrund des starken Gewichtsverlusts keine Kraft haben würde, zu gehen. Ich wollte so viele Dinge. Vor allem, dass diese Horrorgeschichte endlich vorbei war. Doch es war natürlich noch lange nicht vorbei.

Meine Eltern warteten in ihrem Auto vor dem Haus. Mein Vater fuhr und meine Mutter saß auf der Rückbank, damit ich vorne neben meinem Vater sitzen konnte. So konnte ich mich auf die Straße konzentrieren. Ich war wieder unglaublich nervös. Die Fahrt dauerte knappe vierzig Minuten und ich hoffte, diese zu überstehen. Es ging nicht darum, dass ich diese irgendwie überstehen würde, sondern darum, dass ich sie überhaupt überstehen konnte. Ich dachte wirklich an die Möglichkeit, während der Fahrt tot umzukippen und die Klinik gar nie lebend zu erreichen. Womöglich, weil ich auf der Fahrt dorthin wieder keine Luft bekäme und somit ohne genügend Sauerstoff ersticken würde oder weil Schwindel und Ohnmacht wieder auf mich zukommen würden und ich nie mehr das Bewusstsein zurück erlangen würde. Solche Gedanken waren es. Und ich hatte Angst vor diesen Gedanken, weil ich nicht wusste, ob es tatsächlich möglich war, dass das alles passieren konnte. Ich konnte nicht mehr einschätzen, was Realität hätte sein können und was lediglich schlimme Vorstellung, welche so aber kaum jemals Wirklichkeit werden würde. Sterben konnte ich schließlich immer. Aber, dass wir zum Beispiel einen Autounfall haben könnten, daran dachte ich nicht und davor hatte ich auch keine Angst. Wenn ich meinen Kopf von einer Seite auf die andere drehte, wurde mir schon schwindlig. Also versuchte ich, mich wieder auf die Straße vor mir zu konzentrieren und geradeaus zu blicken oder die Augen manchmal auch zu schließen. Ich trank immer wieder Wasser und schnupperte an meinem Lavendelstift. Und alle fünf Minuten schaute ich ungeduldig auf die Uhr und zählte die Minuten, bis wir dort ankommen würden. Bei einem Bahnübergang mussten wir kurz anhalten, bis der Zug kam. Warten, ich verkrampfte mich sofort und rieb nervös meine Hände auf meinen Oberschenkeln auf und ab. Wo blieb der Zug? Wann konnten wir endlich weiterfahren? Es waren nur zwei Minuten, die wir warten mussten. Doch in diesen hundertzwanzig Sekunden überlegte ich mir mindesten fünf Mal, ob ich aussteigen müsste, zu Fuß ein Stück gehen, was zwar schwierig gewesen wäre, da die Bahnschranken ja geschlossen waren, und dann irgendwo etwas weiter vorne wieder einsteigen. Ich dachte, ich könnte diese zwei Minuten nicht aushalten. Hatte das Gefühl, dass die Luft und der Sauerstoff im Auto während des Wartens zu knapp würden. Die restliche Fahrt klappte dann wieder etwas besser, ich wusste, dass wir bald dort sein würden. Ich war froh, dass meine Eltern mir während der Fahrt keine Fragen stellten. Ich wusste, dass sie sich auch sorgten. Und es tat mir weh, dass es so war. Ich war ihr Kind, ihre älteste Tochter, die immer stark war und alles meisterte, und jetzt war ich irgendwo weit weg und am Ende meines Lateins. Aber sie waren auch erleichtert darüber, dass ich mir Hilfe geholt hatte in der AFS und nun bereit war, mich auf einen stationären Aufenthalt einzulassen oder es mir zumindest heute einmal ansehen wollte. Und ich war meinen Eltern sehr dankbar, dass sie mich heute begleiteten. Ich wusste aber noch nicht genau, ob ich einen solchen stationären Aufenthalt wirklich wollte und bereit war, nochmals von meiner Familie getrennt zu sein und die Konsequenzen, die ein solcher Aufenthalt mit sich brachte, zu verkraften. Ich würde nämlich auch noch länger von der Arbeit fern bleiben, die Kinder würden größer werden, ohne dass ich bei ihnen wäre, und mein Mann würde sich im schlimmsten Falle vielleicht sogar etwas von mir distanzieren, denn wer wollte schon eine Frau, die krank war, die nicht mehr alleine einkaufen gehen konnte und ständig Panik hatte, dass sie jederzeit sterben würde? Endlich waren wir da.

Die Psychiatrische Klinik war nicht mehr einfach ein gemütliches Haus wie die AFS, sie war ein modernes und architektonisch bewundernswertes großes Gebäude. Aber nebst der Bewunderung, schüchterte mich dieser Baukomplex auch ein, denn er war eine Klinik, ein Spital für kranke Menschen. Menschen wie mich. Wie am Telefon vereinbart, wartete ich mit meiner Mutter in der Eingangshalle. Mein Vater wollte draußen vor der Klinik warten und ließ sich mit der Zeitung auf eine der Parkbänke nieder. *Frau Römer* begrüßte uns schon kurz darauf und nahm uns mit auf die Station. Den offiziellen Namen der Station darf ich hier auch aus datenschutzrechtlichen Gründen nicht nennen. Ich folgte ihr langsam, meine Mutter ging ein paar Schritte hinter mir. *Frau Römer* zeigte uns als erstes die Station selber. Die Räumlichkeiten der Station darf ich auch nicht näher schildern. Wie aber üblich, gab es auch hier eine Küche, ein Wohnzimmer, welches mit Fernseher, Spielkonsole und Bücherregalen ausgestattet war, einen Vorplatz und auch eine Waschküche. Auch einen Raum für Mal- und Kunsttherapie gab es hier, so wie es in allen psychiatrischen Einrichtungen meistens der Fall ist. Am besten gefielen mir die Bilder an den Wänden. Sie waren nämlich von einem meiner Lieblingskünstler. Und es war für mich das Zeichen, dass ich mich hier wohl fühlte. Es mag seltsam klingen, dass ein Gemälde mir das sagen konnte. Ich wusste aber, dass es der richtige Ort für mich war, zumindest soweit, dass ich mich auf eine Klinik und einen stationären Aufenthalt einlassen konnte.

Nach dem Rundgang durch die Station folgte das Kennenlerngespräch. *Frau Römer,* meine Mutter und ich zwängten uns in ein kleines Büro um einen runden Tisch, versuchten dabei den Mindestabstand einzuhalten und ich erzählte, wie schon einige Male in den letzten Wochen, was bei mir los war. Die Situation kam mir etwas seltsam vor. Wie beim Arzt früher, dachte ich. Wir waren ja auch in einem Spital, oder besser gesagt, in einer Psychiatrischen Klinik, was für mich noch viel schlimmer war, so richtig schlimm. Nun war ich aber erwachsen und erzählte selber, was los war, nicht wie früher, als meine Mutter noch alles dem Arzt mitteilen musste. *Frau Römer* hörte mir aufmerksam zu und zwischendurch hatte sie auch die eine oder andere Frage an mich. Zum Schluss stellte sie uns noch ihr Therapieprogramm vor. Der stationäre Aufenthalt würde fünf bis sechs Wochen dauern. Das Programm würde, wie es in Psychiatrischen Kliniken üblich war, Kernthemen wie Einsamkeit, Gefühle und den Rollenwechsel beinhalten. *Frau Römer* meinte, dass vor allem der Rollenwechsel für mich ein zentrales Thema sein könnte, da ich nun Doppelmama war. Sechs Wochen, das war eine lange Zeit. Und in der AFS war ich jetzt erst zwei Wochen gewesen, was mir aber bereits wie eine Ewigkeit vorgekommen war. Noch nie zuvor war ich so lange von meiner Familie getrennt. Wie würden wir das zusammen durchstehen, wie konnte ich damit leben, so lange nicht bei meinen Kindern zu sein? Ich wollte so schnell wie möglich wieder gesund sein und wollte, dass alles wieder gut war und ich wieder normal funktionierte. Ich wollte so schnell wie möglich wieder nach Hause zu meiner Familie und auch so schnell, wie es nur ging, zurück zur Arbeit. Ich hatte nämlich auch Schuldgefühle meinem Arbeitgeber und meinem Team gegenüber. Ich war schon einige Monate weg, weil ich im Mutterschaftsurlaub war, und zwar in meinem zweiten, da *Leon* ja unser zweites Kind ist. Natürlich, auch Männer waren bei der Arbeit abwesend, wenn sie in der Rekrutenschule oder in WK waren für die Schweizer Armee. Und das über mehrere Jahre immer wieder für ein paar Wochen, dennoch hatte ich Schuldgefühle. Aber ich wusste, wenn ich das alles erreichen wollte, wenn ich bald wieder gesund sein wollte, dann musste ich diese Hilfe annehmen, dann sollte ich mich darauf einlassen und es versuchen. Somit konnte ich *Frau Römers* Frage, ob ich dazu bereit war, die Regeln hier auf der Abteilung zu beachten und mich auf dieses Programm mit stationärem Aufenthalt vor Ort einzulassen, bejahen. Ja, ich war bereit dazu, weil ich aus tiefstem Herzen hoffte, dass es mir helfen könnte. *Frau Römer* betonte jedoch auch, dass es einem anfangs oftmals schlechter erging, weil man sich wirklich intensiv mit den Themen auseinanderzusetzen müsste. Erst gegen Ende des Aufenthaltes würde es besser werden. Und auch nach dem Aufenthalt, wieder zu Hause in meiner gewohnten Umgebung, würde nicht alles wieder wie vorher sein. Es würde hier ein Anfang sein und sie würden versuchen, mir das nötige Werkzeug zu geben, um dann zu Hause damit weiterarbeiten zu können. Genau so hörte es sich auch an, nach einer Menge Arbeit. Ich wusste nicht, ob ich die Energie dafür hatte, aber ich wollte es versuchen. Ich war sehr erleichtert, als ich erfuhr, dass ich bereits in wenigen Tagen hier eintreten durfte. Gleichzeitig hoffte ich auch, dass ich bis dahin in der AFS bleiben durfte. Das, obschon ich bereits zwei Wochen dort war. Denn so sehr ich auch nach Hause wollte, traute ich es mir doch nicht zu.

Am nächsten Tag konnte ich mit dem Oberarzt vereinbaren, dass ich wirklich bis einen Tag vor Eintritt in die Psychiatrische Klinik in der AFS bleiben durfte. Es gab zur Zeit genügend freie Betten in der AFS. Ich musste lediglich vom Einzel- in ein Zweierzimmer im zweiten Stock umziehen. Das war für mich natürlich mehr wie nur in Ordnung. Für eine Nacht müsste ich dann jedoch nach Hause, da dies krankenkassentechnisch eine Voraussetzung war. Der Gedanke, für eine Nacht nach Hause zu gehen, machte mich bereits etwas nervös, andererseits musste ich dann sowieso neu packen und einiges mehr an Kleidung dabei haben. Und so könnte ich wenigstens die Kinder nochmals fest an mich drücken.

Am Wochenende versuchte ich bereits, einmal zu Hause zu übernachten. *Andrea* war so lieb und kam mich mit dem Auto abholen und brachte mich zu meiner Familie. Leider klappte das nicht so gut. Ich war ununterbrochen nervös und hatte keine Energie, zu sprechen, zu essen oder mit den Kindern zu spielen. Ich hatte Angst vor dem Einschlafen und auch am nächsten Tag war es nicht besser. Ich wusste, dass ich in zwei Tagen nochmals zu Hause übernachten musste und neu packen, ich hätte noch ein Paket auf die Post bringen sollen und wollte noch alle Betten frisch beziehen. Es gab eine Menge zu tun und doch war es nur der Bruchteil davon, was ich sonst an einem Vormittag mit links erledigt hätte. Ich war froh, als *Andrea* mich wieder abholte und zurück in die AFS brachte. Die Schuldgefühle darüber, dass ich mich in der AFS momentan sicherer fühlte als in meinem eigenen Zuhause und bei meiner Familie, zerrissen mich. Am Nachmittag versuchte ich, mir eine Packliste für die Psychiatrische Klinik zu erstellen (nachfolgend nur noch kurz Klinik genannt). Von *Frau Römer* wusste ich, dass ich dort auch die Gelegenheit haben würde, Sport zu treiben, also notierte ich mir auch Sportkleidung und Turnschuhe. Und wer wusste, ob es im September dann nicht plötzlich Herbst sein würde, also brauchte ich auch wärmere Kleidung. Die Liste war sehr lang und das mit

dem Sportprogramm war mir noch schleierhaft, wie ich das hinbekommen sollte, wenn ich mich nicht mal traute, ein paar Meter vor dem Haus im Schneckentempo auf und ab zu gehen. Der
Weg zum *Denner* ging mittlerweile besser. Ich war zwar immer
noch nervös, hatte dabei nach wie vor Herzrasen und Atemnot,
aber zumindest war der Schwindel nicht mehr da. Wenigstens
ein Symptom, das momentan wegfiel. Natürlich war ich dabei
immer noch in Begleitung meiner *Denner-Gang*, alleine hätte ich
es noch nicht geschafft.

In den nächsten Tagen ging es mir dann richtig gut. Ich war von
früh morgens bis spät abends wach und musste mich dazwischen
auch nicht mehr hinlegen oder im Zimmer verkriechen. Ich konnte mich auch endlich bei meinem Arbeitgeber melden und ihm
zusammen mit dem Arbeitsunfähigkeitszeugnis ein paar Zeilen
schreiben. Den Text musste ich jedoch mit der Sozialmitarbeite-
rin vorbereiten. Normalerweise war Texte schreiben kein Problem
für mich, doch zur Zeit schaffte ich es nicht mehr, ich hatte keine Kraft und wusste nicht, was ich mitteilen musste und was ich
sollte. Eigentlich war ich ja meistens diejenige, die anderen half.
Nun musste ich jedoch wieder Hilfe in Anspruch nehmen. Doch
ich war nun so weit, dass ich wusste, dass ich diese Hilfe brauchte
und, dass es wirklich in Ordnung war, diese Hilfe auch anzunehmen. Es war keine Schwäche, wie ich immer dachte, es war okay.
Ich konnte nun auch schon sechs bis sieben Gabeln bei den Mahl-
zeiten mitessen und vertrug es auch, mit der *Denner-Gang* herumzualbern. Ja, das hört sich bestimmt sehr seltsam an. Menschen,
die in der AFS herumalberten. Aber es war das Einzige, wovon
wir uns wirklich nähren konnten. Und ja, vielleicht war es beim
Einen oder Anderen auch einmal ein Medikament zu viel, dessen
Wirkung sich zeigte. Solche Scherze brauchten wir, um das Ganze gemeinsam durchzustehen und mit der Sache klarzukommen.
   An meinem letzten Abend spazierte ich mit meiner *Denner-
Gang* zum Sportplatz hinüber. Es waren nur wenige Meter, doch
wir gingen alle sehr langsam nebeneinander her und es schien mir,
als wollte keiner von uns, dass dieser Spaziergang sein Ende nahm.

Auf einem der Parkbänke ließen wir uns nieder und versuchten ein bisschen herunterzufahren. Wir genossen die leichte Brise und konnten uns tatsächlich für einen kurzen Moment entspannen.

Am nächsten Tag packte ich meine Tasche schon früh. Es war seltsam, nach zweieinhalb Wochen die AFS nun zu verlassen. Meine Mutter versprach mir, mich nach dem Mittagessen abzuholen und nach Hause zu fahren. Bis dahin saß ich mit *Jazz* und *Konstantin* auf der Terrasse und genoss unsere letzten Gespräche. *Macaroni* ging bereits gestern Abend und hinterließ in unserer Runde eine große Lücke. Aber das war uns allen bewusst, alle unsere Wege würden sich auch wieder trennen. Irgendwann war es so weit und ich verabschiedete mich von *Konstantin* und *Jazz*. Meine Mutter wartete vor der Haustüre und brachte mir den von mir gewünschten Sonnenblumenstrauß und die Schokolade mit, die ich *Frau Wieser* im Stationsbüro überreichte. Ich dankte ihr und dem ganzen Pflegeteam, welches zufälligerweise gerade vollzählig beisammen war, von ganzem Herzen, dass sie mich aufgefangen hatten und mir Dinge wie Mandala malen, PRM-Entspannungsübungen und Atemtechniken gezeigt hatten. Aber auch dafür, dass sie mich zu nichts gezwungen hatten, sich immer Zeit für mich nahmen und vor allem auch dafür, dass ich keine Medikamente nehmen musste, welche ich nicht wollte. Ich hatte nämlich keine Ahnung, wie es gekommen wäre, wenn mich die AFS vor zweieinhalb Wochen nicht notfallmäßig aufgenommen hätte. Dass ich so lange bleiben durfte und, dass wir gemeinsam die Anschlusslösung mit der Psychiatrischen Klinik gefunden hatten, war ebenfalls sehr positiv, und ich war wahnsinnig dankbar für diese Unterstützung. Ich hatte gemischte Gefühle, auch, weil ich mich vor der einen Übernachtung zu Hause fürchtete, und die Verabschiedung von *Frau Wieser* und dem Pflegeteam löste bei mir wieder Tränen aus. Sie wünschten mir alles Gute und versprachen mir, dass ich mich jederzeit wieder bei ihnen melden dürfte, und bedankten sich für meine Geschenke. Und so verließ ich mit zittrigen Knien und laut pochendem Herzen die AFS.

5

Psychiatrische Klinik

Den Koffer hatte ich noch gestern Nachmittag gepackt. Meine Mutter hatte mir sogar angeboten, für mich zu packen, doch ich wollte es alleine versuchen und meine Liste dazu hatte ich ja. Somit saß meine Mutter im Wohnzimmer und las in ihrem Buch, während ich ganze zwei Stunden lang durch die Wohnung lief und immer wieder etwas in den Koffer legte. Denn obwohl ich meine schöne Packliste hatte, konnte ich mich nicht wirklich darauf konzentrieren und vergaß ständig, was ich bereits in den Koffer gelegt hatte oder was ich holen wollte, um es einzupacken. Dennoch schaffte ich es auch noch, die Betten frisch anzuziehen. Wenigstens etwas, das mein Mann dann nicht auch noch tun musste. Die Nacht verlief erstaunlicherweise gut. Nur vor dem Einschlafen war ich etwas angespannt. Aber ein Orangenblütentee, meine Mutter hatte mir diesen extra noch in der Drogerie gekauft, der Lavendelduftstift und eine Entspannungsmusik konnten mir helfen. Es waren einige Dinge, die ich brauchte, um herunterzufahren, aber wenigstens halfen sie. Für meine Magenschmerzen hatte mir *Frau Wieser* aus der AFS ebenfalls noch ein Öl mit Kamille und Mandarin zusammengestellt. Dieses Öl konnte ich auf meinen Bauch reiben und auch das half mir. Nicht immer gleich gut und schnell, aber ab und zu. *Dave* hatte heute Morgen beide Kinder geweckt und angezogen, ich hatte es nicht geschafft, aufzustehen. Auch nachts, als *Leon* einmal einen Schoppen wollte, übernahm es mein Mann. Erst als *Dave* sich verabschiedete, öffnete ich benommen die Augen und drückte meine Kinder fest an mich. Wir hatten vereinbart, dass

100

wir *Lilly* nicht erklärten, dass ich an einen neuen Ort gehen würde, sie wusste ja bereits, dass ich auf einer *Kur* war. Wir wollten
sie nicht noch mehr verwirren und, dass ich nicht da war, dass
es mir nicht gut ging und ich nicht wie gewöhnlich funktionierte, hatte meine kleine Tochter schon längst begriffen. Danach
duschte ich, zog mich an und ich schaffte es sogar, mich wieder
einmal etwas zu schminken. Ich erhoffte mir dadurch, dass ich
mich etwas besser fühlte. Schließlich stand wieder eine Autofahrt vor mir. Eine Stunde, bevor meine Eltern mich abholten
und in die Klinik fahren wollten, nahm ich ein *Relaxane*. Dieses pflanzliche Medikament hatte mir bis jetzt immer geholfen
und mich ein wenig entspannt. Meine Eltern halfen mir in letzter Zeit sehr viel und ich war ihnen sehr dankbar dafür. Ich hatte das Gefühl, dass das früher nicht so der Fall war, oder vielleicht hatte ich auch einfach nicht um Hilfe gebeten und ihnen
somit gar nicht die Chance gegeben, mir zu helfen. Das konnte
natürlich auch sein. Die Autofahrt ging einigermaßen gut und
pünktlich um zehn Uhr standen wir vor der Klinik. Während
der Fahrt konnte ich mich sogar ein bisschen mit meinem Vater über sein Hobby, die Imkerei, unterhalten. Es war nicht viel,
aber immerhin. Es war nämlich nicht so, dass ich mich mit Reden einfach abgelenkt hätte und dann nicht mehr nervös war.
Denn auch, wenn ich sprach, mir Worte über die Lippen kamen,
arbeitete mein Kopf schön fleißig weiter und dachte gleichzeitig
daran, dass demnächst etwas passieren könnte. Es war ein Kampf,
ein verbitterter Kampf zwischen meinen Gedanken und mir. *Herr
Keller* wartete bereits auf mich und begrüßte mich freundlich.
Meine Eltern hätten mit einer Schutzmaske mit auf die Station
kommen dürfen. Aber ich wollte es alleine schaffen. Schließlich
musste ich die nächsten fünf bis sechs Wochen auch alleine hier
sein, und das war für mich der Anfang. Also verabschiedete ich
mich von meinen Eltern und versprach ihnen, mich baldmöglichst wieder bei ihnen zu melden.

Ich durfte meinen Koffer in einem der ersten Zimmer im Erd-
geschoss unterbringen. Es war ein großes Einzelzimmer, ausgestattet mit einem Tisch und einem Stuhl, einem gemütlichen Ses-

sel und einem grauen Spannteppich über den ganzen Boden hinweg. Das Zimmer hatte auch ein eigenes Bad mit Toilette und Dusche. *Herr Keller* sagte, dass ich Glück gehabt hätte, dass ein Einzelzimmer frei war. Ein Einzelzimmer war nämlich nicht für den ganzen Aufenthalt vorgesehen. Privatpatienten hatten immer Vorrang und jederzeit Anspruch darauf. Es war mir also bewusst, dass ich als Allgemeinversicherte jederzeit auch in ein Zweierzimmer umziehen konnte. Aber ich war froh darüber, dass ich wenigstens heute alleine im Zimmer sein durfte. Das Zimmer an sich konnte ich nicht abschließen, den Schrank hingegen schon. Meine mitgebrachten Medikamente musste ich auch gleich abgeben, selbst gewöhnliche Schmerztabletten wie *Dafalgan* und *Irfen*. Es ging darum, dass die Einnahme und Dosierung von Medikamenten unter Kontrolle des Pflegeteams blieb. Missbrauch von Medikamenten und Konsum von Alkohol, auch alkoholfreiem Bier, war in der Klinik strengstens untersagt. Selbstverständlich gehörte dazu auch Marihuana sowie auch andere legale wie illegale Drogen. Also auch Cannabadidiol, *od*er kurz genannt CBD, was der am zweitmeisten vorkommende Wirkstoff in der Cannabis-Pflanze ist. Nun lernte ich meine Fallführerin während meines stationären Aufenthaltes hier kennen. Sie war Psychologin und hieß *Frau Lucas*. Das Eintrittsgespräch fand zusammen mit *Herrn Keller* statt. Und einmal mehr, und zum gefühlten hundertsten Mal, schilderte ich, was mich bewegte, was ich erlebte und wie ich mich fühlte. Als ich meine Kinder erwähnte, kamen mir dann auch die Tränen. Ich erzählte, dass ich Angst hatte, dass mir etwas geschehen könnte, wenn es mir so schlecht ging, dass ich das Ganze nicht überleben würde und meine Kinder ihre Mutter verlieren würden. Als ich diese Befürchtung endlich einmal laut aussprechen konnte, stellte ich gleichzeitig auch fest, dass es wirklich damit zu tun hatte, dass mir Dasselbe passiert war. Und damit meine Kinder nicht das gleiche Schicksal erleiden, wollte ich sie um jeden Preis schützen. Und auch hier merkte ich im gleichen Moment, dass ich somit mich selber schützen musste, damit sich dieses traurige Ereignis nicht auch noch für meine eigenen Kinder wiederholen würde. Diese Erkenntnis sagte ich laut vor mich hin und

Herr Keller war überrascht, dass ich das selber so feststellen und formulieren konnte, und nickte mir zustimmend zu. „Sie haben recht, wahrscheinlich geht es um Ihre eigene Erfahrung, die Sie leider als kleines Kind machen mussten. Sie müssen auf sich aufpassen, damit Ihre Kinder ihre Mama behalten dürfen. Das nennt man Fürsorge. Sie haben nur einen Körper und nur ein Leben, also müssen Sie unbedingt und ganz dringend auf sich Acht geben und Ihrer Seele und Ihrem Körper Sorge tragen." Seine Worte waren so direkt, dass ich seine Aussage noch Wort für Wort gespeichert hatte und so jetzt wiedergeben kann. *Herr Keller* meinte aber auch, dass wenn ich so weiter mache, wie ich mein Leben beschrieben hatte, mein Körper das tatsächlich nicht überleben würde. Auch diese Aussage traf mich hart und ich kann sie bis heute nicht vergessen. Also ging es doch um Leben und Tod, dachte ich mir, und stellte fest, dass ich wieder feuchte Hände bekam und zu schwitzen begann. Die Hitze in mir überflutete mich buchstäblich und es war mir sehr unangenehm, was mich wiederum nervös machte. *Frau Lucas* wollte wissen, welche Erwartungen ich an meinen Aufenthalt hier stellte und ob ich bestimmte Ziele definieren konnte, welche ich in dieser Zeit bearbeiten und erreichen wollte. Mit der Frage nach Zielformulierungen kam ich mir wie auf der Arbeit vor. Dort gab es jedes Jahr auch Mitarbeiterziele. Ich verstand durchaus, dass ich auch hier ein Ziel haben musste, und natürlich hatte ich dieses, es sollte alles wieder wie vorher werden. War das nicht Ziel genug? Ich war jemand, der sich für alles ein Ziel setzte, notierte, wie ich an dieses Ziel kommen konnte, und ich setzte mir dabei stets selber Fristen, bis wann ich dieses erreicht haben wollte. Doch heute hatte ich einfach nur dieses eine Ziel und ich wusste nicht, wie ich dieses erreichen konnte. Und daher konnte ich dieses so auch nicht formulieren. Ich war müde und vor allem auch unzufrieden. Ich war wütend auf mich selber, weil ich anscheinend vergessen hatte, wie man Ziele definiert und formuliert. Ich hatte jetzt auch keine Lust mehr, weiterzureden, und glücklicherweise konnten wir das Gespräch so dann auch beenden. *Frau Lucas* gab mir noch einige Formulare mit und bat mich, sie bis zum nächsten Tag auszufüllen und im Stationsbüro abzugeben.

Ich nahm die Formulare wortlos in mein Zimmer mit. Obwohl ich die Tränen nun nicht mehr aufhalten konnte, setzte ich mich an den Tisch vor dem großen Fenster. Die Sonne blendete durch die transparenten Vorhänge. Ich kramte in meiner Handtasche nach einem Kugelschreiber und versuchte mit dem ersten Formular zu beginnen. Ich wollte die Formulare so schnell wie möglich erledigen, danach konnte ich mich immer noch etwas hinlegen und ausruhen. Die Personalien konnte ich ohne Probleme ergänzen. Auch die letzte Institution, welche mich hierhin überwiesen hatte, die AFS, wie ich sie hier nur in meinen eigenen Worten nennen darf, konnte ich aufführen. Beim zweiten Formular brauchte ich zuerst einen Moment, bis ich begriff, was überhaupt gefragt war. Die Fragen musste man hier mit den Zahlen null bis vier beantworten, wobei null, überhaupt nicht und vier, sehr stark bedeutete. Die Fragen bezogen sich alle auf die Empfindungen in den letzten sieben Tagen. *Wie stark verspürten Sie Nervosität? Hatten Sie das Bedürfnis, etwas zu zerstören oder jemandem Schmerzen zuzufügen? Hatten Sie den Eindruck, dass jemand anderer ihre Gedanken kontrolliert?* Was waren das bloß für Fragen? Ich war entsetzt. Würde es irgendwann wirklich so schlimm sein, dass ich mich tatsächlich mit solchen Fragen auseinandersetzen musste? Ich konnte nicht mehr, laut und heftig weinte ich. Es schüttelte meinen ganzen Körper, ich schwitzte und mein rechtes Bein zitterte so stark, dass das Knie am Stuhlbein anschlug. Doch ich verspürte keinen Schmerz. So saß ich eine Stunde da, weinte und zitterte, und ich wusste nicht mehr, was ich fühlen und denken sollte. Am liebsten wollte ich einfach wieder nach Hause. Aber dort hätte ich schlafen wollen. Nur schlafen, so, dass ich nichts fühlen musste und keine Angst und Panik haben. Und Schlafen, damit ich nicht weinen musste. Ich hatte es langsam so satt. Das viele Weinen war anstrengend, es kostete mich unglaublich viel Kraft, wobei ich ohnehin schon nicht viel Energie hatte. Beim Eintrittsgespräch meinte *Frau Lucas*, dass Weinen gut und befreiend sei, dass es einem helfen würde und, dass es wirklich okay sei. Wie um Himmelswillen sollte Weinen befreiend sein, wenn es mich derart zerstörte? Wenn mir das Weinen auch noch den letzten Funken Energie nahm, welchen ich noch besaß? Ich musste feststellen, dass ich vor diesem Sommer oder Frühling, als ich bemerkte, dass etwas nicht mehr in Ordnung war, nicht viel geweint hatte. Ich weinte sehr selten. Ich versuchte, mich zu fragen, weshalb es so war. Ich grübelte ein bisschen und kam dann zum Entschluss, dass es wohl daran lag, dass ich dachte, dass ich als starke Frau nicht weinen sollte. Wenn etwas traurig oder nicht gut war, müsste ich es einfach verändern und dann gäbe es keinen Grund mehr zu weinen. Also weinte ich nicht. Ich tat immer etwas, ich handelte immer, ich trat immer in Aktion, um an der Situation, die mich traurig machte oder mich hätte zum Weinen gebracht, etwas zu ändern. Aber nun seit Wochen einfach dazusitzen und zu weinen? Das war nicht meine Art. Was sollte das also? Ich hatte doch gar keine Zeit für Herumheulen und Versinken in Selbstmitleid. Ich musste vorwärtskommen. Ich durfte fünf Wochen hier sein, meine Zeit war also begrenzt, auch wenn sie mir ohne meine Familie wie eine Ewigkeit vorkam. Ich hatte zu diesem Zeitpunkt tatsächlich noch keine Ahnung davon, was mich in den kommenden Wochen und Monaten noch erwartete und was ich noch alles zu lernen hatte.

Etwas später kam *Herr Keller* zu mir ins Zimmer. Er fragte mich, wie es mir ging, aber ich konnte ihm keine Antwort geben. Ich war froh, dass er dafür umso mehr sprach. Er zeigte mir auch ein paar Übungen, welche ich anfänglich etwas trotzig mitmachte. Ich war dann jedoch sehr überrascht, als ich mich danach tatsächlich etwas besser fühlte. Immer noch sehr müde, aber ein bisschen besser.

Ich hatte sogar den Mut, nach draußen in den Garten zu gehen und mich dort an einen Tisch zu setzen und eine Zigarette zu rauchen. Ein paar andere Mitpatienten saßen auch draußen. *Rev* war der erste, der sich mir vorstellte. Er war groß und hatte lange blonde Haare. Die anderen lachten laut und ich musste mich dann bald auch wieder in mein Zimmer zurückziehen, da es mir zu viel wurde. Ich vertrug die Lautstärke und das Lachen nicht. Die Stimmen der anderen vibrierten in meinen Ohren und machten mich nervös. *Rev* war sehr nett, er war einer von denjenigen, die einen beschützten, er war stark und hatte ein gutes Herz. Vielleicht wurde bei ihm auch aufgrund unseres Körpergrößenunterschieds sofort der Beschützerinstinkt ausgelöst. Neben mir wirkte *Rev* wie ein großer Bär, ein sehr lieber, kuscheliger Bär natürlich. Auch die anderen waren alle sehr nett, hatten sich mir vorgestellt und mir erzählt, wie lange sie schon hier waren. Die meisten waren schon drei bis vier Wochen hier, vielleicht ging es ihnen deshalb schon besser. Ich hatte zumindest den Eindruck, dass es ihnen gut ging. Ich erinnerte mich daran, dass es mir am Schluss in der AFS ja auch besser gegangen war. Und *Frau Römer* hatte noch erwähnt, dass es anfangs hier oft schwieriger wäre. Doch ich war ja erst ein paar Stunden da. *Herr Keller* meinte, dass ich mich an die Situation hier erst einmal gewöhnen müsste und akzeptieren, dass ich nun in einer Klinik war. Im Laufe der nächsten Tage konnte ich das Wort Akzeptanz dann aber fast nicht mehr hören, ständig wurde es erwähnt und mir gegenüber formuliert. Wie wichtig es doch war, sich mit der Bedeutung dieses Begriffes auseinanderzusetzen, lernte ich noch.

5.1 Seelischer Schmerz

Die nächsten Tage waren schlimm. Ich weinte unaufhörlich, ohne wirklich zu wissen, was der Grund oder Auslöser dafür war. Ich schämte mich so sehr, in dieser Klinik zu sein, es war mir unendlich peinlich. Und ich hatte solch große Schuldgefühle, dass ich nicht zu Hause bei meinen Kindern war. Zu Hause meldete ich mich aber nur sehr selten, meistens abends noch kurz, um sicher zu gehen, dass alles in Ordnung war. Den Kindern ging es gut, sie waren an den Tagen, an denen ich normalerweise zu Hause war, nun bei meiner Schwiegermutter und an den anderen Tagen wie üblich in der Krippe. Ich wusste, wie anstrengend es auch für *Dave* war, abends nach seinem langen Arbeitstag, zwei kleine Kinder abzuholen und sie ins Bett zu bringen. Und das begleitet von übermüdetem Gequengel, Weinen und Trotzen der beiden Knöpfe. Nachts erwachten die Kleinen zur Zeit auch oft. *Leon* hatte Hunger und *Lilly* wollte ständig in unser Elternbett. Das war bis dahin nur ganz selten vorgekommen. Im Moment war das alles aber in Ordnung. Und sie hatte ja Platz, da ich nicht mit im Bett lag, dachte ich traurig.

Ich war froh, dass ich noch kein richtiges Therapieprogramm hatte und so einfach einmal auch nur sein konnte. Anderen wäre es vielleicht langweilig geworden, mir unter normalen Umständen bestimmt auch. Ich versuchte, mich dennoch wieder an die Formulare von *Frau Lucas* zu setzen. *Der soziobiologische Fragebogen* brachte mich jedoch bald und erneut an meine Grenzen. Ich musste aufschreiben, wie das Verhältnis zu meinen Eltern war, und die Beziehung zu meiner Mutter und zu meinem Vater jeweils detailliert erklären und sie als Personen mit verschiedenen Adjektiven beschreiben. Und auch die Beziehung zu jedem einzelnen meiner Geschwister musste ich aufführen. Ich sollte versuchen, zu formulieren, wie meine Eltern mich früher bestraft oder mir gedroht hatten, wenn ich nicht artig war, wie meine Pubertät verlief, welche Erfahrungen ich mit Drogen hatte, wie mein Bezug zu Selbstmord war und ob es auch ein Thema für mich selbst war. Die Fragen machten mich kaputt. Ich kannte viele der Antworten und sie waren teilweise nicht schön. Mir war klar, dass es nichts brachte, wenn ich hier ein Märchen erfand, wenn ich eine Antwort umschrieb oder Teile davon gar wegließ. Es musste die Wahrheit sein, die nackte Wahrheit, denn ansonsten würde diese Therapie mir hier nicht weiterhelfen.

Doch mit der Wahrheit war es nicht so einfach. Die Wahrheit war nämlich hart und sie schmerzte. Manche Antworten wusste ich schon lange, hatte sie bis zum heutigen Tag jedoch bewusst immer verdrängt. Andere Wahrheiten wurden mir erst richtig klar, nachdem ich eine Weile darüber nachgedacht hatte. Das Ganze war so zerstörerisch, dass mir bald schwindlig wurde und so übel, dass ich es nur noch knapp ins Bad schaffte, um mich zu übergeben. Jedes bisschen Kraft verließ mich. Zitternd saß ich auf den kalten Keramikfliesen, lehnte mich mit dem Rücken seitlich an die Toilette und ließ es einfach mit mir geschehen.

Es war, als beobachtete ich mich selbst. Ich sah mir selber dabei zu, wie ich hier saß und zitterte, ich hörte meinen lauten Herzschlag und ekelte mich vor meinem eigenen Schweiß, welcher sofort wieder unter meinen Achseln mein T-Shirt nässte. Ich war von mir selbst angewidert und stellte niedergeschlagen fest, dass mein Leben ein einziger Trümmerhaufen war. Alles, was ich bis anhin erreicht hatte, oder zumindest glaubte, geschafft zu haben, schien in diesem Moment über mir zusammenzufallen. Wie ein Steinhaus, dessen Fundament nicht mehr hielt und dessen Fassade zu bröckeln begann, bis irgendwann alles darunter nachgab und zusammensackte. Mir wurde in diesem Moment auch klar, dass ich mich nie gefragt hatte, ob ich all diese Steine oder diese einzelnen Puzzleteile in meinem Leben überhaupt wollte. Ich hatte es einfach immer krampfhaft versucht zusammenzufügen und hielt es mit aller Gewalt aufrecht, damit der Schein gewahrt war. Einiges passte natürlich zusammen, aber leider nicht alles davon. Ich war bald zweiunddreißig Jahre alt und lebte ein Leben, das ich so nicht wollte, oder zumindest nicht alles davon. Dabei hatte ich von mir selbst immer den Eindruck gehabt, dass ich mein Leben selber bestimmte. Ich konnte meine Meinung sagen und hatte gemeint, dass ich alle Entscheidungen jeweils für mich selber fällte. Mir wurde aber auf einmal klar, dass es nur ganz wenige Entscheidungen waren, welche wirklich für mich richtig waren. Was mir in diesem Augenblick, frierend auf dem eiskalten Fliesenboden dieses Badezimmers, ebenfalls bewusst wurde, war, dass ich mich auch nie gefragt hatte, ob es mir auch gut tat. Ob mir dieses Leben gut tat, welches ich lebte, und ob die Menschen darin mir gut taten und ob ich selber überhaupt damit einverstanden war, dass sie ein Teil davon waren.

Wieso hatte ich ständig diese vielen und starken Schuldgefühle, weshalb dachte ich, ich müsste immer allen helfen oder ich wäre für alle verantwortlich? Es war unerträglich. Ich verspürte überall Schmerzen, es tat höllisch weh. Ich konnte aber wieder einmal nicht zuordnen, was es genau war und wo es wirklich schmerze. Es waren nicht die zitternden Beine, es war nicht meine verkrampfte Nacken- und Rückenmuskulatur und auch nicht der von Krämpfen stechende und brennende Magen oder Bauch. Und da spürte ich ihn das erste Mal. So richtig, ganz klar und deutlich. Ich hatte auch schon davon gehört und gelesen, aber den seelischen Schmerz selbst nun wirklich zu spüren und dabei nicht einfach nur traurig zu sein, sondern übermannt und eingeschlossen von dieser Qual, das war etwas ganz anderes. Der seelische Schmerz war ohne Rücksichtnahme, er saugte auch noch den letzten Tropfen Energie aus mir, das letzte bisschen Emotion aus meinem Körper, so, dass ich so leer war, dass ich kurz darauf überhaupt nichts mehr empfand. Körperlich tat mir plötzlich auch nichts mehr weh. Mein Herz beruhigte sich, das Zittern ließ schlagartig nach und die Übelkeit war auch wie weggeflogen. Da war auf einmal auch keine Trauer mehr, keine Angst oder Panik. Es war nichts mehr da, einfach nur Leere.

Ich lief wie ein Zombie durch die Gegend, aß ein bisschen, trank Wasser und Tee, rauchte im Garten, sprach zwischendurch mit ein paar anderen Patienten über das Wetter und lag in meinem Zimmer auf dem Bett. Ich hatte die Augen stets geöffnet, weil ich auf keinen Fall schlafen wollte, und das, obwohl ich befürchtete, in der nächsten Sekunde, unabhängig davon, wo ich gerade stand oder war, an Ort und Stelle einzuschlafen. Es war das erste Mal, dass ich nicht schlafen wollte. Ich wusste nicht, weshalb genau, vielleicht dachte ich, wenn ich danach aufwachen würde, hätte ich wieder Gefühle. Aber ich wollte keine Gefühle mehr. Ich wollte nicht mehr traurig oder ängstlich sein. Ich wollte keine Schuldgefühle mehr haben und ich wollte mich nicht mehr schämen müssen. Ich wollte einfach gar nichts mehr fühlen. Nicht einmal mein Herz wollte ich noch schlagen hören. Ich wollte kein Gefühl und kein Geräusch mehr wahrnehmen. Es sollte so bleiben, wie es zur Zeit war, leer und nichts in mir. Es war vielleicht seltsam, aber mit dieser Leere in mir konnte ich mich endlich einmal erholen. Ohne Empfindungen, ohne ständiges Weinen und ohne Furcht, ich konnte einfach mal sein. Es war natürlich ein fremdes Gefühl und ich hatte den Eindruck, dass ich selbst auch gar nicht mehr da war. Ich war weit weg und eigentlich war es auch nur noch meine Körperhülle, die noch existierte. Ich war mir auch nicht mehr sicher, ob wirklich ich alle diese Gedanken hatte oder diese Feststellungen wahrnahm, denn ich hatte auf eine seltsame Weise den Eindruck, dass es gar nicht mehr ich selber war. Steuerte nun tatsächlich jemand anderer meine Gedanken und kontrollierte diese? So wie ich auf dem Formular von *Frau Lucas* gefragt wurde? Ich betrachtete mich auch im großen Spiegel im Flur, sah hinein und sah dabei aber nicht mich. Es war nur ein Körper, ein ziemlich leerer Körper. Erstaunlicherweise machte es mir aber keine Angst. Ich fragte mich auch nicht, weshalb es so war oder was ich tun musste, dass es anders würde. Ein bisschen, so vermutete ich im Nachhinein, war ich auch froh darüber, dass ich in diesem Moment nicht mehr in der Lage war, selbst etwas zu steuern und zu unternehmen. Es war für mich in Ordnung, wie es war. Es schien alles sowieso nicht real zu sein und zwischendurch fragte ich mich manchmal auch, ob ich überhaupt noch am Leben war. Aber auch vor dieser Antwort hätte ich mich im Moment nicht gefürchtet, es war auch mehr eine achselzuckende Überlegung als eine ernst gemeinte Frage.

Nachts schlief ich dennoch ziemlich gut, natürlich hatte ich das *Trittico*, welches ich bereits in der AFS verordnet bekam. Nur das Einschlafen selber war sehr schwierig, ich hatte regelrecht Angst davor, mich überhaupt schlafen zu legen. Der kurze Moment, die Phase zwischen wach sein und einschlafen, diese Zeit machte mir Angst. Wenn ich spürte, dass ich demnächst einschlafen würde, war es ein Zustand, den ich nicht kontrollieren konnte. Ich wusste nicht, ob ich es so stark empfand, weil das *Trittico* natürlich auch schlafanstoßend war, oder ob es allgemein an der ganzen Situation lag. Aber ich hörte in diesem Moment immer ein hohes Pfeifen, als würde ich die Stille selber hören, als wäre die Stille eben nicht still, sondern voller Lautstärke und Antworten. Es war auch nicht dasselbe Pfeifen wie kurz vor einer Ohnmacht, das ich von mir kannte. Es war eine Phase, in welcher ich keine Kontrolle mehr hatte, in welcher sich mein Körper einfach hingab. Und ich war noch nicht so weit, dass ich dieses Hingeben, mir selber die Ruhe und den Schlaf erlauben wollte. Unter diesem von mir gefühlten Kontrollverlust litt ich sehr, er machte mir wirklich große Angst. Ich wusste auch nicht, ob mir das *Trittico* wirklich half oder nicht. Ich nahm es einfach, weil ich ansonsten keine negativen Nebenwirkungen davon verspürte.

Auch mein immer wiederkehrender Alptraum suchte mich in dieser Zeit mehr als üblich auf. Der Traum verlief immer identisch, egal wie oft ich ihn über all die letzten Jahre geträumt hatte. In diesem Traum war ich im Kreise meiner Familie, verlor dabei aber immer drei meiner Stockzähne. Aufgrund von eigener Recherchen wusste ich, dass Träume von Zähnen zu den meistmemorierten Träumen überhaupt gehören. Sie sind genauso häufig wie die Träume über Fallen und Verfolgung. Die Symbolik von Zahnausfall steht, vor allem, wenn es dabei um die eigenen Zähne geht und wenn man der Traumdeutung glaubt, im Zusammenhang mit Aggressionen und Abgrenzung. Wie die Redewendung *sich an etwas die Zähne ausbeißen*. Ohne unsere Zähne wären wir schutzlos. Bedeutend dabei ist es, ob es sich um gesunde oder kranke Zähne handelte, welche man im Traum verlor. Waren sie gesund, gilt es mehr im Sinne von *die Zähne zusammenbeißen*, etwas durchstehen, Durchsetzungsvermögen. Waren die Zähne jedoch krank oder fielen sogar aus, wie in meinem Alptraum, ist es negativ, so gilt es als sinkende Lebensenergie und dreht sich vor allem um Verlustängste und Kontrollverlust. Nach diesem Alptraum erwachte ich jedes Mal ganz verschwitzt und mit Herzrasen auf. Und zur Zeit hatte ich abends auch immer wieder den Gedanken, dass ich vielleicht gar nicht mehr aufwachen würde und das Pflegeperson mich morgens tot im Bett vorfinden könnte. Ich hatte dabei aber keine Empfindung, es war mir beinahe gleichgültig. Und natürlich dachte ich dabei auch an meine Familie und daran, wie schlimm es wäre, wenn *Dave* unseren Kindern beibringen müsste, dass Mama nie mehr nach Hause kommt. Aber auch bei dieser schlimmen Vorstellung konnte ich nicht weinen. Auch nach vier Tagen regte sich noch nichts in mir, da war nach wie vor eine endlose Leere und ein Haufen von Nichts.

Am fünften Tag kamen die Gefühle dann plötzlich wieder und ich wehrte mich mit aller Kraft dagegen, weil ich wusste, wie anstrengend es wieder sein würde. Und ich hatte keine Ahnung, ob ich das schaffte. Die Tränen flossen wieder den ganzen Tag. Meine Augen waren stark aufgequollen, rot und entzündet und selbst, als ich dachte, sie wären bald ausgetrocknet und ich hätte keine Flüssigkeit mehr in mir, um noch weiter zu weinen, ging es weiter. Ich hatte starke Rückenschmerzen, konnte mich kaum aufrecht halten und gehen, in meinem Kopf dröhnte es und jedes noch so zaghafte Geräusch hämmerte gefühlt wie ein Pressluft-hammer auf Asphalt. Mir war ununterbrochen übel und so ver-brachte ich die meiste Zeit des Tages auf der Toilette. Mein Na-cken schmerzte und die Verspannungen im Brustbereich waren wieder so stark, dass ich mir wieder Sorgen um die Gesundheit meines Herzens machte. Hätte ich all diese Symptome im Internet nachgeforscht, wäre ich auf zig tödliche Krankheiten gestoßen. Nun hatte ich auch wirklich Angst, mich hinzulegen und einzu-schlafen, weil ich nun befürchtete, tatsächlich nicht mehr zu mir zu kommen. Es war nicht mehr nur ein Gedanke, ich konnte es beinahe fühlen, dass es so enden würde, und die Gleichgültigkeit darüber war längst verflogen. Ich hatte nun wirklich panische Angst davor, dass ich am nächsten Morgen reglos im Bett liegen würde. Der Zustand war auf einmal kaum noch auszuhalten.

Im nächsten Gespräch mit *Frau Lucas* versuchte ich, meine letz-ten Tage zu schildern und meine Gefühle und Gedanken auf ir-gendeine verständliche Weise in Worte zu formulieren. Ich war ziemlich irritiert, als *Frau Lucas* von all dem nicht sonderlich überrascht zu sein schien. Wahrscheinlich ging ich davon aus, dass sie völlig besorgt reagieren musste. Sie bestätigte mir durch-aus, dass sie mich verstand. Doch ich ärgerte mich dann etwas, als sie auch sagte, dass das alles normal sei und ich lernen müss-te, diesen Zustand und vor allem auch die Tatsache, dass ich zur Zeit psychisch krank und in einer Klinik war, zu akzeptieren. Ich war jedoch fest davon überzeugt, dass das alles nicht normal war, und ich wollte nicht akzeptieren, dass ich psychisch krank war. Ich war mir sicher, dass etwas mit meinem Herzen nicht in Ordnung war und, dass das Ganze körperliche Ursachen hatte. Vielleicht hatte ich ja einen Organfehler. Und sobald man diese Ursache erst einmal gefunden hatte, könnte man endlich etwas dagegen unternehmen, und dann wäre alles wieder normal. Ich dachte, dass *Frau Lucas* mir helfen wollte. Aber im Moment fühlte sich das nicht nach Hilfe an. Ich fühlte mich unverstanden, unsicher und verzweifelt. Ich war dann dennoch etwas erleichtert, als sie mir sagte, dass wir mein Blut untersuchen und ein EKG machen würden. Panikattacken könnten tatsächlich auch von Organen, wie beispielsweise von einem Herzfehler, kommen. Natürlich konnte ich ihr wieder einmal nicht sagen, ob es Herzprobleme in meiner Familie gab. Ich erzählte ihr, dass ich adoptiert war, und da ich neben meiner toten Mutter auf einem indischen Bahnhof in Mumbai gefunden wurde, als ich noch nicht mal drei Jahre alt war, war es schwierig, dieser Frage nachzugehen oder sie zu beantworten.

Ich war sauer. Frustriert und wütend darüber, dass es überhaupt so war, und auch traurig, dass ich so viele Antworten nicht hatte, welche ich gerne gehabt hätte, und nun auch für mich gebraucht hätte. Diese Fragen und Antworten hatten mich über dreißig Jahre lang nicht interessiert, das mochte so sein. Oder was ich eher glaubte, es hatte mich eigentlich schon interessiert, aber ich hatte nicht den Mut dazu gehabt, mich überhaupt mit diesem Teil meines Lebens oder meiner Vergangenheit auseinanderzusetzen. Manchmal machte ich mir schon ein paar Gedanken dazu, vor allem im Bezug auf meine Kinder. Mir konnte niemand erzählen, welches mein erstes Wort war, das ich sprechen konnte, wann ich laufen gelernt hatte und vor allem hatte ich keine Babyfotos von mir.

Die ersten Fotos, die ich von mir habe, sind aus dem Waisenhaus in Indien. Da war ich bereits über vier Jahre alt. Die Fotos entstanden während des Adoptionsverfahrens. Ich hätte so gerne gewusst und gesehen, ob meine eigenen Kinder mir als Baby ähnlich sahen. Von meinem Mann gab es natürlich Babyfotos und unzählige Geschichten dazu. In der ersten Schwangerschaft wurde ich auch von meinem Frauenarzt gefragt, wie es bei meiner Mutter war, als sie mit mir damals schwanger war, denn manches wurde ja auch vererbt. Ich hatte keine Antworten auf all die Fragen und würde auch in Zukunft niemals welche haben, weder auf die Fragen der Ärzte noch auf meine eigenen. Wahrscheinlich war ich auch kein Wunschkind, schließlich war meine leibliche Mutter aus ärmsten Verhältnissen und hatte sich ein Kind eigentlich gar nicht leisten können. Und als ich dann da war und man wusste, dass ich ein Mädchen war, hatte ich ziemlich sicher sowieso keine große Bedeutung mehr. Denn Mädchen bedeuten auf Indiens Straßen meistens nicht viel. Vielleicht war ich für meine leibliche Mutter von Anfang an eine Last, seit dem Tag, als sie wusste, dass sie mit mir schwanger war. Denn sie hatte selber gar kein Geld und hatte sich dann schlussendlich wahrscheinlich zu Tode gehungert, damit ich überleben konnte. Ich kannte die Todesursache nicht, aber ich nahm an, dass es am Hunger gelegen war. Und ich wollte mir auch nicht vorstellen, welch andere Gründe es dafür noch gab. Es hätte auch nichts an der Tatsache an sich geändert. Und wo war mein leiblicher Vater? Keine Ahnung. Ich hoffte aber in meinem Innern verzweifelt, dass er meine leibliche Mutter liebte, dass ich, verschönert formuliert, wenigstens das Ergebnis einer Liebe oder einer zumindest fantastischen Nacht war, und ich betete wirklich dafür, dass es kein Verbrechen war, dass meine leibliche Mutter nicht leiden musste und ich dann in ihren Augen das Resultat einer Schandtat war. Aber wenn mein leiblicher Vater meine Mutter geliebt hätte, wieso war er nicht bei ihr, wieso war er nicht bei uns, wieso kam er nicht zurück und ließ uns oder mich schlussendlich alleine? Ich wusste es nicht. Es waren so viele Fragen und ich hatte nicht einmal eine einzige Antwort. *Frau Lucas* machte es mir nicht leichter, als sie meine Gefühle direkt ansprach und meinte, dass es verständlich sei, dass mich das traurig macht, und ich einen harten Start ins Leben hatte. Einen Start, den nicht jeder hatte. Einen, der mich einerseits so selbstständig und selbstbewusst gemacht hatte, andererseits mich heute an diesen schwierigen Punkt brachte. Viele dachten, dass ich kaum noch Erinnerungen an Indien haben konnte, weil ich damals so klein war. Doch das war nicht so. Ich hatte sehr viele Erinnerungen. Von der Umgebung oder dem Straßenleben, wie ich vermutete, waren es nur vereinzelte und verzerrte Bilder, gewisse Dinge, die ich aber nicht richtig zuordnen konnte, aber dennoch wusste, dass es eine Erinnerung von meinem eigenen Leben war. Die indische Polizei hatte mich an diesem Bahnhof in Mumbai gefunden und mich in ein Waisenhaus gebracht. Und ab diesem Zeitpunkt, ab dem ich in diesem Waisenhaus war, hatte ich praktisch noch alle Erinnerungen. Man sagt ja auch, dass es die Erinnerungen ab ungefähr drei Jahren sind, die einem blieben und als die ersten Erinnerungen gelten, die man hat. Es war sehr schwierig, zu beschreiben, was das für ein Gefühl war. Diese Erinnerungen in mir zu tragen, diese Bilder vor mir zu sehen und sie dennoch so weit von mir wegstoßen zu wollen, weil ich nicht wollte, dass sie ein Teil von mir waren. Ich wusste noch genau, wie es dort aussah, wie manche andere Kinder und Heimleiterinnen aussahen, ich sah mich selbst eine Wippe schaukeln, damit ein anderes Kind einschlafen konnte, ich wusste noch, wo die Schule stand, welche Kleidung ich trug und wie ich jeden Tag vor dem in die Steinwand gemeißelten Elefantengott *Ganpati* betete. Ich wusste noch den Weg zum Kindergarten, ja, auch den gab es dort, und ich lernte dort früher Zahlen schreiben, als man es hier in der Schweiz lernt. Denn ich erinnerte mich, wie ich dort im Schneidersitz am Boden saß und fleißig die Zahl Zwei lernte und sie dutzende Male auf einer kleinen Schiefertafel auf meinen Knien übte. Aus diesem Grund entstanden alle meine ersten Zeichnungen in der Schweiz aus der Zahl Zwei. Ich kannte noch gewisse Gerüche, wusste, dass es dort so gerochen hatte. In bestimmten Situationen fragte ich mich, was es wohl war, was genau so roch, und ob ich diesen Geruch oder Duft wieder finden könnte. Aber die Angst, mich dann wirklich damit auseinanderzusetzen, war immer grösser gewesen.

Die indischen Medien suchten nach meinen Verwandten, doch niemand meldete sich. Ich war noch so klein und hatte kaum Fett auf meinen Knochen, weil ich so ausgehungert war, und ich war alleine. Ich gehörte zu niemandem mehr und niemand wollte mich. Die meisten Menschen konnten sich das nicht vorstellen, wie es war, zu wissen, dass jemand sein eigenes Leben für deines gab, wie es sich anfühlte, seine eigene Mutter verloren zu haben und wie hoffnungslos und verzweifelt die Situation schien, ganz alleine dazustehen, noch keine Ahnung von der großen Welt zu haben und doch zu wissen, dass man das Leben nun alleine meistern musste. Indien ist laut, schmutzig, gefährlich und das bekannte Kastensystem, welches in diesem Land heute noch regiert, ist verheerend. Die Unterschiede zwischen arm und reich sind gewaltig. Ja, es gab unzählige Gründe, weshalb ich kaum über Indien sprechen konnte, weshalb ich keine Bücher darüber las oder mir Filme dazu ansah. Selbst die Werbung, in der es um Spenden für arme Kinder in der Dritten Welt ging, musste ich jedes Mal wegdrücken. Denn ich sah dabei nicht das Kind, das darin gezeigt wurde, ich sah dabei jedes Mal nur mich. Mir war klar, dass mir das sagte, dass ich mehr Mühe damit hatte, als ich offensichtlich zugeben wollte. Aber ich war fest davon überzeugt, dass, wenn ich das alles nur genügend verdrängte, mich meine Vergangenheit auch in Frieden ließ. Ich glaubte, dass es auch aus Schuldgefühlen heraus so war.

Meine Adoptiveltern hatten mir ein Leben ermöglicht, mir sozusagen ein Leben und eine Familie geschenkt. Wie konnte ich mit solch einem enormen Geschenk umgehen? Es war pure Überforderung. Aber gerade, weil ich dieses Geschenk hatte, war es für mich nicht selbstverständlich, überhaupt jemanden Mama oder Papa nennen zu dürfen. Für mich war es nicht selbstverständlich, dass sich jemand um mich kümmerte und sorgte, und es war für mich nicht selbstverständlich, dass ich Teil einer Familie sein durfte. Und mit dem Leben, welches sie mir geschenkt hatten, wollte ich natürlich das Beste machen, mich immer anstrengen, nach Perfektion streben, die beste Leistung erbringen und nur das Größte erreichen. Meine Eltern hatten aus der Adoption kein Geheimnis gemacht und optisch konnte man es sowieso nicht leugnen. Sie erzählten mir all die Jahre am 24. Februar, am Tag, an dem ich in die Schweiz gekommen war, immer wieder, wie es war und wie aufgeregt sie waren, als sie mich in Kloten am Flughafen abholen durften. Meine Eltern hatten nie diese Dankbarkeit dafür erwartet. Und dennoch waren es Schuldgefühle und unendliche Dankbarkeit meinerseits. Ich wollte ihnen gegenüber auch nicht zugeben, dass es mich auch sehr traurig machte, weil ich nicht wollte, dass meine Eltern dann vielleicht dachten, ich würde ihre Liebe in Frage stellen. Ich wusste, dass sie mich liebten, und ich liebte sie. Sie waren meine Eltern und nun hatte ich sogar selber eine eigene Familie gegründet. Das alles war so überwältigend und ich glaubte, dass diese Gefühle niemand verstehen konnte. Wie es sich anfühlte, welche Schuldgefühle ich hatte, meiner leiblichen Mutter gegenüber, die mich vielleicht gar nicht wollte und dann auch noch ihr eigenes Leben für das meine ließ, und meinen Adoptiveltern gegenüber, die mir ein Leben geschenkt hatten. Und vor allem, dass es mich dennoch auch traurig machte.

Die meisten fanden meine Lebensgeschichte einfach interessant und spannend und sagten, wie schön es doch war, dass ich adoptiert war. Ja, das war es, unglaublich schön. Wir hatten zu Hause immer wieder darüber gesprochen, über die Adoption selber, das ganze rechtliche Verfahren und darüber, was alles dazu gehörte. Aber was es mit mir machte, welche Emotionen in meinem Innern stattfanden, darüber hatten wir nie wirklich geredet, und ich hatte mich ehrlich gesagt auch nie groß gefragt, welche Gefühle meine Vergangenheit bei mir auslöste. Ich wusste, dass ich traurig darüber war, aber wollte mich nie damit richtig auseinandersetzen. Ziemlich sicher war es einfach Selbstschutz, weil ich nicht wusste, ob ich damit überhaupt umgehen konnte, ob ich mit den Gefühlen dazu klar kam. Schon mit der Tatsache alleine, dass ich wusste, dass ich traurig darüber war, fühlte ich mich schuldig. Es war auch lange der Grund, warum ich selber gar keine Kinder wollte. Weil ich kein Kind in die Situation bringen wollte, dass es irgendwann auch mal seine eigene Mutter verlieren würde, egal aus welchem Grund das dann sein mochte. Es war der Grund, weshalb ich nie wieder nach Indien zurück wollte, obwohl es meine Eltern sehr interessiert hätte und sie das Waisenhaus besuchen wollten. Und wenn andere von ihrem Luxusferien in Indien erzählten, bekam ich jedes Mal einen dicken Hals. Indien war nicht einfach das Fünf-SterneHotel und so wunderschön farbenprächtig. Indien war nicht einfach nur ein tanzender Bollywoodfilm mit *Shah Rukh Khan* oder mit einem bestaunenswerten *Taj Mahal*. Indien war nicht nur ein singendes und herumhüpfendes Spektakel, welches man sich über ein paar Stunden am Fernseher hineinziehen konnte und danach Lust hatte, Curry zu bestellen. Genauso klischeehaft waren die meisten, die sich mit mir darüber austauschen wollten. Ich verabscheute Bollywoodfilme regelrecht, auch wenn wir früher zu Hause auch den einen oder anderen angeschaut hatten. Irgendwann gesellte ich mich immer seltener zu einem solchen Filmabend dazu. Auch da wusste ich, dass es mir mehr ausmachte, als ich ertragen konnte. Verdrängung hatte mir all die Jahre geholfen, bis es anscheinend doch nicht mehr reichte und ich an dem Punkt ankam, wo ich heute nun mal war. Ich kannte ein anderes Indien. Das einzige Indien, welches für mich existierte, war nicht einfach zwei Wochen Urlaub, in dem man sich etwas gönnt. Für mich war es weder bunt noch fröhlich, sondern einfach nur der knallharte und einsame Start in mein eigenes Leben.

Und heute war ich an meinem Tiefpunkt angelangt, erlebte eine Zeit, welche ich nie erleben wollte. Es war die Hölle für mich. Wofür hatte ich all die Jahre so hart gearbeitet, wurde so selbstständig und selbstbewusst? Ich wusste nicht, ob ich damit leben konnte. Damit, dass es so war, und ich wollte auch nicht akzeptieren, dass es so war. Ich war überhaupt nicht damit einverstanden. Als hätte *Frau Lucas* meine Gedanken lesen können, sagte sie in diesem Augenblick, dass Akzeptanz nichts damit zu tun hat, dass man damit einverstanden sein muss. Es heißt nur, dass man bereit ist, die Tatsache anzunehmen.

Am gleichen Tag hatte ich auch noch einen Austausch mit meiner Bezugsperson vom Pflegepersonal, mit *Frau Marty*. Sie sprach sehr ruhig und langsam mit mir und ich dachte zuerst, dass ich doch nicht schwer von Begriff war. Aber vielleicht war ich es ja doch. Vielleicht war ich wirklich nicht intelligent genug, um all das zu kapieren, was man mir sagen wollte. *Frau Marty* fand, dass ich den Fragebogen nicht richtig ausgefüllt hatte. Sie erklärte, das sie den Eindruck hatte, dass ich zu streng mit mir selber war. Ich hatte angegeben, dass ich kaum nervös war, und sie hätten mich hier in den letzten Tagen anders erlebt. Sie vermutete, dass ich das so angegeben hatte, weil ich mir selber den Druck machte, dass ich nicht nervös sein durfte, damit ich schnell wieder gesund würde. Ich konnte sie nicht ansehen und starrte dabei auf den Fussboden. Ich war baff. *Frau Marty* traf mitten ins Schwarze, hatte mit dieser Aussage den Nagel auf den Kopf getroffen, wie man so schön sagt. Natürlich wollte ich schnell wieder gesund werden, war nicht das genau mein Ziel? Und so fand ich, dass ich es positiv sehen musste und, dass es nur an meiner Einstellung liegen konnte. Und wenn ich mir selbst sagte, dass ich nur ein bisschen nervös war, dann war das auch nicht so tragisch, und somit würde es mir schneller besser gehen. Ich bestätigte *Frau Marty*, dass ich vielleicht etwas zu kritisch mit mir selber war, aber eigentlich nur, weil ich auch stark sein musste und es auch wollte. Ich wollte eine starke Frau sein. „Sie sind eine starke Frau!", antwortete sie mir darauf mit festem Tonfall und fügte ebenfalls hinzu, dass nicht jeder den Mut hatte, sich einzugestehen, dass er Hilfe brauchte und bereit war, sich mit sich selbst auseinanderzusetzen. Ja, damit hatte sie bestimmt recht. In diesem Moment glaubte ich aber nicht, dass ich eine dieser starken Personen war, die den Mut dazu hatten, sich selbst gegenüberzutreten. Denn ich hatte eine unvorstellbare Angst davor. Vielleicht war ich doch nicht so stark und mutig, wie ich immer von mir selbst behauptete. Was würde mich noch alles umhauen, wenn ich schon so viel Schreckliches in den letzten Wochen erlebt hatte? Was kam noch alles auf mich zu und konnte ich es überhaupt überstehen? Ich wusste nämlich nicht, wie viel Kraft ich noch hatte. *Frau Marty* erklärte mir auch, dass sich seelischer Schmerz in Körperschmerzen auswirken könne, dass das sogar sehr häufig der Fall sei. Wenn die Seele keine Ruhe hat macht sie so auf sich aufmerksam. Sie zwingt einen durch den körperlichen Schmerz, endlich richtig hinzusehen, wahrzunehmen und zu reagieren.

5.2 Eisen und Herz

Um sieben Uhr morgens war Tagwache. *Herr Siegrist* vom Pflegepersonal klopfte an meine Türe und teilte mir mit, dass wir uns
alle in einer Stunde versammeln würden. Gestern Abend hatte
ich bereits die Gelegenheit mich ein wenig mit ihm auszutauschen. Er war sehr nett, interessierte sich für meine Geschichte und hörte mir aufmerksam zu. Und unser gestriges Gespräch
über Wein und Sport half mir sehr, mich langsam etwas besser
mit der Situation hier anzufreunden. Ich war sogar bereit, ihm
augenzwinkernd zu verzeihen, dass er ein Fan eines anderen
Sportvereins war als ich.

Einer nach dem anderen wurde gebeten, sein Wohlbefinden mitzuteilen, eine schwierige Angelegenheit für mich. Denn
einfach zu erwähnen, dass es einem nicht gut oder gar schlecht
ging, reichte nicht aus. Man sollte versuchen, die Dinge zu benennen. Also sagte ich leise, dass es mir nicht gut gehe, weil ich
nicht hier sein wolle, da ich mich schämte und ich meine Kinder schrecklich vermisste. *Herr Siegrist* sagte, dass er mir glaube,
dass mir meine Kinder fehlten, aber dass es keinen Grund gebe,
mich zu schämen. Viel mehr Menschen seien von Ängsten oder
Depressionen betroffen, als man glaube, weit mehr, als es zugeben. Und zwar genau deshalb, weil sie sich schämten. Es ist die
Gesellschaft, die diese Scham aufzwingt. Weil das Thema von
psychischer Erkrankung nach wie vor sehr stark tabuisiert wird,
und das, obwohl so viele Menschen darunter leiden. Die Gesellschaft hat Angst davor und kennt die Krankheit nicht. Der
Mensch ist leider sehr egoistisch. Solange er selber nicht krank
und davon betroffen ist, interessiert es ihn einfach nicht. Ich war
wütend auf die Gesellschaft, ich ekelte mich fast vor ihr. Unsere
heutige Gesellschaft, welche einem einen enormen Leistungsdruck auferlegte, bestimmte, dass man immer zu funktionieren
hatte und sich normal verhalten musste. Und alles, was fremd ist,
macht einem Angst. Das musste ich ja selber feststellen. Ich hatte Angst, dass ich versagt hatte, vor allem in der Rolle als Toch-

ter und Mutter. Ich hatte Angst davor, weil ich plötzlich aus der Norm fiel und nun das Gleichgewicht verloren hatte. *Herr Siegrist* meinte aber auch, dass ich dieses Gleichgewicht nur im Moment verloren hätte und dass das nicht tragisch sei, sondern auch gut, weil es eine Chance für Veränderung sei. Eine Chance, selber zu bestimmen, was normal ist, wie ich sein will und es nicht der Gesellschaft zu überlassen, wie die Definition dafür lauten muss. Ich wusste, dass er recht hatte. Aber wie sollte das Ganze normal sein? Würden mich in Zukunft meine Arbeitskollegen meiden, weil sie irgendwann doch erfahren würden, dass ich in einer Klinik war? Würden sich meine Freunde von mir abwenden, weil niemand mit einer psychisch erkrankten Person zu tun haben wollte? Obwohl ich wusste, dass jedes Wort von *Herrn Siegrist* wahr war, fühlte es sich aber nicht so an.

Shendy, eine Mitpatientin, saß auch in der Runde. Sie wirkte sehr zurückhaltend, beinahe etwas abwesend. Aber wer konnte ihr das schon verübeln. Zudem war ich neu auf der Station, ein Frischling sozusagen, und da wusste sie auch nicht, was ich vielleicht für eine war. Nur, dass ich auch nicht ganz normal war, schoss es mir etwas schnippisch durch den Kopf. *Shendy* fühlte sich heute nicht gut. Sie konnte auch nicht genau beschreiben, woran es lag, meinte jedoch, dass sie wieder an allem und vor allem an sich selbst zweifelte. Ich kannte ihre Geschichte natürlich nicht, aber es tat mir leid, dass sie an sich so zweifeln musste.

Shirin war tief in einem langen schwarzen Mantel eingepackt und ihre blonden, langen Haare stachen leuchtend neben der dunklen Kleidung hervor. *Shirin* beschäftigte ihr baldiger Austritt. Sie sagte, dass sie sich noch gar nicht bereit fühle, sich mit dem Gedanken, wieder nach Hause zu gehen oder zur Arbeit zurückzukehren, auseinanderzusetzen. Sie war schon fünf Wochen da und nächste Woche war ihr Austritt geplant. Was, wenn es mir auch so gehen würde? Wenn ich wieder nach Hause müsste und es mir immer noch so schlecht ging? *Frau Römer* hatte beim Erstgespräch von Erfahrungswerten gesprochen und, dass diese fünf Wochen daher tatsächlich ausreichen würden und es realistisch sei, dass es einem danach besser ging. Ich war jedoch plötzlich nicht mehr so überzeugt davon, dass mir diese fünf Wochen hier ausreichen würden.

Wir sollten ebenfalls noch erwähnen, was wir heute tun wollten, umsetzen, erreichen oder auch einfach nur versuchen. Auch das war keine leichte Aufgabe. Ich wollte den Tag überstehen und überleben und ich wäre froh gewesen, wenn es mal einen Tag gegeben hätte, an welchem ich nicht weinen musste. Denn das verbrauchte zu viel Kraft. *Herr Siegrist* notierte sich mein Ziel auf seinem Schreibblock, fügte jedoch noch hinzu, dass es schwierig sei, wenn ich mir selbst den Druck auferlegte, nicht weinen zu dürfen. Es sollte darum gehen, dass man lerne, mit seinen Gefühlen umzugehen und sie auch zuzulassen und zu erlauben. Einmal oder ab und zu zu weinen, war ja auch für mich in Ordnung, dachte ich mir. Aber den ganzen Tag zu weinen, war definitiv zu viel. Und ich tat das seit Wochen. Ich hatte genug davon. Und mir selbst die Erlaubnis zu geben, fand ich sowieso eine sehr merkwürdige Vorstellung. Außerdem wollte ich nicht mit meinen Gefühlen umgehen. Ich erinnerte mich an die Trennung nach einer langen und intensiven Beziehung. Danach wollte ich auch keine Gefühlte mehr haben. Ich ließ niemanden mehr an mich heran. Ich war gefühlsmäßig ein Stein, kalt und manchmal vielleicht sogar etwas herzlos, denn jeden, der mir näher kam, strich ich sofort wieder aus meinem Leben. Gefühle waren kompliziert und ich fand es damals tatsächlich einiges einfacher, ohne sie klarzukommen. Und wie ich jetzt feststellen musste, kam ich mit diesen Gefühlen ja tatsächlich nicht klar. Wer auch immer diese Gefühle erfunden hatte, er hätte sie für sich behalten können. Ich zumindest wollte nichts von ihnen wissen. Und ich musste mir selber doch nicht etwas erlauben. Irritiert und missbilligend zugleich schüttelte ich für mich selbst den Kopf. *Shendy* wollte sich mit dem Sozialdienst treffen und *Shirin* hatte vor, sich auch einmal eine Pause zu gönnen und etwas für sich zu tun. Ich versuchte, ihr zwar aufmerksam zuzuhören, hatte jedoch keinen Schimmer, wovon sie da eigentlich sprach.

Die Blutentnahme dauerte keine fünf Minuten. Ich schloss dabei zwar die Augen, weil das grelle Licht an der Decke, während ich so lag, mich nervös machte, jedoch tat es nicht weh und war schnell vorbei. Für das EKG musste ich in das Haus nebenan. Ich traute mich, mich im Stationsbüro zu melden und das Pflegepersonal zu informieren, dass ich zu nervös war, alleine hinzugehen. *Frau Marty* begleitete mich freundlicherweise. Ich war nervös, weil ich Angst hatte, dass nun endlich herauskäme, dass ich vielleicht einen Herzfehler hatte. Und ich wusste, dass das auch vererbt werden konnte. Meine Kinder wären dann also auch betroffen. Und *Leon* hatte Probleme mit dem Herz, als ich in den Wehen lag. Obwohl alles wieder gut war, als er schlussendlich auf der Welt war und wunderbar schrie, kam mir plötzlich die Sorge, dass er vielleicht dennoch ein Herzproblem haben könnte. Ich versuchte, so ruhig wie möglich da zu liegen. Mir wurden am ganzen Körper diverse Klebestreifen mit farbigen Kabeln angeklebt. Am Monitor piepste es ständig und der Ton machte mich nervös. Es war nicht mein Herzschlag, welchen man durch das Piepsen hörte, der Apparat piepste einfach vor sich hin. Ich wusste also in diesem Moment nicht, ob nun alles gut war oder nicht. Wenige Minuten später durfte ich mich bereits wieder anziehen und zurück auf meine Station.

Beim Mittagessen schaffte ich es, fast den ganzen Teller Pasta zu essen. Das stellte ich jedoch erst fest, als ich mein Tablett wieder zurück in den Essenswagen stellte. In Gesellschaft zu essen, schien besser zu funktionieren, weil ich dann allenfalls unbewusst aß und mir keine Gedanken darüber machte, ob ich überhaupt essen konnte. *Shendy* und *Shirin* waren auch im Garten. Wir rauchten alle eine Zigarette und erzählten voneinander. Es war ein Herantasten, sehr zaghaft, aber es war gut so. *Mina* war auch mit uns am Tisch. Die vielen Sommersprossen in *Minas* Gesicht verliehen ihr etwas sehr Natürliches, sehr Echtes. *Mina* erzählte von ihren Kindern, die nicht viel älter als *Lilly* waren. *Mina* konnte am Nachmittag jeweils kurz nach Hause und so für einen kurzen Moment bei ihren Kindern sein. Das war sicher schön, aber bestimmt auch anstrengend, wenn man bedachte, dass *Mina* zur Zeit nicht gesund war und sehr viel Kraft für ihre Therapien brauchte. *Frau Marty* hatte mir auch angeboten, *Leon* in die Klinik mitzubringen. Sie hätte mir sogar ein Babybett und einen Wickeltisch organisiert. Ich fand das sehr nett von ihr, wusste jedoch, dass ich mich dann nicht auf mich hätte konzentrieren können, und ich hätte auch die Kraft dazu nicht gehabt. Außerdem wäre mein kleiner Sohn dann hier herumgetragen worden, was für ihn natürlich toll gewesen wäre, wenn sich alle um ihn gekümmert hätten, für mich hätte es aber Stress bedeutet. Ich hätte dann ja trotzdem immer schauen müssen, wo er war und wie es ihm ging. Und ich hätte Babybrei kochen müssen, Windeln einkaufen und so vieles mehr, was mich schon bei der Vorstellung daran wieder wahnsinnig machte. Und all das, obwohl ich meinen Kleinen wahnsinnig vermisste. Ich war in diesem Moment sehr froh, dass ich *Leon* nicht mehr stillte, denn dann wären noch weitere Probleme zu lösen gewesen. Zudem wäre es auch für *Lilly* nicht nahvollziehbar gewesen, wenn *Leon* bei mir gewesen wäre und sie zu Hause hätte bleiben müssen. Das Angebot von *Frau Marty* war aber sehr nett und ich wusste es wirklich zu schätzen.

Am Nachmittag wollte ich mir den Fitnessraum anschauen. Sport war mir wichtig und ich erhoffte mir, dass, wenn ich wieder etwas Ausdauer und Kraft trainierte, es mir automatisch besser ging. Der Weg in den anderen Haustrakt war nicht ganz so einfach für mich. Ich musste einen langen, schmalen Flur entlang gehen, welcher mit großen Fensterfronten gesäumt war. Es war also sehr hell, aber dieser Tunnel, der vor mir lag, wirkte wie ein endloser Schlauch. Ein Schlauch ohne Luft. Ich schaffte es jedoch, ihn hinter mir zu lassen. Ich nahm die Treppe, weil ich mich nicht traute, den Lift zu nehmen, obschon das Liftfahren noch nie ein Problem für mich darstellte. In Australien blockierte es sogar einmal den Lift, und das zwischen der achtzehnten und der neunzehnten Etage. Ich saß mit zwei anderen somit fest und wir mussten dort ganze zwanzig Minuten ausharren, konnten die Zeit jedoch ziemlich gut überbrücken. Ich musste sogar etwas vor mich hin schmunzeln, als ich mich an dieses Abenteuer erinnerte. Heute war es jedoch anders.

Die Befürchtung, dass ich dieses Mal stecken bleiben könnte und ich dann keine Luft mehr im Lift hätte, war furchterregend. Also musste ich die Treppe nehmen, obwohl es mich aktuell körperlich bereits an die Grenze brachte. Früher war ich sehr sportlich und heute kam ich mir wie ein Wrack vor. Ein körperliches, seelisches und psychisches Wrack, genau das war ich zur Zeit. Der Kraftraum war klein und *corona*bedingt durften sich nur wenige Personen gleichzeitig in diesem Raum aufhalten, sofern der Mindestabstand gewährleistet war, natürlich. Ich überreichte der Sportlehrerin die Bewilligung von *Frau Lucas*. Sie musste nämlich bestätigen, dass ich körperlich in der Lage war, Sport zu treiben. Ich war ja gesund, alles war gut, deshalb wollte ich das auch. Leider falsch gedacht. Als ich mich auf dem Laufband etwas aufwärmen sollte, waren meine Beine plötzlich blockiert. Ich konnte mich nicht mehr bewegen, blieb an Ort und Stelle wie angewurzelt stehen und konnte mich somit gar nicht erst auf das Laufband stellen. Da war eine unsichtbare Barriere, welche mir den Weg versperrte. Die Vorstellung, dass mein Herz, das ja vielleicht doch nicht in Ordnung war, im Moment keine sportliche Aktivität vertrug, war sofort wieder da. Denn erst morgen würde ich das Resultat des heutigen EKGs erhalten. So musste ich tatsächlich wieder umkehren. Ich fühlte mich wie eine große Versagerin. Ich schaffte es nicht einmal, mich auf ein Laufband zu stellen, nicht eine einzige Minute hatte ich es geschafft. Ich war wahnsinnig enttäuscht von mir selber und verkroch mich in mein Zimmer zurück.

Ich wollte meinen Vater anrufen, weil ich dachte, dass seine Stimme mich etwas aufmuntern könnte. Als er abnahm, konnte ich aber lediglich sagen, dass ich später wieder anrufen würde. Ich hatte plötzlich keine Kraft mehr, zu sprechen, und legte einfach wieder auf. Ich hoffte fest, dass er sich nun nicht allzu große Sorgen machte. Ich hatte nämlich nicht erklärt, weshalb ich anrief und warum ich erst später wieder anrufen würde. Ich war ein hoffnungsloser Fall, wusste selber nicht mehr mit mir weiter und so versuchte ich, mich mit ein wenig Musik abzulenken. Ich brauchte eine ganze Weile, bis ich herausfand, welche Musik für mich passte. In diesem Moment war es das Lied *In The End* von *Linkin Park*. Mit diesem Song verband ich viele Gefühle. Es waren Erinnerungen an eine Zeit, in der noch alles gut war, in der ich glücklich war, keine Sorgen hatte und dachte, dass mein ganzes Leben noch vor mir und die ganze Welt mir zu Füssen lag.

Die Auswertung der Blutentnahme ergab, dass mein Eisenwert viel zu niedrig war. Das war endlich eine wichtige Erklärung für meine Erschöpfung. Mir wurde für morgens, jeweils vor dem Frühstück, ein Eisenpräparat verschrieben. Eisenmangel an sich war nichts Neues für mich. Ich hatte immer wieder niedrige Werte und so war es auch nichts Schlimmes. Das Resultat des EKGs war jedoch alles andere als erfreulich. Ich erfuhr, dass Unregelmäßigkeiten festgestellt wurden und ich in ein paar Tagen ein Verlaufs-EKG machen müsste, allenfalls sogar beim Kardiologen, einem Herzspezialisten im Spital. Diese Information war für mich ein Schlag ins Gesicht, es fegte mich buchstäblich vom Boden.

Die nächsten Tage waren somit eine Wiederholung der letzten Woche. Alle unerwünschten Symptome begleiteten mich. Das fing an bei ununterbrochener Nervosität, innerer Anspannung, Magenbrennen und starker Übelkeit bis hin zu Kreislaufproblemen und Panikattacken vor dem Einschlafen. Nach dieser Hiobsbotschaft dachte ich, dass mein Herz jeden Moment zu schlagen aufhören könnte und, dass ich mich nicht mehr von meiner Familie verabschieden könnte. Es war wirklich schlimm. Ich konnte mich kaum auf Essen, andere Patienten oder Gespräche konzentrieren, weil ich ständig die Vorstellung hatte, dass mein Herz nichts mehr vertrug und ich in der nächsten Sekunde vor Ort tot umfallen könnte. Und sobald ich im Bett lag, versuchte ich, meinem eigenen Herzschlag so angestrengt zuzuhören und ihn wahrzunehmen, dass ich mich kaum traute, etwas lauter zu atmen. So verzichtete ich sogar auf meinen Kaffee morgens, ging noch langsamer, obwohl ich mich zur Zeit ohnehin schon sehr gemächlich bewegte, und nur, wenn es wirklich sein musste, sprach ich auch, jedoch nur ganz leise. Ich wollte so wenig Kraft wie möglich verbrauchen, damit sich mein Herz nicht zu sehr anstrengen musste. Denn ich wollte, dass es mein Herz schaffte, sodass ich das alles überleben konnte und ich irgendwann wieder nach Hause gehen durfte. Die Gefühle und Gedanken in diesen Tagen kann ich nicht annähernd realitätsgetreu formulieren. Ich finde fast keine passenden Worte dafür, wie ich mich tatsächlich fühlte, mit der Vorstellung, dass ich jederzeit sterben könnte. Und die Tage, bis ich zum Verlaufs-EKG durfte, wollten nicht vergehen.

Am Wochenende kam meine Tante zu Besuch und ich konnte mich überwinden, mit ihr etwas spazieren zu gehen. Die grüne Landschaft tat mir gut und ich war froh, dass ich mich für diese Klinik entschieden hatte. Ich genoss die Gespräche mit meiner Tante und sie war sehr daran interessiert, wie es mir ging, welche Therapien ich versuchte, und überlegte sich Ideen, was mir helfen konnte. Am Sonntagnachmittag war ich auch zu Hause bei meiner Familie, ich wollte aber auf keinen Fall bei ihnen übernachten, denn wenn ich sterben würde, wollte ich das nicht bei meiner Familie tun. Nicht, weil ich meinen letzten Atemzug nicht bei meinen Liebsten getan hätte, es war mehr ihretwegen. Ich wollte es ihnen nicht antun. Es tat so gut, meinen Mann und meine Kleinen zu umarmen, sie an mich zu drücken, sie zu riechen und ihre Stimmen zu hören, aber es tat auch weh, weil ich mir nicht sicher war, ob es ein nächstes Mal gab. Und das hatte nichts mit Übertreiben oder Überdramatisieren zu tun, denn genau so fühlte ich. Denn ich hatte den Eindruck, dass es bald vorbei war, dass mein Leben wirklich bald zu Ende war und, dass es sich nur noch um wenige Tage handelte und der Moment, in dem mein Herz seinen letzten Herzschlag schlug, immer näher rückte. Ich wollte keine Abschiedsworte schreiben, keine Reden schwingen und ich hatte auch keine Kraft, laut zu formulieren, wie ich mich fühlte und was in mir vorging. So blieb ich auch nur knappe drei Stunden zu Hause und versuchte mich abends, wieder zurück in der Klinik, auf ein Mandala zu konzentrieren. Um sieben Uhr ging ich schlafen. *Herr Siegrist* bat mich, mich weiter abzulenken, die Zeit etwas hinauszuzögern, bis ich schlafen ging. Aber ich konnte nicht mehr. Ich war so erschöpft von all diesen Gefühlen und Gedanken und von diesen Ängsten, dass ich einfach nur noch schlafen wollte.

5.3 Morgentief und Isolation

Am nächsten Morgen kam ich dann kaum aus dem Bett. Mein Blick war verschwommen und ich fühlte mich noch kein bisschen besser. Da war ein großes schwarzes Meer, in welchem ich hilflos trieb. Ich konnte kein Ufer erkennen, keinen Steg, an welchem ich mich mit letzter Kraft hätte hochziehen können. Die Angst war da. Sie war da, wenn ich aufwachte, wenn ich abends schlafen ging und nachts plagten mich meine Alpträume. Die Angst hatte mich fest im Griff, sie war nicht nur noch Bestandteil meines Lebens, sie war zu meinem Leben geworden. Ich selbst war nur noch ein winziger Teil davon. Ich kämpfte mich in die Gruppe und erzählte von meinem Wochenende, das aus meiner Sicht missglückt war. Denn ich hatte nicht das erreicht, was ich mir vorgenommen hatte. Ich schaffte es nicht, zu Hause zu übernachten, ich konnte nicht länger wach bleiben, wie es *Herr Siegrist* mir riet, und ich hatte das ganze Wochenende wieder keinen Bissen in meinen Magen gebracht. *Frau Marty* ermutigte mich damit, dass es vielleicht nächstes Wochenende besser klappen würde. Ich müsste mir Zeit geben, schließlich sei ich erst eine Woche da. Aber ich wusste nicht, ob ich das nächste Wochenende überhaupt noch erleben würde. So verkroch ich mich bald wieder in meinem Zimmer und tat nichts, außer auf dem Bett liegen und die weiße Wand anstarren.

Ich brauchte bis zu Mittag, bis ich mich einigermaßen besser fühlte, aus dem Morgentief herauskam und mich wieder aus dem Zimmer wagte. Das Morgentief war ein typisches Symptom in der Depression, zumindest hatte ich das von anderen vernommen. Ich wollte nicht zugeben, dass auch ich dieses Symptom hatte, wusste aber, dass es leider so war. Das Mittagessen rührte ich nicht einmal an. Dafür nahm ich das Buch, welches mir *Esmeralda* aus der AFS empfohlen hatte, in den Garten hinaus. Es handelte sich dabei um die Biografie einer Autorin, die selbst über zwanzig Jahre an Panikattacken litt. Das war kaum vorstellbar für mich. Natürlich, mir ging es auch schon einige Monate nicht gut. Aber die Panikattacken hatte ich erst seit Juli und das war schon wahnsinnig anstrengend. Aber wenn ich hörte, wie andere Patienten über Jahre hinweg an ihrer Depression litten, war das für mich schrecklich. Würde es sich bei mir auch so lange hinziehen? Würde ich mich überhaupt jemals wieder davon erholen? Würde ich irgendwann wieder gesund werden? Ich wusste es nicht.

Ich setzte mich an einen der Tische und schlug das Buch auf. Es war nicht allzu dick und die Schriftgröße war gut leserlich, das erleichterte es mir sehr. Denn eigentlich war ich viel zu müde, um überhaupt etwas zu lesen. Aber ich konnte nicht die ganze Zeit im Bett liegen und ich hatte auch keine Lust, mich an den Gesprächen der Mitpatienten zu beteiligen. Sie waren mir alle sympathisch, es lag nicht daran. Aber ich hätte mich nicht auf ihr Gespräch konzentrieren können. Ich las den ersten Abschnitt, und obwohl sich die Buchstaben übereinanderlegten, die Sicht wieder sehr verschwommen und schlussendlich doppelt wurde, versuchte ich, angestrengt weiterzulesen. Früher las ich mindestens zwei dicke Bücher in einer Woche. Mit dem Lesen hatte ich schon in der Primarschule begonnen. Damals waren es die Romane von *Federica De Cesco*, welche ich verschlang. Ich wünschte, ich würde eines Tages auch einmal Autorin werden, denn ich schrieb selber auch wahnsinnig gerne Geschichten. Immer wieder verfasste ich Texte und auch einige längere Geschichten. Als mir dann aber in der sechsten Klasse eine Geschichte bei über zweihundert Seiten auf dem Computer abstürzte und ich es natürlich sehr bedauerte, keine Kopie davon gemacht zu haben oder auf einer externen Festplatte nochmals abgespeichert zu haben, gab ich das Schreiben frustriert auf. Dabei hatte ich immer den Traum gehabt, einmal in meinem Leben ein eigenes Buch zu veröffentlichen. Mir fehlte das Schreiben sehr, denn es half mir, mich auszudrücken. Doch mir fehlte auch die Zeit und die Zeit dazu nahm ich mir auch nicht mehr. Da gab es immer Wichtigeres zu tun. Und heute schaffte ich es nicht einmal mehr, einen Absatz in großer Schrift zu lesen. Ich war wieder erschöpft, meine Augen konnten sich nicht konzentrieren und mein Kopf wollte es nicht verstehen, was ich da las. Also gab ich es wieder auf und war froh, als sich *Mina* zu mir an den Tisch setzte. Sie war soeben beim Yoga gewesen und war begeistert davon. Auch ich hatte morgen Yoga und ich war gespannt, denn ich hatte das zuvor noch nie ausprobiert. Aber ich war auch unsicher, ob ich hingehen konnte. Was, wenn ich zu müde dafür war und ich mich wieder abmelden musste? Aber eigentlich war ich auch da, um neue Sachen auszuprobieren, und nicht, um nur im Bett zu liegen. Ich hoffte fest, dass ich es hinbekam. Ich plauderte noch eine ganze Stunde mit *Mina*, es tat mir gut und sie brachte mich viel zum Lachen. Dann musste ich mich wieder etwas hinlegen.

Das viele Reden machte mich müde. Ein Blick auf mein Handy verriet mir, dass ich dreizehn ungelesene Nachrichten hatte. Es war keine von meinem Mann dabei, also ging es in keiner Nachricht um zu Hause und somit war es für mich in diesem Moment nicht wichtig. Ich legte das Handy auf den Tisch zurück und legte mich wieder ins Bett. Ich wollte nichts von der Außenwelt wissen. Ich hatte kein Interesse daran, wer was tat oder wer mich was fragen wollte. Mir war bewusst, dass sich die engsten Freunde sorgten, wissen wollten, ob ich mich hier wohl fühlte und ob es mir besser ging. Aber ich hatte keine Lust, ihnen zu antworten. Ich wollte nicht mal lesen, was sie mir geschrieben hatten. Und selbst in Momenten, in denen ich mich ein bisschen besser fühlte, hatte ich keine Energie, mich bei ihnen zu melden. Ich fühlte mich so überschwemmt von all diesen Emotionen und im nächsten Moment aber gleichzeitig auch so gefühlstot, dass ich nicht einmal mehr mich selber spüren konnte. Ich konnte und wollte einfach nicht kommunizieren. *Frau Lucas* meinte, dass ich auch einfach informieren könnte, dass ich nun in einer Klinik war und ein bisschen Zeit für mich bräuchte. Manche informierte ich in diesem Sinne, aber manche auch nicht. Natürlich hatte ich Schuldgefühle, denn ich wusste, dass sie sich sorgten, und Sorgen machte man sich nur um Menschen, die einem wichtig sind. Ich wusste, dass ich ihnen wichtig war. Und sie waren mir auch wichtig. Es hatte nichts damit zu tun, dass ich sie nun weniger lieb hatte oder, dass ich ihnen etwas verheimlichen wollte. Aber ich musste auch feststellen, dass die meisten von ihnen es einfach gewöhnt waren, ständig von mir zu lesen oder zu hören. Dass es für sie über all die Jahre hinweg schon selbstverständlich wurde, dass ich mich ständig meldete und mich nach ihnen erkundigte und, dass ich stets wusste, was in ihrem Leben vor sich ging. Und das vierundzwanzig Stunden am Tag. Es wurde mir so bewusst, dass ich das krasse Gegenteil davon brauchte. Nicht nur ein bisschen weniger Kontakt, nein, ich wollte gar keinen Kontakt mehr. Zumindest zu den meisten nicht. Ich wollte mich dafür auch nicht entschuldigen, obwohl ich wusste, dass ich bei vielen vielleicht auch Unsicherheit und Irritation auslöste. Aber es war für mich in diesem Moment richtig so. Zudem hätte ich auch keine Worte gefunden, um mich auszudrücken, wie es mir ging. Was hätte ich denn schreiben sollen? Dass ich jeden Tag unter Todesangst litt und ich glaubte, morgen zu sterben? Ab und zu las ich eine Nachricht, aber ich antwortete nicht. Selbst wenn erneutes Nachfragen kam, wollte ich nicht reagieren. Das Schlimmste war für mich, wenn jemand mir einen langen Text schrieb und erzählte, was er alles tat und erlebte, wie gut es ihm ging und wo er überall gerade war. Die Fotos, welche es mir dann auch noch beweisen sollten, halfen da auch nicht wirklich. Vielleicht wollten diejenigen mich ablenken, oder einfach nur zeigen, dass sie da waren und auch an mich dachten. Ziemlich sicher war das so. Ich konnte es jedoch kaum ertragen, zu wissen, wie gut es all meinen Freunden und Kollegen ging. Dass sie in ein Restaurant gehen konnten und feines Essen genießen, während ich selber die Befürchtung hatte, mit meinen Panikattacken nie wieder in ein Restaurant zu gehen. Und wenn mich jemand fragte, ob er mich besuchen dürfte, schaffte ich es ab und zu, zu schreiben, dass ich keinen Besuch wollte. Manchmal, konnte ich aber nicht einmal das antworten. Dabei ging es nicht um die Person an sich, ich wollte gar niemanden sehen. Ich wollte auch nichts mit der Außenwelt zu tun haben, weil ich mir nicht sicher war, ob es für mich überhaupt noch eine Zukunft gab und ob ich somit in dieser noch ein Bestandteil ihrer Leben sein konnte. Ob sie auch noch ein Teil meines Lebens sein würden, hatte ich mich zu diesem Zeitpunkt noch nicht gefragt. Es wäre mir aber wie ein Abschied vorgekommen und ich wollte mich von niemandem verabschieden müssen, das hätte zu sehr geschmerzt. Ich sah immer wieder, wie Mitpatienten Besuch bekamen, mit ihm in das kleine Kaffee am Klinikeingang gingen und gemeinsam etwas aßen oder tranken. Ich bewunderte sie teilweise, dass sie die nötige Kraft dazu hatten, andererseits war ich auch froh, dass ich das nicht tun musste.

Am Nachmittag erklärte mir *Frau Lucas*, dass es Isolation war, der ich mich hingab. Normalerweise war das unter anderem auch ein Grund, weshalb man überhaupt in eine Depression geraten konnte. Aber auch in der Depression selber konnte das passieren. Sie wollte mir Tipps geben, wie ich den Anschluss an meine Außenwelt wieder finden konnte, damit ich darunter nicht leiden würde. Ich versuchte ihr deutlich zu machen, dass ich keinesfalls darunter leiden würde, sondern im Gegenteil, dass ich diese Ruhe brauchte und diese Isolation von mir gewünscht war und auch bewusst so gelebt wurde. *Frau Lucas* konnte es dann nachvollziehen und bestätigte mir auch, dass es in Ordnung war, wenn ich mir die Zeit für mich nahm. Und wenn ich früher stets für alle erreichbar war, war es auch gut, mich einmal bewusst abzugrenzen. Ich war froh, dass sie mir irgendwie die Erlaubnis dafür gab. Aber eigentlich war ich diejenige, die sich selbst die Erlaubnis dazu gab. Das war vor ein paar Tagen noch eine seltsame Vorstellung, mir selbst für etwas die Erlaubnis zu geben. Nun konnte ich es das erste Mal umsetzen. Und so war augenblicklich auch das Schuldgefühl diesbezüglich verschwunden. *Puff*, es hatte sich einfach aufgelöst. Weil ich wusste, dass ich es nicht tat, um jemanden zu verletzten, sondern nur, um mich abzugrenzen und damit ich mich um mich selbst kümmern konnte. Es war noch kein Etappenziel, aber ein wichtiger Meilenstein auf meinem Weg.

5.4 Schuldgefühle

Obwohl ich mir endlich selber die Erlaubnis geben konnte, mich einmal nicht ständig bei allen zu melden und nicht immer alles zu wissen, was sie taten oder dachten, konnte ich mich noch nicht wirklich auf mich konzentrieren. Ich war froh, dass es für mich selber nicht mehr so schlimm war, dass ich mein Handy die meiste Zeit nicht bei mir, sondern auf meinem Zimmer hatte. Am liebsten hätte ich es sogar abgestellt oder den Flugmodus aktiviert, damit ich gar keine Nachrichten mehr empfangen konnte. Aber für ganz wenige Menschen wollte ich dennoch erreichbar sein. Ich konnte dabei auch keinen Unterschied machen, wem ich gerade bereit war, noch zu antworten, und wem nicht. Ich hatte nicht gewichtet, wer wichtiger war, und es ging mir dabei nicht darum, wen ich lieber mochte. Ich spürte jedoch bereits zu diesem Zeitpunkt, wer mir besser tat. Und das hatte nichts mit Liebe oder Freundschaft zu tun, sondern nur damit, wer meiner Seele gut tat. Für mich musste jedoch zuerst das nächste EKG stattgefunden haben. Erst wenn ich mit Sicherheit wusste, dass mit meinem Herz endgültig alles in Ordnung war, dass die Schmerzen in meinem Brustbereich von etwas anderem als von Herzrhythmusstörungen kamen, wenn ich diese Bestätigung hatte, dann konnte ich allenfalls nach vorne schauen. Mein Herz pochte natürlich wie wild, als der Tag dann endlich da war und ich zum Verlaufs-EKG durfte. Ich hoffte aber, dass es sich in diesem Moment, wenn es aufgezeichnet wurde, wieder beruhigt hätte, damit ein normaler Herzrhythmus aufgezeichnet werden konnte. Fünf Minuten später war das Spektakel bereits wieder vorbei. Jetzt musste ich wieder bis zum nächsten Morgen warten, bis ich wusste, was die Ärzte nun daraus schlossen.

Unterdessen versuchte ich, am Yoga teilzunehmen. Wir waren eine kleine Gruppe und obwohl es sehr frisch war, trafen wir uns draußen auf einer Wiese, im Schatten einer großen Tanne. Die Sonne blendete mich ab und zu durch die Zweige. Ich versuchte, so gut wie möglich mitzumachen. Manche Übungen musste ich auslassen und konnte den anderen dabei nur zuschauen. Mir wurde immer wieder schwindlig. Und jedes Mal überlegte ich mir, einfach aufzustehen und wieder zurück auf meine Station zu kehren. Doch ich traute mich nicht, mich zu melden, und vor allem wollte ich endlich auch wieder einmal etwas durchziehen. Früher hätte ich mir nie den Gedanken an Abbrechen oder Aufgeben erlaubt. Ich hatte immer alles durchgestanden. Und vor ein paar Tagen musste ich bereits das Fitness abbrechen, also wollte ich diese Yogastunde um jeden Preis durchstehen. Aber es war anstrengend, weil ich mir immer wieder sagen musste, dass es bald vorbei sein würde und ich es dann geschafft hätte. Ich war deshalb sehr erleichtert, als die Yogaleiterin endlich sagte, dass wir am Ende waren und sie uns noch einen schönen Tag wünschte. Für mich selber war es aber überhaupt kein Erfolgserlebnis. Die Yogaübungen, das war mir bewusst, waren auf sportlichem Anfängerniveau. Ein Level, welches ich nicht gewöhnt war. Ich war sportlich und hatte Biss, also hatte ich selten auf der niedrigsten Stufe gestartet. Doch mir war auch klar, dass ich zu diesem Zeitpunkt nicht zu mehr imstande war.

Auch der Nachmittag wollte nicht vorbeigehen, und so versuchte ich, mich mit etwas Musik abzulenken. Etwas später schaffte ich es sogar, mit zwei Mitpatienten um die Klinik zu spazieren. Selbst wenn man langsam ging, hätte es sich um höchstens zehn Minuten gehandelt, welche man dafür benötigte. Für mich war das aber eine große Herausforderung. Ich ging einen Schritt nach dem anderen, sehr langsam und bedacht. Ich fragte mich jeden Meter, ob meine Beine das Gewicht tragen konnten und ob mein Körper diese Runde um die Klinik schaffte. Ich fühlte mich sehr müde und hatte den Eindruck, dass die Beine jederzeit unter mir nachgeben und ich zusammenbrechen konnte. Nach über zwanzig Minuten waren wir wieder zurück. Ich war erschöpft, jedoch nicht von der Distanz selber. Es war der innere Kampf, an meinen eigenen Gedanken und Befürchtungen nicht zu verzagen und mich dazu zu zwingen, aufgrund dieser nicht umzukehren. Es kostete mich enorm viel Kraft und ich war froh, als ich im Garten einen freien Platz im Schatten fand und die Beine auf dem gegenüberstehenden Stuhl hochlegen konnte. *Uwe* war auch da und gab mir eine Zigarette, als ich bemerkte, dass ich weder Filter noch Tabak dabei hatte. Die Papierblätter alleine reichten ja nicht aus. Hier war ich nun die Einzige, die Zigaretten selber drehte. In der AFS war es ja genau umgekehrt gewesen. Ich rauchte viel, wie die meisten hier. So schlugen wir uns die Zeit tot und beruhigten uns, auch wenn sich das natürlich mehr im Kopf abspielte. Bei diesem schönen Sommerwetter genossen wir es natürlich auch, gemeinsam im Garten zu sitzen. Ein paar Mal holten wir auch Spiele aus dem Schrank. Anfangs sah ich nur zu, denn ich spiele nicht gerne Gesellschaftsspiele. Ich wusste selber nicht genau, warum das so war. Wahrscheinlich, weil wir zu Hause früher so oft gespielt hatten. Ich mochte es aber auch damals nicht. Hier konnte ich mich dann aber dennoch das eine oder andere Mal überwinden und mitmachen und hatte schlussendlich Spaß daran.

An diesem Abend ging ich früh schlafen. Ich erhoffte mir so, dass es schneller Morgen würde und ich den Beschluss des EKGs früher hätte. Nach dem Telefonieren mit meinem Mann legte ich mich dann hin. Ich zählte, wie immer abends vor dem Einschlafen, gedanklich noch alles auf, was morgen anstand. Das Gespräch mit *Frau Lucas* aufgrund des Verlaufs-EKGs war natürlich das Wichtigste für mich, und ich war froh, dass dieses bereits am Vormittag geplant war. Am Nachmittag hätte ich dann das erste Mal eine Gruppentherapie, die erste Stunde aus dem offiziellen Therapieprogramm, welchem ich ja zugeteilt war. Das Programm interessierte mich aber noch nicht. Denn wenn das EKG wieder negativ war, dann sah ich gar keinen Sinn darin, dieses überhaupt noch zu besuchen. Dann würde ich vielleicht sowieso bald sterben. Trotz dieser schweren Gedanken schlief ich irgendwann ein.

Ich war bereits angezogen und hatte den ersten Kaffee getrunken, als *Herr Siegrist* mich wecken wollte. Er sah mich ganz erstaunt an und lobte mich dafür, bereits auf den Beinen zu sein. Unter normalen Umständen wäre das ja eine Selbstverständlichkeit für mich gewesen. Aber es war ja nichts mehr wie unter normalen Umständen und ich war selbst überrascht, als ich sein Lob tatsächlich annehmen konnte und mich darüber freute. Meinen Mitpatienten erzählte ich, dass es mir heute nur um den Bericht meines EKGs gehe, und darum, dass ich irgendwie mit dessen Ergebnis klar kam.

Endlich war es zehn Uhr und ich durfte mich für das Gespräch bei *Frau Lucas* im Büro melden.

Das EKG war gut. Mir fiel ein riesiger Stein vom Herzen und ich versuchte, bewusst mit langsamer Ein- und Ausatmung meiner Nervosität entgegenzuwirken. Man hatte lediglich festgestellt, dass es eine leichte Kurve aufzeichnete, welche darauf hindeutete, dass mein Eisenspiegel und mein Blutdruck tief waren. Zwei Sachen, die ich bereits seit Jahren kannte und die keine Gefahr für mich darstellten. Kaum hatte ich mich über die erfreuliche Nachricht gefreut und beruhigt, fragte mich *Frau Lucas*, wie es bei mir mit dem Thema Schuldgefühle aussehe. Sie wollte wissen, ob ich Schuldgefühle überhaupt kannte und wenn ja, in welchen Situationen und welchen Personen gegenüber ich diese empfand. Ich konnte nicht ganz nachvollziehen, weshalb das für *Frau Lucas* so wichtig war, ließ mich aber auf die Frage ein. Natürlich hatte ich Schuldgefühle, ich hatte sogar den Eindruck, dass ich größtenteils nur aus Schuldgefühlen bestand. Warum das so war? Weil ich dachte, dass ich mit dem Leben, welches ich hatte, ich nur das Beste machen musste. Weil ich ständig Angst hatte, nicht gut genug für meine Kinder zu sein, und dass ich eine bessere Mama sein müsste. Ich hatte Schuldgefühle meiner Familie und meinen Freunden gegenüber, weil ich dachte, ich müsste mich noch mehr um sie kümmern, noch öfters nachfragen, wie sie sich fühlten und was in ihrem Leben vor sich ging. Ich tat enorm viel, hatte täglich über dreißig Nachrichten, welche ich auch alle sofort beantwortete und auf alles immer einging, was man mir erzählte, gab Ratschläge, merkte mir Daten und vieles mehr. Doch es war zu viel und ich merkte es lange Zeit nicht, wie übertrieben es war, dass ich stets für alle so intensiv erreichbar war und immer alles gab, was von mir gewünscht war. Das war auch der Grund, weshalb ich mich nun so radikal zurückzog. Ich konnte und wollte es einfach nicht mehr geben und vertrug es auch nicht mehr. Und dennoch hatte ich stets die Befürchtung, dass meine Ratschläge und Hilfe zu wenig sein könnten. Ich hatte Schuldgefühle meiner Familie gegenüber, weil ich nicht zu Hause war und auch meinem Arbeitgeber gegenüber, weil ich nun bis auf Weiteres krankgeschrieben war und nicht einmal die Kraft hatte, mich telefonisch bei meinem Vorgesetzten zu melden. Vor allem aber hatte ich Schuldgefühle meinen Eltern gegenüber, weil ich anscheinend doch nicht so ein erfolgreiches Leben führte, wie ich es ihnen so gerne vorweisen wollte. Denn wo wäre ich heute, wenn ich noch immer auf den Straßen Indiens säße? Sehr wahrscheinlich gar nicht mehr am Leben. Vor allem wollte ich, dass mein Vater auf mich stolz war. Ich wusste, wie viel Potenzial er in mir sah. Ich war immer sehr fleißig und gut in der Schule, hatte nie Probleme mit Hausaufgaben, war bereits montagabends mit dem Wochenplan fertig, hatte einen tollen Job und eine eigene Familie. Meine Eltern wussten auch nicht, dass ich rauchte, sie dachten, dass ich damals im Teenageralter, kurz nach der ersten Zigarette, wieder aufgehört hatte. Vielleicht wussten sie es dennoch, sprachen mich aber nicht darauf an. Ich hatte kein schlechtes Gewissen, weil ich überhaupt rauchte, sondern, weil ich wusste, dass es nicht zu ihrem Bild der perfekten großen Tochter passte. Es sprudelte nur so aus mir heraus, ich konnte mich kaum im Zaun halten. Erst als ich einmal länger Luft holte, bemerkte ich, wie schnell ich sprach, wie laut ich es erzählte und wie erschlagen ich gleichzeitig dabei war. „Das sind eine ganze Menge Schuldgefühle, die Sie empfinden", stellte *Frau Lucas* fest und fragte direkt, ob diese denn auch alle berechtigt seien. Natürlich, dachte ich. Auch, wenn ich das meiste wirklich versuchte, richtig zu machen, so hatte ich auch viele Fehler gemacht. Vielleicht hätte ich doch Medizin oder Jura studieren sollen, wie es mein Vater immer gesagt hatte. Dann hätte ich heute auch mehr Geld und müsste mir weniger Gedanken über die Finanzen machen. Vielleicht hätte ich auch mehr für meine Geschwister da sein sollen. Und auch als Ehefrau hatte ich bestimmt Fehler gemacht. Ich war auch nicht diejenige, die jeden Monaten zum Frisör ging oder top gestylt durch die Gegend lief, ich sorgte auch nicht den ganzen Tag dafür, dass die Wohnung vor Sauberkeit glänzte, und auch nicht, dass jeden Abend ein großartiges Menü auf dem Tisch stand. Ich wusste, dass mein Mann diese Dinge überhaupt nicht erwartete, und dennoch hätte ich sie ihm vielleicht gerne geboten. Ich fühlte mich mies, winzig klein und als Versagerin. Ich war ein schlechter Mensch, konnte keinem gerecht werden, all die Erwartungen und Anforderungen nicht erfüllen. Ich genügte nicht. Das Gefühl von Erniedrigung breitete sich in mir aus und brachte mich schlussendlich zu Fall. Ich saß da, weinte, betäubt von diesen Selbstzweifeln, und wollte nicht mehr weiterreden. *Frau Lucas* reichte mir ein Taschentuch. Während ich aufstand und langsam zur Tür ging, versuchte sie, mich aufzuheitern. „Nicht einmal die Hälfte Ihrer Schuldgefühle sind berechtigt." Ich versuchte zu lächeln, wahrscheinlich war es aber nur eine grässliche Grimasse. Zu diesem Zeitpunkt wusste ich noch nicht, dass *Frau Lucas* mich nicht nur aufmuntern wollte, sondern, dass sie einfach nur recht hatte.

Obwohl ich mich ziemlich schlecht fühlte, setzte ich mich draußen in den Garten. In diesem Moment überkamen mich große Schamgefühle. Ich hatte mein Leben lang gedacht, dass mir das eine oder andere auch gut gelang, doch wenn ich jetzt so nachdachte, kamen mir so viele Situationen in den Sinn, in welchen ich es hätte besser machen können. Situationen, in denen ich mich mehr um jemanden kümmern hätte sollen, mehr als nur gut hätte sein müssen, ehrlicher mit jemandem hätte sein dürfen und vielleicht gar nicht so toll war. Ich hatte stets von mir behauptet, dass ich eine selbstsichere Frau sei, dass ich wisse, was ich wolle, und dass ich ehrgeizig und zielstrebig sei. Von all dem empfand ich nun nichts mehr. Ich war einfach nur irgendjemand, jemand, der definitiv versagt hatte. Ich war nicht gut genug, um das zu leisten, was ich hätte leisten müssen und leisten wollte, als Mutter, Ehefrau, Schwester, Mitarbeiterin, Freundin und auch als Tochter. Was zum Teufel tat ich denn auf diesem Planeten? Es war ein trauriger Gedanke und der Kloß in meinem Hals war so groß, dass ich kaum schlucken konnte.

Shendy saß auch draußen, hatte mich aber bis jetzt noch nicht angesprochen. Das war auch keine große Überraschung, denn ich sah wie ein Halloweengespenst aus. Verheult, ungeschminkt, in zerrissenen pinken Trainerhosen und dem T-Shirt, das ich bereits gestern trug. Wir rauchten schweigend eine Zigarette. Obwohl ich sehr froh darüber war, dass *Shendy* diese Stille einfach mit mir teilte, mich weder mit Fragen bombardierte noch mir ein unnützes Gespräch aufzwang, wollte ich irgendwann das Schweigen brechen. In den letzten Tagen hatte ich viel mit *Shendy* gesprochen, wir wussten bereits einiges übereinander und es bestand auch schon eine enge Verbindung. Es war schon erstaunlich, wie viele neue Menschen ich in den letzten Wochen kennengelernt hatte, wie wenig ich eigentlich über sie wusste und dennoch schon so vieles, nämlich ihre engsten und tiefsten Gefühle. Und ich fühlte mich so verbunden mit ihnen, wie es mir sonst sehr selten passierte. Normalerweise musste ich einen Menschen zuerst sehr gut und lange kennen, mein Vertrauen musste man sich heute verdienen, weil ich einfach schon einige Male enttäuscht, hintergangen und betrogen wurde. Doch hier war es anders, hier vertraute man sich einfach, ohne sich groß zu fragen, ob der andere es ehrlich mit einem meinte. Hier akzeptierte man den anderen und wurde akzeptiert. Ohne wenn und aber, so wie man eben war. Ich stellte fest, dass man in einer Zeit wie dieser und an einem Ort wie diesem einfach der bloßen Wahrheit gegenüber stand. Der eigenen und derjenigen der anderen. Es war irgendwie unheimlich, gleichzeitig faszinierend und absolut überwältigend. Wieso gab es hier so viele ehrliche und herzensgute Menschen und weshalb gab es da draußen so viele, die das Gegenteil davon waren? Mussten vielleicht wirklich die guten Menschen diejenigen mit den tiefsten Narben sein? Was war hier verkehrt? Und genauso ging es mir auch mit *Shendy*, *Shirin* und *Mina*. Drei Frauen, eine toller als die andere, erdrückt von der Schwere ihrer eigenen Lebensgeschichten, die seit Jahren auf ihnen lasten. Aber ihre Herzen, die sind pures Gold. Als ich das so feststellte und unendlich dankbar für diese Tatsache war, aber auch dafür, dass ich überhaupt so etwas Magisches erleben durfte, hatte ich Gänsehaut. Ich erzählte *Shendy* von meinen Schuldgefühlen und sie hörte mich schweigend an. Wir rauchten eine weitere Zigarette. Dann gab auch *Shendy* mir die seltsame Antwort, dass nur sehr wenige bis gar keine meiner genannten Schuldgefühle berechtigt waren und dass ich viel zu viel für andere tat. Hatten sich *Frau Lucas* und *Shendy* etwa zusammengetan und das so miteinander abgesprochen? *Shendy* stellte mir auch die eine Frage, die mich noch den ganzen restlichen Nachmittag beschäftigte. Und was tat ich für mich?

5.5 Achtsamkeit

Shendys Frage ließ mich nicht mehr in Ruhe. Immer wieder überlegte ich mir, was ich denn für mich tat. Die meisten hätten an dieser Stelle wahrscheinlich ihre Freizeitaktivitäten aufgezählt. Doch Freizeit war für mich mittlerweile ein Fremdwort. Was sollte ich sagen, ich war Mama, ich war gerne alleine im Bad. Doch was gab es, was ich für mich tat und mir auch gut tat? Ein Glas Wein tat mir natürlich gut. Aber was war es, was mir dabei gut tat, abgesehen vom eigentlichen Geschmack des Weins, den ich natürlich genoss? Es ging darum, dass es etwas war, was meinem Seelenfrieden gut tat, was mir Ruhe in meinem Innern gab, wobei ich mich erholte und neue Kraft und Energie tankte. Ein Glas Wein tat das somit wohl nur bedingt. Ein Glas Wein mit einem guten Freund bei einem schönen Gespräch zu genießen, das wiederum war etwas, was mir gut tat. Was gab es im Alltag, was ich für mich tat? In den letzten Wochen war ich froh, wenn ich meinen Morgenkaffee in Ruhe trinken konnte, und ein Highlight war es, wenn dieser zumindest noch lauwarm war. Ich ging aber keinem Hobby mehr nach. Ich ging nicht mehr joggen, war in keinem Sport- oder Tanzverein mehr und tat auch sonst nichts mehr für mich. Mir einmal eine längere Dusche zu gönnen, die allenfalls zehn Minuten dauern durfte, während ich dabei ohne Herzrasen meine Haare wusch, das war Luxus für mich. Aber das zählte nicht, weil es eigentlich selbstverständlich sein sollte. War es aber für mich nicht mehr. Als aktive Schützin war ich zumindest gerne im Schießkeller, doch die wenigen Male, die ich mir erlaubte, in den Schießkeller zu gehen, konnte man leider noch nicht als einem Hobby nachgehen bezeichnen. So musste ich feststellen, dass ich eigentlich gar keine Freizeitaktivität hatte, keine plante, geschweige denn, mir eine gönnte. Mein ganzes Leben drehte sich um meine Familie und die Freunde, die Arbeit, das Planen und Organisieren, das Einkaufen und Terminieren und um die Wiederholung davon. Ich sagte mir immer wieder, wenn ich einmal Zeit hätte, irgendwann einmal, wenn es etwas ruhiger würde, dann vielleicht … Doch eigentlich wusste ich genau, dass dieses Irgendwann nie kommen würde. Ja, ich vermisste die Zeit für mich. Und nicht irgendeine Zeit, sondern die Zeit, in der ich genoss, was ich tat. Lesen fehlte mir, Sport, wieder einmal auswärts essen gehen, schreiben, tanzen. Es gab eine Menge, aber ich wusste nicht, wann dafür die Zeit geblieben wäre, wo ich in meinem Leben dafür hätte Platz schaffen können. Schließlich war es auch nachvollziehbar, wenn man Mama von zwei Kindern war und nebenbei noch arbeitete, dass da keine Freizeit mehr blieb. Aber durfte da wirklich gar keine Zeit mehr bleiben? Wie konnten andere Mütter mit ihren Freundinnen ständig etwas planen und unterwegs sein? Oder war es wirklich so anders, wenn man nebenbei auch noch angestellt war? Vollzeitmama war man sowieso, ob man nun immer zu Hause bei den Kindern war oder ob man zusätzlich auch noch angestellt war. Das Mamasein konnte man ja nicht ablegen oder irgendwo deponieren, Mama war man immer. Und während man sowieso Mama war und der Kopf ohnehin mit tausenden Gedanken über Baby- und Kinderangelegenheiten vollgestopft war, konzentrierte man sich gleichzeitig auch noch auf die berufliche Tätigkeit. Und wie in aller Welt, schafften es andere Mütter, regelmäßig zum Frisör zu gehen oder sonst etwas für sich zu tun?

Am Nachmittag hatten wir Gruppentherapie. *Frau Lucas* und *Frau Marty* leiteten die heutige Sitzung. *Shendy* und *Shirin* waren auch in meiner Gruppe. *Frau Lucas* betonte eingangs, dass respektvoll untereinander umgegangen werden muss, dass niemand zu etwas gezwungen wird in der Gruppe und dass man mitteilen soll, wenn man sich nicht wohlfühlt oder einem ein Thema zu nahe geht. Die Station, insbesondere die Gruppe, sei ein geschützter Rahmen, erklärte sie weiter. Hier dürfe man alles sagen, man müsse sich für nichts schämen und man solle die Bestätigung erhalten, dass man nicht alleine sei. Ich atmete tief ein, ich konnte es schon fast nicht mehr hören. Zu oft hatte ich in den letzten Wochen schon gehört, dass ich nicht alleine war mit dieser Krankheit, dass es nicht nur mir so erging. Und was hatte ich davon? Nichts. Was nützte es denn mir, wenn ich wusste, dass es anderen auch so schlecht ging? Heute ging es um das Thema Achtsamkeit. Das Thema passte hervorragend zur Frage, die mich den ganzen Vormittag über beschäftigte. Es ging darum, wie wichtig es war, dass man auf sich selber acht gab. Dass man sich erlaubte, sich immer wieder zu fragen, wie es einem ging und was man brauchte, was einem in schwierigen Situationen half, aber auch im Alltag, dass man zufrieden war. *Frau Lucas* sagte auch, dass erst, wenn man zu sich selber aufschaute und es einem selber gut ging, man anderen helfen konnte. Sie sagte es in die Runde, sah dabei jedoch mich an. *Frau Marty* notierte auf einem Flipchart ein paar Möglichkeiten, die einem helfen konnten. Spazieren, ein Bad nehmen, einen Tee trinken, Musik hören, die Liste war lang und auch nicht vollständig, wie sie mehrfach betonte. Natürlich, ein Spaziergang war schön. Zu Hause war ich jeden Tag und bei jedem Wetter mit den Kindern an der frischen Luft. Doch ich hatte zur Zeit ja nicht mal die Kraft, um einmal um die Klinik zu laufen. Die Idee kam mir also vor, wie wenn man einem Querschnittgelähmten riet, sonntags im Wald joggen zu gehen. Selbstfürsorge nannte *Frau Lucas* es auch, im Alltag wichtig und umso wichtiger, wenn man sich nicht gut fühlte. Doch wenn man sich ständig nicht gut fühlte, sogar richtig schlecht, fand ich es schwierig, mir das vorzustellen, und der Vorschlag half mir in diesem Moment nicht wirklich viel. Man stelle sich ein Glas voll Wasser vor. Das Glas wäre bis zum Rand gefüllt, doch dann tropfte ein ganz kleiner Tropfen Wasser in das Glas und plötzlich schwappte alles über. So war es zur Zeit, egal wie klein das Problem auch schien, es war zu groß für mich, um es noch aushalten zu können. In diesem Moment hatte ich auch keine Kraft, mir ein Bad einzulassen. Denn selbst die Entscheidung, welches Schaumbad oder welches Badesalz nehmen, wäre eine Überforderung gewesen. Es ging dabei nicht einmal um den einen Tropfen, welcher nicht mehr hätte sein sollen, sondern um all die unzähligen Tropfen davor. Ich war überzeugt, dass da auch ein Spaziergang oder ein Bad nicht helfen konnte. Dennoch versuchte ich mir ein paar Beispiele zu notieren, denn grundsätzlich, wenn alles normal war, hatten *Frau Lucas* wie auch *Frau Marty* natürlich recht.

Der zweite Teil war sehr spannend. Wir mussten derjenigen zu unserer Rechten einen persönlichen Wunsch laut aussprechen. Da *Shendy*, *Shirin* und ich uns bereits ziemlich gut kannten und einiges voneinander wussten, konnten wir uns einander auch sehr persönliche Wünsche aussprechen. *Shendy* wünschte mir, dass ich mehr auf mich acht gebe, dass ich mir mehr Zeit für mich nehme, dass ich daran glaube, dass es auch Gutes im

Leben gibt, dass ich lerne, Hilfe anzunehmen und die Kontrolle loszulassen und, dass ich mit meiner Vergangenheit Frieden schließe. Es war für uns alle sehr emotional und bewegend und wir kämpften mit den Tränen. Ich war davon überzeugt, dass gerade, weil unsere Verbindung so stark war und wir schon so viel voneinander wussten, alle Wünsche so konkret ausfielen und von Herzen kamen. Frieden mit der Vergangenheit schließen, das war ein schöner Satz von *Shendy,* enthielt jedoch leider einiges mehr, als einfach das Thema abzuhaken oder Amen dazu zu sagen. Denn es ging nicht darum, die Vergangenheit zu meiden oder nur zu sagen, es wäre vorbei. Man musste sich zuerst damit auseinandersetzen und lernen, zu akzeptieren, was passiert war, und verstehen, wie die Vergangenheit einem auch prägte. Dann wurden wir aufgefordert, uns selbst einen Wunsch auszusprechen. Das war dann nochmal eine Stufe herausfordernder. Ich musste die Augen schließen, damit ich mich besser konzentrieren konnte. Alle meine Wünsche an mich selbst hier aufzuführen, würde den Rahmen wohl sprengen. Aber um es kurz zu umschreiben, ich wünschte mir, dass ich mehr Zuversicht hätte, dass alles gut werden würde, dass meine Familie glücklich und gesund bleibt, dass auch vorübergehendes Nichtstun für mich in Ordnung wäre, dass ich nicht immer die Kontrolle über alles bräuchte und, dass ich tatsächlich nicht alleine wäre. Da waren so viele in meiner Familie und in meinem Umfeld, von denen ich wusste, dass sie mir helfen würden. Und ich wünschte mir, dass ich es eines Tages auch in Ordnung finden könnte, nicht alles alleine zu machen. Während ich diese Wünsche laut formulierte, überflutete mich eine riesige Welle an Gefühlen. Unsicherheit, Trauer, Wut, Enttäuschung, Angst, von allem war etwas dabei. Und die Zweifel, ob ich das alles auch hinbekam. Mir war auf einmal klar, dass, wenn ich wollte, dass diese Wünsche in Erfüllung gehen, dass ich dann einiges in meinem Leben tatsächlich verändern musste. Es war nicht einfach eine Pause, die ich momentan hier in der Klinik hatte, und wie ich es mir vorgestellt hatte, nein, es war keine Auszeit. Diese schrecklichen Wochen, all dieses Leiden, dieses

Gefühlschaos, der seelische Schmerz, welchen ich auf übelste Weise kennenlernen musste, das alles war ein Teil eines Veränderungsprozesses. Denn niemand änderte sich ohne Grund. Entweder man hatte dazugelernt oder lange genug gelitten. Ich sollte handeln, ich musste wahrhaftig verändern. Es war höchste Zeit dafür. Wie ich einmal so schön las, man soll nie zu feige sein, etwas zu tun, was das eigene Leben verändern würde. Denn es könnte die größte Chance sein. Natürlich hatte ich Angst, denn ich wusste, dass ich dafür viel Kontrolle abgeben müsste. Ich hätte dann vielleicht nicht mehr alles im Griff. Ich müsste vieles einfach einmal geschehen lassen und darauf vertrauen, dass es gut werden würde. Obwohl es mir fast ein bisschen unheimlich war, wie sich meine Gedanken plötzlich in eine neue Richtung veränderten, auf einmal auch konkreter wurden, spürte ich genau, dass es der richtige Ansatz war, der mir helfen konnte, die Chance, die ich nun hatte, auch wahrzunehmen. Ich war froh, als die Sitzung zu Ende war und ich im Garten meinen Kopf lüften konnte. Und obschon es sehr intensiv war, gefühlsmäßig wieder einmal eine ganze Wucht, die auf mich einprasselte, fühle ich mich gut. Ich hatte den Eindruck, dass es vorwärts ging, ich hatte das allererste Mal seit Wochen das Gefühl, dass es besser werden könnte.

Beim Abendessen zerlegte ich buchstäblich den ganzen Teller Spaghetti. Ich hatte großen Appetit und war gespannt, ob ich bald zunehmen würde. Wir mussten regelmäßig auf die Waage gehen. Für mich war es etwas irritierend, denn ich stand eigentlich nie auf der Waage. Höchstens beim Frauenarzt während den beiden Schwangerschaften. Hier war aber nun das Ziel, dass ich bis Ende des stationären Aufenthaltes wieder etwas an Gewicht zulegen konnte.

Heute hatte ich keine Lust auf Gesellschaftsspiele und so nahm ich mir vor, meine Wünsche, die ich am Nachmittag für mich formuliert hatte, niederzuschreiben. Also setzte ich mich mit Stift und Papier an den Schreibtisch in meinem Zimmer und versuchte, mich zu erinnern, was ich alles gesagt hatte. Ich konnte nicht mehr alles abrufen und so begann ich einfach wieder von Neuem. Was wünschte ich mir für mich und meine Zukunft? Nach einer Stunde hatte ich es schwarz auf weiß, einen Brief, an mich selbst adressiert. Ich las ihn mehrmals durch, er beinhaltete tatsächlich alles, was ich mir wünschte. Ich merkte, wie gut mir das Schreiben tat, und war beinahe entsetzt darüber, dass ich darauf all die Jahre tatsächlich verzichtet hatte. Meine Gefühle, Gedanken und Wünsche in Worte zu fassen, diese konkret zu formulieren und aufzuschreiben, half mir, das Chaos in meinem Inneren zu ordnen, und ich fühlte mich um einiges ruhiger.

Ich telefonierte noch kurz mit meinem Mann, freute mich darüber, dass zu Hause alles so gut lief, und war stolz darauf, wie toll er alles meisterte. Vor allem auch, wie er mit der ganzen Situation umging. Ich wusste nicht, ob ich damit klar gekommen wäre, hätte es ihn getroffen. Ich wusste, dass er sich Sorgen machte, aber auch, dass er fest davon überzeugt war, dass ich es schaffte, und er machte sich gemeinsam mit mir viele Gedanken dazu: was ich dachte, was mich bewegte, was ich alles erlebte. Dabei lernten wir auch auf eine andere Art einander zuzuhören, miteinander umzugehen und füreinander da zu sein. Diese schwere Zeit gemeinsam durchzustehen, schweißte uns noch viel mehr zusammen. Denn bunt und fröhlich, das hätte jeder gekonnt.

Danach legte ich mich ins Bett und schloss die Augen. Das Pfeifen war da. Normalerweise zählte ich vor dem Einschlafen gedanklich immer alles auf, was es für mich am nächsten Tag alles zu erledigen gab oder was alles geplant war. Heute versuchte ich das erste Mal aufzuzählen, was ich hatte, wofür ich dankbar war und welche Dinge am heutigen Tag positiv waren. In meiner Stimmung schaffte ich es nicht, viele Dinge aufzuzählen, aber der Brief mit den Wünschen an mich selbst, das war etwas Gutes für mich. Als der Schlaf mich dann irgendwann wie eine große Welle verschlang, versuchte ich, es etwas nervös anzunehmen, indem ich mir selbst sagte, dass es in Ordnung war, dass ich mich nun ausruhe. Ich hatte den Schlaf verdient, es war okay, dass ich müde war und mich erholen wollte.

5.6 Frühwarnzeichen und Krisenplan

Als ich meinen Morgenkaffee trank, war schon die Hektik auf der Station ausgebrochen. Heute hatten gleich drei Patienten ihren Austritt. Ich hatte nicht so viel Kontakt mit den betroffenen Patienten, aber ich war froh, dass mir selber ein bisschen Zeit blieb. Obwohl die Zeit hier wie im Flug verging. Bevor ich in die Klinik eintrat, dachte ich, fünf Wochen wären eine Ewigkeit und ich würde diese nicht überstehen. Nun war ich bereits die dritte Woche hier, es war unglaublich. Natürlich wollte ich noch alles Erdenkliche erreichen bis zu meinem Austritt. Aber ich wusste auch, dass ich Geduld haben musste, eine wirklich schreckliche Vorstellung für mich. Ich konnte mir keine Deadline setzen, keine Liste machen, was ich alles bis zum Ende erreicht haben wollte. Ich konnte mir keinen Plan erstellen und hatte überhaupt keine Übersicht, absolut keine Kontrolle darüber, wo ich stand und wann ich am Ziel sein würde. Ich war das erste Mal gezwungen, jeden Tag so zu nehmen, wie er war, und auch zu akzeptieren, wie er war. Ob es ein guter oder schlechter Tag war, ich musste ihn einfach annehmen. Immer wieder wiederholte ich *Frau Lucas'* Aussage, dass, wenn ich etwas akzeptierte, es nicht hieß, dass ich auch damit einverstanden war, sondern nur, dass ich es hinnahm. Ich versuchte, mir diesen Satz zu verinnerlichen, und mit jedem Mal, in jeder nächsten Situation klappte es besser. Die Scham und Wut über die Tatsache, dass es mir nicht gut ging, dass ich krank war und ich Hilfe brauchte, die Wahrheit, dass auch ich einmal in einer Psychiatrischen Klinik war, wurden mit jedem Tag kleiner. Es war erstaunlich. Auch die Schuldgefühle gegenüber meiner Familie und meinen Freunden, weil ich mich nicht mehr bei ihnen meldete, oder nur sehr sporadisch, wurden immer weniger. Was mir dabei half, war, mich tatsächlich immer wieder selbst zu fragen, wie es mir ging und was ich brauchte. Ruhe. Oder einen Kaffee. Ein Mandala. Ein Gespräch mit den Margarita-Chicas, wie *Shendy, Shirin, Mina* und ich uns nannten. Das, weil ich immer wieder von meinem selbst gemixten Margarita schwärmte und ihnen versprach, sie einmal zu mir nach Hause einzuladen und ihnen diesen zu servieren. Oder auch eine Achtsamkeitsübung. *Frau Marty* hatte uns in der letzten Gruppensitzung den *Bodyscan* vorgestellt. Dabei ging es darum, sich auf bestimmte Körperregionen zu konzentrieren. Das half mir auch dabei, beim Einschlafen ruhiger zu werden, das Gedankenkreisen wurde langsamer und seltener und auch das Pfeifen in den Ohren, das mich so nervös machte, wurde leiser. Ich war wirklich erstaunt darüber, was Achtsamkeit tatsächlich ausmachte, und stolz darauf, dass ich bereit war, mich darauf einzulassen und es jeden Tag von Neuem versuchte. Es klappte nicht immer gleich gut und ich stellte schnell fest, dass es auch hartes Training war. Je mehr ich es jedoch versuchte, je mehr ich mich auf mich konzentrierte und mir selbst, meinem Körper und meinem Wohlbefinden, Achtung schenkte, desto besser ging es und desto schneller erholte ich mich auch von einem Anflug von Müdigkeit und von einem schlechten Moment, in dem ich vor einer Woche noch zwei Stunden geweint hatte. Ich fühlte mich viel besser, aß jeden Tag bei jeder Mahlzeit mit, hatte Energie, mit den anderen zu reden, zu lachen und immer öfter auch bei Gesellschaftsspielen teilzunehmen. Zwischendurch meldete ich mich sogar vereinzelt wieder bei ein paar engen Freunden. Ich schrieb nicht oft, aber ich signalisierte ein Lebenszeichen. Ich wusste, dass es nicht viel war, aber auch, dass es genug und gut so war. Und endlich kam auch meine Motivation zurück. Die Motivation, die ich so lange vermisst hatte. Und meine Willensstärke. Es war nicht mehr so, dass ich wusste, dass ich etwas verändern sollte, sondern so, dass ich auch etwas verändern wollte, und zwar so einiges. Am liebsten hätte ich natürlich wieder eine Liste erstellt mit den Dingen, die ich alle verändern wollte. Ich musste mich regelrecht zwingen, diese Liste aber trotzdem nicht zu schreiben. Es musste und sollte auch einmal keinen Plan geben. Ich durfte es machen, wie es passte und wann es passte. Es war nicht leicht, diesem Kontrollzwang zu widerstehen. Doch, dass mein Wille nun endlich wieder da war, verlieh mir enorme Energie.

In der Gruppe sagte ich, dass ich heute endlich in den *Denner* wolle. Ja, auch hier gab es einen *Denner* und mir fehlte meine „*Denner-Gang*" aus der AFS. Ich war nun schon einige Wochen da und hatte mich noch nicht getraut, in den *Denner* zu gehen, der auch hier nur knappe fünf Minuten zu Fuß entfernt war. Ich wusste, dass ich nervös sein würde. Ich wusste, dass ich Panik bekäme. Aber ich wollte einen Schritt nach vorne gehen. *Herr Siegrist* fragte mich, wie ich dieses Ziel angehen wolle. Ich runzelte zuerst die Stirn und verstand nicht, was er damit meinte, und musste kurz nachdenken. Wie wollte ich das Ziel, in den *Denner* zu gehen, erreichen, war also seine Frage. Einfach aus dem Hause zu gehen und zum *Denner* zu gehen, war definitiv nicht die Antwort. Denn dazwischen lagen für mich tausend Gründe, gar nicht erst die Station zu verlassen. Ich musste zugeben, ich hatte keinen Plan. *Herr Siegrist* riet mir, meinen Duftstift mitzunehmen oder eine Mitpatientin zu fragen, ob sie mich begleiten wolle. „Niemand erwartet von Ihnen, dass Sie das erste Mal gleich alleine gehen." Ich war erleichtert. Es war also in Ordnung, wenn auch jemand mitkam. Ich musste das nicht alleine schaffen. Denn das Ziel war nur, dass ich überhaupt einmal aus dem Hause ging, über die Straße und in einen Laden. „Und wenn Sie es nicht bis zum *Denner* schaffen, dann kehren Sie einfach wieder um. Wichtig ist nur, dass Sie es versuchen." *Herr Siegrist* war wirklich super. So konnte ich mir tatsächlich die Erlaubnis für kleine Schritte geben. Ich musste nicht gleich alles riskieren. Denn ja, für mich war das in der jetzigen Situation eine große Sache.

Natürlich wollte ich es dennoch gleich hinter mich bringen. Aber schon der Gedanke, dass ich das Haus verlassen und auf die Straße gehen würde, in einen Laden hinein, an der Kasse anstehen und dort wieder Panik bekäme, machte mir einen Strich durch die Rechnung. Es war die Angst vor der Angst. Sie war wieder einmal zu Gast bei mir. Ich wurde so nervös, dass mir auch wieder speiübel wurde und der Schwindel sich ankündigte. Frustriert saß ich auf dem Bettrand und wollte auf Besserung warten. Oftmals, das wusste ich nun, musste man in Handlung kommen, um der Situation zu entfliehen. Aber manchmal, und das war bei mir anscheinend der Fall, ging es darum, mal nichts zu tun und sich die Pause zu gönnen. Für mich ging es darum, dass ich mir selber erlaubte, einen Gang runterzufahren. Ich musste selbst akzeptierten, dass nicht alles sofort sein musste und, dass es auch langsamer vorwärts gehen durfte. Ja, mittlerweile sprach ich schon selbst von Akzeptanz, was für eine Selbstironie. Und tatsächlich, erst, als ich mir selbst das Okay dafür gab, erst am Nachmittag zu gehen und nicht unbedingt sofort, ließ der Schwindel nach. Die Übelkeit war noch nicht vorüber, aber um einiges besser. Mein lieber Kopf, er sollte wirklich mal Ruhe bewahren! Langsam war ich genervt von ihm, weil er einfach zu viel dachte. Und all diese Gedanken beeinflussten meinen Körper. Ich hätte niemals geahnt, wie eng das miteinander verknüpft war. Ja, mein Körper hörte jeden Gedanken und signalisierte dann natürlich sofort, dass etwas nicht in Ordnung war. Wirklich mühsam, dieser Kopf. Ich verdrehte die Augen und eigentlich total unangebracht in dieser Situation, musste ich sogar lachen. Über meinen Kopf und darüber, wie ich selbst mit mir und über ihn sprach.

Obwohl ich innerlich immer noch etwas unruhig wegen meines Vorhabens war, konnte ich ein bisschen vom Menüsalat essen, mehr brachte ich aber nicht in den Magen. *Susanne*, ebenfalls Patientin auf unserer Station, bot mir an, mich zu begleiten, als sie mitbekam, dass ich etwas einkaufen wollte. Eigentlich brauchte ich nichts. Mir ging es nur darum, hinzugehen. Ich war aber sehr erleichtert, auch darüber, dass ich niemanden um Begleitung bitten musste, sondern, dass es mir angeboten wurde. Bevor das mit meinen Angstzuständen und Panikattacken begann, hätte ich es abgelehnt und stattdessen gefragt, ob ich ihr etwas aus dem Laden mitbringen dürfte. Ich stellte fest, dass ich eigentlich immer noch nicht genau wusste, weshalb ich an diesen Angstzuständen und den Panikattacken litt. Natürlich, sie waren auch so unfreundliche Symptome, die zum Ausdruck brachten, dass so einiges in meinem Leben nicht gut war für mich, dass ich überanstrengt und überlastet war, dass ich keinen inneren

Frieden hatte. Aber wo war die Ursache genau? War es nur die Achtsamkeit? Dass diese mir half, konnte ich ja bereits feststellen. Aber wieso war ich dann noch immer nervös? Ging es vielleicht wirklich darum, dass ich mich vor allem meiner eigenen Vergangenheit stellen musste? Ich nahm mir vor, diese Frage mit in mein nächstes Gespräch bei *Frau Lucas* zu nehmen.

Susanne und ich trafen uns am Ausgang der Station. Dieses Mal konzentrierte ich mich zwar auch darauf, ruhig und langsam zu atmen, doch ich war losgelöst davon, meine Füße zu kontrollieren und darauf zu achten, ob sie einen Schritt nach dem anderen gehen könnten. Ich lief einfach, ohne darüber nachzudenken, dass die Kraft meiner Beine allenfalls nachlassen könnte, und sprach ein wenig mit *Susanne*. Obwohl wir viel im Garten zusammensaßen, fiel mir auf, dass ich gar nicht so viel von ihr wusste. Die meiste Zeit war sie mit ihren Medikamenten, den Dosierungen und Nebenwirkungen davon beschäftigt. Es hörte sich sehr anstrengend an. Ich konnte ihr durchaus nachfühlen, denn schließlich hatte ich das Thema Medikament auch durch und sehr schlechte Erfahrungen damit gemacht. Ich wusste also genau, wie es ihr damit ging. Ich musste aber auch zugeben, dass ich mich nicht den ganzen Tag damit hätte beschäftigen können. Vor allem das Morgentief war bei *Susanne* sehr heftig. Auch das kannte ich bereits und konnte ihr daher ebenfalls nachfühlen. Es war schon interessant, obwohl jeder eine andere Geschichte hatte und jeder eine individuelle Diagnose hatte, Depression war schließlich auch nur ein Überbegriff, so hatten viele Patienten die gleichen oder sehr ähnliche Symptome. Ich vernahm nun schon mehrmals, dass auch andere sich über Schwindel, Übelkeit, Herzrasen, innere Unruhe, Schlafstörungen und Gedankenkreisen oder auch Antriebslosigkeit beklagten. Es waren alles Symptome, welche mir bestens vertraut waren.

Ich kaufte mir ein Red Bull, da ich nun wusste, dass mit meinem EGK alles gut war und mein Herz somit weiterhin Koffein vertrug. Zum Glück gab es keine Warteschlange an der Kasse und so waren wir schnell wieder aus dem *Denner* raus und bereits wieder zurück in der Klinik. Mir war klar, dass es nochmals anders wäre, würde ich das nächste Mal alleine gehen. Aber ich war froh, dass ich es geschafft hatte und keine Panikattacke bekommen hatte. Es war nichts Schlimmes geschehen, ich hatte weder Atemnot noch fiel ich in Ohnmacht. Nichts dergleichen passierte. Und es sah mich auch niemand komisch an. Niemand hatte gesehen, dass ich nervös war. Aber es kostete mich wieder viel Kraft. Ich war müde und verkroch mich wieder in meinem Zimmer und hörte Musik bis zur nächsten Gruppensitzung.

Ich hatte das Programm beinahe vergessen und war dankbar, als *Shendy* an meine Zimmertüre klopfte. Wir hatten nun Psychoedukation im großen Gruppenraum. Schon die Bezeichnung missfiel mir. Sie enthielt wieder das Wort *Psycho* und ich fühlte mich schrecklich. Da wir nun mehr als fünf Personen waren, mussten wir eine Schutzmaske tragen, *Corona* ließ grüßen. Hoffentlich bekam ich genügend Luft, schoss es mir durch den Kopf, als ich mich etwas unsicher auf einem der Stühle im Kreis niederließ. *Herr Siegrist* und *Frau Marty* trugen natürlich auch eine Schutzmaske und ich fand es sehr seltsam, so zusammenzusitzen. Jederlei Mimik fehlte und ich fand diese wichtig, um jemanden besser zu verstehen. Gerade in solch wichtigen Gesprächen, wie wir sie hier hatten. *Herr Siegrist* erklärte zuerst, was Psychoedukation überhaupt bedeutet. Es geht darum, dass man Patienten, die von psychischen Erkrankungen betroffen sind, mit Wissen zu schulen. Dabei soll man Modelle, Ursachen und Verstärkungsmechanismen kennenlernen und Werkzeuge erarbeiten, die entgegenwirken und den gesundheitlichen Zustand stabilisieren. Mit der *Edukation*, dem zweiten Teil des Wortes, ist gemeint, dass man als Patient mit dem erlernten Wissen selbst Experte seiner eigenen Gesundheit wie auch Krankheit wird. *Herr Siegrist* betonte auch mehrmals, dass wir uns nicht zu schämen bräuchten, da eine psychische Krise bei erhöhtem Stressfaktor jeden treffen könne. Jeder Mensch hatte eine andere Verletzlichkeit, oder positiv ausgedrückt, eine eigene Standeskraft, daher war die Krisenschwelle bei jedem Menschen individuell. Zeit, biologische und biografische Faktoren spielten dabei eine wichtige Rolle. Wir versuchten in der Gruppe, gemeinsam die Unterschiede zwischen einer psychischen Krise und einer psychischen Erkrankung zu sammeln. Für mich war das nicht so einfach, erlebte ich das alles doch zum ersten Mal. Ich war daher erleichtert, dass andere hier mehr beitragen konnten, obschon dies natürlich bedeutete, dass sie leider auch mehr Erfahrung mit dieser Thematik hatten oder einfach mehr wussten als ich. Eine psychische Krise ist also nicht zwingend an eine psychische Krankheit gebunden. Wenn man beispielsweise Zeuge eines Gewaltereignisses geworden war, das konnte jeden in eine Krise zwingen und musste dabei aber nicht direkt in eine Erkrankung führen. Der größte Unterschied ist jedoch der Zeitfaktor. Bei einer Krise handelt es sich um Wochen und Monate, bei einer Krankheit geht es um Monate oder Jahre oder sogar um eine chronische oder wiederkehrende Depression. Eine depressive Episode hingegen liegt zwischen diesen beiden Diagnosen, sie dauert meistens um die sechs bis acht Wochen, man kennt die Schutzfaktoren und die entsprechende Biografie. Wenn man nun eine Anzahl Wochen nennt, heißt das, dass die entsprechenden Symptome für mindestens diesen Zeitraum akut vorhanden sein müssen. Unterschieden wird auch die entsprechende Behandlungsform. Bei einer psychischen Krise sollte man einen Krisenplan zur Hand haben oder sich Hilfe bei einem ambulanten Psychologen suchen. Mir fiel dabei natürlich auch die AFS ein, wo ich selbst mehrere Wochen stationär Patientin war. Bei einer psychischen Krankheit, wie bei einer Depression, macht man eine Therapie in Form von Psychotherapie und Medikamenten. Die depressive Episode kann beides beinhalten. Es waren unglaublich viele Informationen und mir drehte sich alles im Kopf. *Frau Marty* übernahm die heutige Aufgabe, gemeinsam unsere Frühwarnzeichen zusammenzutragen, und jeder sollte für sich einen solchen Krisenplan erstellen. Mir sagte beides nichts. Die Frühwarnzeichen sind Symptome, die man an einem selbst feststellt und die einen erkennen lassen, dass man kurz vor einer Krise steht oder in eine Depression fällt. Auch diese Frühwarnzeichen zu nennen, fand ich eine Herausforderung. Wann hatte ich gemerkt, dass etwas nicht mehr gut war, dass ich so nicht mehr glücklich war? Ich konnte mich nur an die heftigen Symptome im Sommer erinnern. Da waren es ausgeprägte Erschöpfung, Kreislaufprobleme, Herzrasen, innere Unruhe und Nervosität, Gleichgültigkeit gegenüber Menschen und Gefühlen, gefolgt von Appetitverlust bis zu Angst und Panikattacken. Das waren also meine Frühwarnzeichen. Manchmal würden sich nur vereinzelte Symptome aufzeigen und manchmal die geballte Ladung davon. Meine Mitpatienten zählten weitere Symptome wie Antriebslosigkeit, Isolation, sexuelle Unzufriedenheit, Schlafstörungen und Gedankenkreisen auf. Auch Stimmungsschwankungen, Gereiztheit und Geräuschempfindlichkeit wurden genannt. Erneut war ich überrascht und dennoch auch fasziniert, wie ähnlich sich die Symptome bei uns auswirkten. Verlust von Familie und Freunden, Arbeitslosigkeit, Krankheiten, Trennungen, häusliche Gewalt, Mobbing, Konflikte, Auszug der Kinder aus dem Elternhaus, das kam alles zusammen. Beschäftigt hatte mich vor allem die Erzählung einer Mitpatientin, dass sie Stimmen höre. *Herr Siegrist* erklärte, dass das in den Bereich der Psychose gehöre. Ich spürte, wie ich unruhig wurde. Was, wenn es auch bei mir so weit käme? Die Mitpatientin erzählte, dass es ihre eigene Stimme sei, welche sie höre, weil sie früher als kleines Mädchen so oft um Hilfe schreien musste, da sie zu Hause schlimme Dinge erlebte. Ich will das hier nicht näher ausführen. Mir wurde fast übel bei diesen Vorstellungen, wie grausam das Leben sein konnte und wie mutig sie war, es mit der Gruppe zu teilen. Ich hatte zuerst Mühe, mich wieder auf den Krisenplan zu konzentrieren, da ich nach diesen Schilderungen noch eine ganze Weile wie gelähmt auf dem Stuhl saß. Der Krisenplan war eine Hilfe im Notfall, wenn man in einer Krise steckte und nicht mehr weiter wusste. Denn in dieser Situation war man nicht mehr fähig, ein Fachbuch aufzuschlagen oder hunderte Seiten von Theorien durchzugehen und sich zu überlegen, was man gelernt hat und was man umzusetzen kann. Im Arbeitsheft war der Krisenplan tabellenartig dargestellt. Als Erstes konnte ich meine soeben festgestellten Frühwarnzeichen notieren. Ich konnte auch ergänzen, welche Aktivitäten ich gegen diese Frühwarnzeichen setzen wollte: mir bewusst eine Pause gönnen, eines nach dem anderen erledigen, mehr auf mich achten, spontaner sein und nicht immer alles im Voraus planen und vor allem weniger bis keine endlosen To-do-listen führen. Meine Planungen und Listen arteten teilweise in eine halbe Doktorarbeit aus, mir wurde nun auch bewusst, wie viel Zeit und Energie ich dafür all die Jahre verschwendet hatte und unter welch enormem Druck ich dabei stand. Einem Druck, den ich mir selbst aufzwang, weil ich immer alles und sofort und perfekt erledigen wollte. Auch Medikamente, die einem halfen, konnte man notieren. Wichtige Personen wie Familienangehörige, engste Freunde, ambulante Psychologen oder Adressen des Hausarztes, der Psychiatrischen Klinik oder der AFS hatten hier ebenfalls Platz. Solche Gruppensitzungen waren ermüdend und wirklich anstrengend. Da wurde so viel zusammengetragen und ich erinnerte mich dann auch jedes Mal an eigene Situationen, die mich traurig oder wütend machten. Ich hatte jedoch auch immer wieder gute Aha-Erlebnisse und wichtige Erkenntnisse. Ich nahm mir diese sehr zu Herzen und wollte sie verinnerlichen. Nach zwei Stunden intensivem Austausch war die heutige Psychoedukation zu Ende und ich setzte mich mit einer großen Tasse Kaffee und einer Zigarette an die frische Luft. Das breite Fachwissen, das uns Ärzte, Psychologen und Pflegepersonal versuchten zu vermitteln, war sehr hilfreich und half vieles zu verstehen. Doch der Austausch mit den Mitpatienten war die Realität, er half mir manchmal sogar mehr oder gehört zumindest gleichgestellt.

Anfangs nahmen mich die Geschichte der anderen noch stark mit, ich litt mit ihnen. Es tat mir nicht gut und ich musste mich immer wieder und sehr schnell zurückziehen. Mittlerweile konnte ich besser damit umgehen. Ich konnte mit ihnen mitfühlen, aber ich musste nicht mehr mit ihnen mitleiden. Diesen Unterschied zu machen, half mir sehr. Denn so konnte ich mich ein Stück weit distanzieren und abgrenzen und mich so selbst schützen. Ich hörte immer zu, äußerte meine Meinung, wenn ich danach gefragt wurde, ging aber bewusst nicht auf alles ein. So stellte ich fest, dass ich bis dahin zu allem immer etwas gesagt hatte, oftmals glaubte ich auch, dass die anderen das erwarteten. Dabei war das gar nicht nötig. So brauchte ich einerseits viel weniger Energie, weil ich mir selber nicht mehr die Aufgabe aufzwang, immer eine Antwort oder eine Lösung bereitzuhalten, und noch viel wichtiger, ich lernte Zuhören. Und zwar richtig zuhören, sodass ich auch zwischen den Zeilen hören konnte, was der andere dabei empfand und was er mir sagte. Und das dann auch noch auszusprechen, war gar nicht immer nötig. Es reichte, dass ich es wusste und der andere es auch wusste.

Heute kam eine neue Mitpatientin, *Tyra*. Sie hatte heute Vormittag den Eintritt auf unserer Station. Ich sah sie aber nur ganz kurz einmal durch den Gang huschen, wo wir uns kurz einander vorstellen konnten. *Tyra* war die meiste Zeit noch in ihrem Zimmer. Ich konnte ihr bestens nachfühlen. Die ersten Tage, oder gar die ganze erste Woche, war ich ja auch nur im Zimmer gewesen. Ich hatte immer noch mein Einzelzimmer und war sehr glücklich und dankbar darüber. Auch *Pablo* kam heute dazu, ich hatte aber noch keine Gelegenheit, *Pablo* kennenzulernen. Auch er war die meiste Zeit in seinem Zimmer. Dafür hatte *Shirin* heute ihren letzten Abend. Es war ein Kommen und Gehen auf der Station. Kaum hatte man sich an einen Mitpatienten gewöhnt, musste man sich bereits wieder verabschieden. Natürlich hatte ich nicht mit allen Patienten viel Kontakt, ich wusste auch gar nicht, wie viele Patienten wir hier eigentlich waren. Und ab und zu kam ich auch gar nicht nach, weil es so viele Wechsel gab. Was mir jedoch aufzeigte, wie gefragt eine solche stationäre Behandlung heute war und wie viele Menschen von Angststörungen und Depressionen betroffen waren. Eine traurige Tatsache. Früher dachte ich, dass mir selber das niemals passieren könnte. Und, dass es nur auf die eigene Einstellung und den eigenen Willen ankäme, wie man sich fühlte und ob man glücklich war. Doch das Leben hatte seinen eigenen Fahrplan und seine eigenen Regeln, da waren all meine Pläne und Listen nichtig und so belehrte mich das Leben nun eines Besseren. Selbstverständlich hing sehr vieles davon ab, ob der eigene Wille da war, ob man kämpfen wollte oder nicht, aber wie ich nun auch lernen musste, konnte man das selten alleine und es brauchte sehr viel Zeit. Zudem war es in dieser Situation ein gewaltiger Unterschied zwischen Wollen und Können. Die Zeit und ich hatten uns nämlich nach wie vor noch nicht angefreundet, denn ich wollte immer noch, dass es baldmöglichst besser ist. Die Wochen vergingen viel zu schnell und es gab noch so vieles, was ich angehen wollte. Ich hatte das Gefühl, dass es ein wuchtiger Berg war, welcher vor mir stand, und ich war ständig auf der Suche nach der richtigen Ausrüstung, um diesen zu erklimmen.

Wir verbrachten *Shirins* letzten Abend mit guten Gesprächen, *Tabu* spielen, Lachen und Weinen. Ich genoss unsere Gespräche, sie waren ehrlich und sehr intensiv. Wir konnten einander alles erzählen und niemand urteilte über den anderen. Als zu später Stunde unsere Diskussionen dann doch auch noch sehr intim wurden, musste ich in die Runde werfen, dass alles, was hier erzählt wurde und passierte, auch hier bleiben müsste. Wir brachen alle in schallendes Gelächter aus. Als ob da draußen irgendjemand glauben würde, was hier drinnen abgeht! Ich schaffte es, bis um Mitternacht aufzubleiben. Zwischendurch telefonierte ich einmal kurz mit meinem Mann. Er freute sich sehr, dass es mir besser ging und, dass ich wieder einmal die Energie hatte, ein längeres Telefongespräch zu führen.

5.7 Zwischenmenschliche Konflikte

Shirin verließ uns gegen Mittag des nächsten Tages und es flossen dabei auch einige Tränen. Obwohl ich traurig darüber war, dass sie uns verließ, freute ich mich auch für sie, dass sie nach Hause gehen durfte. Ich wünschte ihr von Herzen alle Gute und viel Kraft. *Shendy, Mina* und ich versprachen ihr auch, dass wir für sie da waren und sie sich jederzeit bei uns melden durfte. Und sobald wir alle wieder draußen waren, würden wir uns sehen. Das hörte sich seltsam an und im ersten Moment mehr nach einem

Gefängnis. Das war es aber auf keinen Fall. Ich fühlte mich zwar wie in einem Gefängnis, aber das war ein Bild, das ich mehr in meinem Innern hatte. Das Gefängnis war eher der eigene Körper. Ich verstand aber langsam, was es mit der Bedeutung des geschützten Rahmens auf sich hatte, und daher war alles außerhalb dieser Station, alles außerhalb dieses geschützten Rahmens eben im Moment als draußen formuliert. Hier fühlte ich mich sicher, ich wusste, dass immer jemand von den Psychologen, dem Pflegeteam oder den Ärzten da war. Und natürlich die Mitpatienten, die mit mir ihre Geschichte teilten. Ich war niemandem Rechenschaft schuldig und musste mich niemandem erklären. Es war Sicherheit und ein wichtiger Halt. Denn nirgendwo sonst hätte ich mich zur Zeit sicherer gefühlt. Hier konnte ich mich endlich davon erholen, mich für alles und bei jedem zu erklären, hier durfte ich einfach mal sein und auch nichts tun. Natürlich war es nicht wirklich so, dass ich nichts tat. Es war jeden Tag harte Arbeit, so viel Neues zu lernen, mich so bewusst mit meinen Gedanken und Gefühlen auseinanderzusetzen und die mehrmals täglich vorkommenden Höhen und vor allem Tiefen durchzustehen. Die letzten Wochen kämpfte ich mehrheitlich mit Scham- und Schuldgefühlen. Seit ich aber besser auf mich selber achten und hören konnte, ging es mir um einiges besser damit. Ich merkte auch, wenn mein persönliches Umfeld meinen aktuellen, und natürlich sehr radikalen Rückzug, meine Isolation, nicht nachvollziehen konnte, wollte ich mich von diesen Personen trennen. Es war knallhart und es machte mich auch traurig. Aber mir wurde bewusst, wenn das jemand nicht verstehen kann, ist diese Person es mir auch nicht mehr wert, mich ihr zu erklären. Niemand konnte sich natürlich wirklich vorstellen, was bei mir tatsächlich los war, wie schrecklich hart ich kämpfte, wie traurig und hilflos ich mich fühlte, aber, dass ich einfach ein paar Wochen Zeit für mich brauchte, weil ich am Tiefpunkt oder Wendepunkt meines Lebens stand, das hoffte ich, würden sie verstehen. Einige verstanden es und ich war ihnen sehr dankbar dafür, weil es mir zeigte, dass sie mich auch respektierten. Ich wusste, dass es für diejenigen, denen ich tatsächlich am Herzen lag, es auch nicht einfach war. Denn die Mauern, welche ich um mich herum aufgebaut hatte, waren hoch und kaum zu durchbrechen, ich ließ praktisch niemanden mehr an mich heran. *Mario* hörte ich praktisch täglich. Manchmal fragte er nur, wie mein Tag war. Er motivierte mich auch immer wieder und sagte, dass er wisse, dass ich es schaffen würde, dass ich danach stärker als je zu vor daraus hervorkommen würde. Seine Worte und das Wissen, dass er immer da war, aber dennoch nicht erwartete, dass ich jedes Mal antwortete, tat mir sehr gut. Es gab aber auch Freunde, die es nicht verstehen konnten oder vielleicht sogar selbst damit überfordert waren, dass ich einmal nicht für sie da sein konnte. Es waren gute, enge und langjährige Freunde. Menschen, welchen ich viel von meiner Zeit geschenkt hatte. So erhielt ich auch einige sehr böse, verletzende und verärgerte Nachrichten. Und hysterische Sprachnachrichten mit unzähligen Vorwürfen und Bilder von Sprüchen, die mir hätten klar machen sollen, dass ich nicht mehr wichtig für sie war. Als ich diese Nachrichten las und abhörte, war ich aber weder schockiert noch enttäuscht. Ich musste zugeben, ich empfand wirklich beinahe nichts dabei. Ich war ihnen nicht mal böse, unter normalen Umständen, wie ich es immer noch sagte, hätte ich mir den Kopf darüber zerbrochen, was sie wohl dachten und annahmen, was sie von mir erwartet hätten. Und so hätte ich ihnen eine lange Nachricht mit unendlich vielen Erklärungen geschrieben. Doch ich war zu müde dafür. Zu müde, um darüber überhaupt nachzudenken. Und dafür wollte ich nicht kämpfen. Denn wenn es die richtigen Menschen waren, so musste ich sie nicht davon überzeugen, bei mir zu bleiben. Die Richtigen waren nämlich stolz auf mich, dass ich das alles auf mich nahm, dass ich den Mut hatte, mich selbst zu stellen, und waren dankbar dafür, dass ich jeden Tag weiterkämpfte. Und so war es für mich in Ordnung. Manchmal waren es eben nicht die Menschen, die sich änderten, sondern die Masken, die fielen. Ich wollte vergessen, was und wer mir wehgetan hatte, aber ich wollte niemals vergessen, was es mich auch gelehrt hatte. Vor ein paar Wochen dachte ich auch noch, dass sich meine kleine Schwester bei mir melden würde, trotz unserer Differenzen. Denn sie hatte es zu Hause bestimmt mitbekommen, wo ich war und wie schlecht es mir ging. Aber es kam keine Nachricht und auch kein Anruf. Und auch das war für mich auf einmal in Ordnung, denn ich hatte keinerlei Erwartungen mehr an sie. Und so konnte ich damit endlich Frieden schließen. Es war Balsam für meine Seele.

Am Vormittag hatte ich wieder ein Gespräch mit *Frau Lucas*. Ich erzählte ihr, dass es mir besser ging, dass ich viele und neue Erkenntnisse hatte und, dass ich mich endlich wieder etwas spüren konnte. Und vor allem, dass ich vorwärts gehen wollte. *Frau Lucas* freute sich sehr, dass es mir so gut ging und darüber, wie schnell und viel ich in den letzten Tagen tatsächlich gelernt hatte und bereits auch verinnerlichen konnte. Denn etwas zu hören, es zu sagen, zu verinnerlichen und dann auch noch umzusetzen, zwischen diesen Teilschritten liegen Dimensionen. Ich stellte meine mitgenommene Frage nach der Ursache für meine Angstzustände und Panikattacken. *Frau Lucas* konnte mir aber keinen bestimmten Grund nennen. Es wäre alles zusammen, war ihre Antwort. Die Art, wie ich mein Leben lebte, der Druck und Stress, welchen ich mir selber machte, das hartnäckige Streben nach Perfektionismus, der eigene Leistungsdruck, die Selbstkritik und die vielen Schuldgefühle, die in keinem gesunden Verhältnis standen. Dazu noch das Leben mit Familie und Beruf, was grundsätzlich schon eine Herausforderung war. Ich musste zugeben, ich war etwas enttäuscht. Ich erhoffte mir eine klare Antwort. Denn ich wollte unbedingt etwas ändern, aber wie sollte ich starten, wenn ich nicht wusste, wo? *Frau Lucas* gab mir auf den Weg, dass meine Fürsorge, die Erkenntnisse aus meiner aktuellen Isolation und die Pausen, welche ich mir bereits bewusst gönnte, ein sehr guter Anfang waren. Es wären genau diese Dinge, die ich auch in meinem Alltag umgesetzt brauchte. Es waren Kleinigkeiten, die jedoch enorm viel ausmachten. Dass ich mir selbst den Druck aufzwang, alles perfekt machen zu wollen und immer das Beste oder gar das Allerbeste zu erreichen, lag daran, dass ich mir wünschte, dass mein Vater auf mich stolz sein könne.

Dass das so war, das wusste ich bereits oder spürte es zumindest. Aber erst in den letzten Tagen, als ich mich immer wieder selbst gefragt hatte, wieso das so war, konnte ich es richtig feststellen und vor allem auch laut formulieren. Ich war meinem Vater in manchen Dingen sehr ähnlich, was unsere Charaktereigenschaften betrifft, obwohl es zwischen uns ja nichts mit Vererbung zu tun haben kann. Und aus dem Grund, dass er stets mein Vorbild war, eiferte ich ihm als Tochter auch nach. Wie mein Vater, wollte auch ich so viel über die Welt wissen, die Geschichte unserer Erde kennen, so viel über Wirtschaft und Politik verstehen, meine Familie beschützen und das gleiche Vorbild für meine Kinder sein. *Frau Lucas* erklärte mir, dass es in meiner Therapie genau auch um solche zwischenmenschlichen Konflikte ging. Es war wichtig, zu erkennen, welche Rolle man selber in seinem Umfeld hat und in welcher Beziehung man zu jemandem steht. Und die Beziehung zu meinem Vater war für mich immer eine der wichtigsten. Ich bin seine älteste Tochter und vieles hatte bestimmt auch mit dieser Dankbarkeit zu tun, welche ich verspürte, weil meine Mutter und er mich adoptiert hatten, aber auch damit, dass er einfach nur stolz auf mich sein sollte. Ich wiederum, war immer ein Vorbild für meine drei Geschwister. Einerseits, weil ich die älteste von uns vieren war, andererseits, weil ich vieles mit Leichtigkeit gemeistert hatte. Ich war zielstrebig und wusste mir immer zu helfen. Als ich zu Hause war, hatte ich immer sehr viel Platz eingenommen, das hatten zumindest alle drei meiner Geschwister so formuliert. Sie meinten, wenn ich da war, war kaum noch Platz für die anderen. Mir war das nie so bewusst gewesen. Für mich war es auch selbstverständlich, dass ich bereits im Kindergarten lesen und schreiben lernte und in der ersten Klasse schon einige Sätze und die Zahlen auf Französisch sprechen konnte. Ich hatte Spaß daran, täglich einen Satz in jeder Zeitform grammatikalisch korrekt in ein Tagebuch zu notieren. Es machte mir die größte Freude. Es half mir auch, denn ich hatte in der Schule fast keine Schwierigkeiten. Doch jetzt im Nachhinein, glaubte ich, dass ich vielleicht den Zeitpunkt verpasst hatte, an dem ich mich hätte fragen sollen, ob ich das so überhaupt alles wollte. Ich ging in der sechsten Primarklasse auch an die Prüfung für das Gymnasium. Keiner hätte je daran gezweifelt, dass ich diese nicht bestehen würde. Aber ich wollte diese Prüfung eigentlich gar nie machen. Natürlich sprach auch ich von einem Studium und da wäre der Weg über die Matura natürlich unerlässlich gewesen. Aber eigentlich war ich wahnsinnig erleichtert, als ich auch nach der mündlichen Prüfung ganz knapp wegen zwei Punkten nicht aufgenommen wurde. Mein Vater wollte damals noch Rekurs einleiten und war sich sicher, dass es sich bei diesen zwei fehlenden Punkten um ein Missverständnis handelte. Doch ich weigerte mich, diesen Schritt zu tun, weil ich froh war, dass ich wie alle anderen aus meiner Klasse ganz normal in die ortsübliche Sekundarschule durfte. So würde niemand mehr von mir erwarten, immer die Beste zu sein, und ich war sehr froh, dass ich diesen Druck nicht mehr hatte, zumindest für eine kurze Zeit. Meinem Vater war das natürlich nicht bewusst und ich hatte es auch all die Jahre nie gesagt. Aber der Gedanke, dass er damals vielleicht enttäuscht war, weil ich, seine Tochter, auf die er so stolz war, nicht ins Gymnasium ging, schmerzte sehr. Ich hatte ihn aber nie gefragt, ob er das auch so empfand. *Frau Lucas* kannte meinen Vater natürlich nicht, dennoch war sie sich sicher, dass er auch auf mich stolz war, wenn ich nicht immer alles erreichte oder perfekt ablieferte. Ich wusste, dass sie recht hatte, und konnte es das erste Mal auch wirklich glauben. Ich wusste, dass das Thema für mich aber nicht einfach so beendet war. Ich hatte mich jetzt damit auseinandergesetzt und wieder neue Erkenntnisse gewonnen. Nun sollte ich auch in Handlung treten. Ich wollte, dass ich das auch abschließen konnte, damit ich mich endlich von diesem Druck befreien konnte. Ich nahm mir vor, mit meinem Vater darüber zu sprechen, hatte aber auch die Befürchtung, dass er traurig darüber sein könnte und sich im schlimmsten Falle sogar noch Vorwürfe machen würde, dass es mir deshalb schlecht ging. Natürlich war es nicht nur das, es waren so viele Dinge, die dazu führten, dass es so war, wie es eben heute nun mal war. Ja, es gab viele Baustellen in meinen Leben. Und manchmal wusste ich wirklich nicht mehr, wo ich ansetzten sollte. Ich war froh, dass *Frau Lucas* für mich da war und mich dazu ermutigte, trotz all meiner Befürchtungen, meinen Vater zu verletzen oder zu enttäuschen, das Gespräch mit ihm zu suchen.

Beim Mittagessen hatte ich endlich die Gelegenheit, *Pablo* kennenzulernen. *Shendy* saß auch am Tisch und war in ihre Zeichnung vertieft. Sie hatte unglaubliches Talent. Ich bewunderte sie dafür und auch für die Geduld, die sie dafür aufbrachte. *Pablo* saß am Tisch daneben und ich freute mich, dass auch er seine Zigaretten selber drehte. Sein Haar war teilweise unter seiner Snapback Cap versteckt. Wie es war, als ich *Pablo* kennen lernte, war kaum zu beschreiben. Diese Begegnung war, als hätte sie in Großbuchstaben auf einem Werbeplakat geleuchtet, so deutlich und klar. Es ging nicht nur darum, dass *Pablo* und ich uns auf Anhieb super verstanden. Nein, es war so viel mehr. Während wir scherzten und uns über das Drehen von Zigaretten unterhielten, sahen wir uns direkt in die Augen. Und auch, als ich diese Zeilen niederschrieb, rang ich nach den richtigen Worten. Den Worten, die nur annähernd beschreiben können, wie intensiv dieses Zusammentreffen war, und zwar vom ersten Augenblick an. Ich hatte das erst ein einziges Mal in meine Leben erlebt. Als ich *Stefan*, meinen allerbesten Freund, damals auf dem Fußballfeld, getroffen hatte. Über zwölf Jahre war er an meiner Seite, hatte alles mit mir erlebt, meine Kindheit und Jugendzeit, wusste, wer meine erste Liebe war, und welche Dummheiten ich angestellt hatte. Er kannte meine Träume und Vorstellungen vom Leben und diskutierte mit mir ganz kitschig mit Wein unter dem Sternenhimmel über den Sinn des Lebens. Heute war er nicht mehr da. Es gab damals auch keine Beerdigung, weil seine Familie das nicht wollte. So konnte ich mich nie richtig von ihm verabschieden und ich wusste, dass das ein wichtiger Punkt in meinem Leben war, mit dem ich mich noch auseinandersetzen musste. Ich musste mich diesen Gefühlen stellen. Ich merkte, wie ich etwas nervös wurde, als ich feststellte, dass genau dieser Moment mich an *Stefan* erinnerte. Es war das gleiche Gefühl von Verbundenheit, als ich *Pablo* traf. Es ging nicht darum, zu vergleichen, sie waren zwei völlig verschiedene Menschen. Es ging um das Gefühl, das Beschreiben des Augenblicks, den wunderbaren Moment und das Glück, eine solche Bekanntschaft zu machen und dabei so empfinden zu dürfen.

Wir diskutierten draußen noch lange über Gott und die Welt. Und es tat sehr weh, als ich erfuhr, dass *Pablo* schon seit vielen Jahren an schwerer Depression litt und er sich sehr einsam fühlte. Mir ging vieles durch den Kopf und ich versuchte mich krampfhaft gegen das Vermischen von Mitgefühl und Mitleid zu wehren. Ich wollte mich emotional abgrenzen, so wie ich es gelernt hatte und wie ich es auch musste, um mich selbst zu schützen. Aber er war sehr schwierig. An diesem Abend konnte ich dennoch das erste Mal wieder seit Wochen in Ruhe einschlafen, ohne, dass ich gegen Gedankenkreise ankämpfen oder mich zu irgendwelchen Achtsamkeitsübungen zwingen musste.

5.8 Die Geburt von Panoh

Der nächste Morgen war in Ordnung. Ich hatte kein Morgentief und so die Energie, wieder einmal ein Mandala zu malen. Ganze zwei Stunden saß ich daran, hörte Musik und genoss es, einfach einmal wieder sein zu dürfen, ohne dabei irgendeinen Kampf mit mir selbst auszutragen. Der Gedanke, dass meine fünf Wochen bald vorbei waren und ich wieder nach Hause musste, war jedoch immer im Hinterkopf. Ich schaffte es aber tatsächlich, den gewaltigen Problemberg in kleinere Problemhügel aufzuteilen und mir zu sagen, dass ich heute ja noch in der Klinik war und ich mir noch keine Sorgen darüber machen musste, was in zwei Wochen sein würde. Ich hatte sogar Lust, die eine oder andere Nachricht zu beantworten und stellte dabei fest, wie sehr sich die Empfänger über mein Melden freuten. Die Antworten kamen nämlich sehr schnell zurück und waren voller Freude. Ich nahm mir aber bewusst vor, nicht gleich wieder zu reagieren.

Um elf Uhr hatte ich Musiktherapie. Wirklich etwas darunter vorstellen konnte ich mir noch nicht. Ich hatte zwölf Jahre lang Gitarre gespielt: klassische, E- und Bassgitarre. Aber das war schon eine ganze Weile her und ich war gespannt, was mich erwartete. Sobald ich unsere Station verließ, war ich wieder nervös. Obwohl es jeweils nur wenige Flure, Stockwerke oder ein paar Meter waren, kam mir der Weg jedes Mal gewaltig vor. Jeder Schritt aus dem geschützten Rahmen war für mich zur Zeit noch ein Wagnis. Ich schaffte es jedoch und bestaunte im großen Saal die unzähligen Musikinstrumente. Mir fiel das schöne Klavier auf. Ich selber konnte nicht Klavier spielen, mochte aber den Ton des Instruments sehr. Hier bekam man aber keinen Musikunterricht, es ging viel mehr darum, sich mit Musik auszudrücken und mitzuteilen, wie man sich fühlte, niemals um Perfektion. Es musste weder schön noch korrekt sein. Ich fand die Aufgabe ziemlich schwierig und war froh, dass wir uns bei diesem ersten Mal hauptsächlich unterhielten. Ich erzählte, weshalb ich hier war und welche Themen mich beschäftigten. Immer wieder alles zu erzählen, war sehr anstrengend, und als ich meine Kinder erwähnte, gab es mir wieder einen heftigen Stich ins Herz und ich musste weinen. Wie sehr ich sie doch vermisste, meine kleinen Schätze, und wie viel sie im Moment ertragen mussten! Mit einer Situation umgehen, welche sich von einem Tag auf den anderen so drastisch veränderte, sie einfach annehmen und das Beste daraus machen. Ich war so stolz auf sie.

Beim Mittagessen erzählte ich *Pablo* und *Shendy*, dass ich nun die Idee hatte, Klavier spielen zu lernen, aber dass man hier keinen richtigen Musikunterricht bekomme. *Pablo* meinte, dass er sich das Klavierspielen einfach selber beigebracht hat, mit Hilfe von Tutorialvideos auf *YouTube*. Ich war überrascht, hätte nie gedacht, dass er Klavier spielt. Und noch überraschender fand ich die Idee, es einfach selbst zu versuchen. Wieso kam ich nicht auf diese Idee? Schließlich konnte ich ja Musiknoten lesen. In der Klinik gab es ein Piano. Ich hatte dieses zwar bemerkt, ihm aber bis dahin keine große Beachtung geschenkt. *Pablo* ermutigte mich, mich mit ihm hinzusetzten, und er zeigte mir den Anfang des Stücks *Comptine d'Un Autre été* aus dem Film *Die fabelhafte Welt der Amélie*. Er kannte es auswendig und die Melodie war wunderschön. Und so vergaßen wir die Zeit um uns herum ziemlich schnell und tauchten in eine andere Welt ab. Wir saßen am Klavier und übten fleißig, bis wir irgendwann das Stück sogar zusammen spielen konnten. Es tat mir richtig gut. Die Musik, die Melodie, endlich wieder etwas Tolles zu tun, etwas Neues auszuprobieren, und das gemeinsam mit *Pablo*. Ich genoss es sehr. Irgendwann mussten wir leider doch wieder in die Realität zurückkehren, denn ich hatte noch Tanzunterricht. Am Morgen war ich mir noch ziemlich unsicher, ob ich genügend Energie dazu hätte. Doch nach dem Klavierspielen war ich motiviert, sodass ich mich ohne groß zu überlegen umzog und in den Sporttrakt hinüberlief. Ich dachte nicht viel nach, ging einfach und kam auch ohne Probleme dort an.

Der Tanzlehrer war ein großer, schlanker und sehr sportlicher Südländer. Als ich den Raum betrat, vernahm ich bereits lateinamerikanische Töne und damit hatte er mich schon. Salsa, Reggaeton, Tango, Bachata, das waren meine Rhythmen. Früher hatte ich sogar Tanzunterricht genommen. Leider nahm ich mir später keine Zeit mehr dafür. Es wunderte mich nicht, dass es auch hier beim Tanz nicht darum ging, eine bestimmte Schrittfolge oder Choreographie zu erlernen, sondern darum, sich mit dem Körper beim Tanzen auszudrücken. Anfangs fand ich es ziemlich seltsam, wie wir gemeinsam, und doch jeder für sich, im Saal waren, Arme und Füße von uns streckten, uns um unsere eigene Achse drehten und wieder von vorne begannen. Es ging aber nicht lange und ich versank in der Musik und im Tanz. Ich vergaß, dass ich in der Klinik war, ich vergaß, dass ich unter Angststörungen und Panikattacken litt, ich wusste nichts mehr von alledem. Ich war weit weg von dieser grässlichen Tatsache, welche zur Zeit mein harter Alltag war. Ich war ganz bei mir, ich schwebte durch die Luft und beim Musikwechsel zum Salsa erinnerte ich mich auch wieder an Schritte aus dem *Salsa La-dystyle*. Ich fragte mich nicht, wie ich aussah, ob ich dabei schön war oder talentiert. Ich tat es einfach und fühlte mich wie eine sanfte Welle im weiten Ozean. Frei, ja, so fühlte ich mich, leicht und frei. Und endlich, nach so vielen harten Wochen, fand ich mich endlich selbst wieder. Denn das war ich. Ich spürte es ganz deutlich und so hatte ich endlich die Gewissheit, dass es mich doch noch gab. Ganz weit unten, vergraben unter all den Scherben meines Lebens, welche momentan um mich herum lagen, aber da war ich noch. Die Zeit verging viel zu schnell und nach gefühlten zehn Minuten, welche in Wirklichkeit ganze fünfzig waren, war die Tanzstunde bereits zu Ende. Ich fühlte mich sehr gut, emotional war ich dennoch aufgewühlt. Wie sehr mir das Tanzen doch fehlte!

Was für ein guter Tag, dachte ich, als ich zurück auf der Station wieder bei den anderen saß. Ich malte, spielte Klavier, tanzte und fand mich selber wieder. Ich war auf dem richtigen Weg und endlich ging es bergauf. *Pablo* und ich verbrachten den ganzen restlichen Abend am Töggelikasten. Dieser stand schon lange da und ich fand bis dahin eigentlich nur *Uwe*, der manchmal mit mir spielte. Endlich hatte ich meinen perfekten Gegner gefunden, wir hatten eine riesige Gaudi und lockten dabei auch andere Mitpatienten als Zuschauer an.

Es war bereits Mitternacht, als ich im Bett lag. Doch ich war noch nicht müde genug, um zu schlafen. Eigentlich war es mehr so, dass mich dieser gute Tag auf eine seltsame Art unruhig machte. Ich war dankbar und froh darüber, dass heute alles so gut lief, ich machte und erlebte viel. Es gab keine einzige Träne und keinen einzigen negativen Gedanken. Nach diesen vielen Wochen, in denen ich so litt, war ich in diesem Moment fast ein wenig überfordert damit, dass ich wieder einmal einen schönen Tag hatte. Ich las noch eine Weile im Buch über die Panik weiter, eigentlich fing ich ja erst richtig damit an, weil ich bis dahin erst einen Absatz gelesen hatte. Irgendwann schlief ich ein.

Am nächsten Morgen lag das Buch immer noch auf meinem Kopfkissen, mir mussten die Augen einfach zugefallen sein. Das Buch war spannend, das wusste ich noch. Ich fand das Buch insofern so gut, weil es nicht einfach eine Fantasiegeschichte oder ein Fachbuch war, nein, es war definitiv viel mehr. Etwas später setzte ich mich mit einer großen Tasse Kaffee, dick eingepackt in Jacke, Schal und einer warmen Decke, auf den Balkon. Es regnete seit drei Tagen in Strömen und wurde zunehmend frischer. Der Balkon war aber überdacht und so versank ich neben dem gemütlichen Geräusch des prasselnden Regens an den Glasscheiben wieder in meinem Buch. Zwischendurch musste ich jedoch immer wieder eine kleine Zigarettenpause einlegen. Die Autorin hatte die Panikattacken so realistisch und gut beschrieben, dass ich mich selbst immer wieder in den jeweiligen Situationen und Gedankengängen wiederfand. Das war sehr anstrengend, weil ich genau wusste, von welcher Angst sie sprach. Das Buch packte mich sehr und bereits die ersten dreißig Seiten waren für mich ein Durchbruch. Und das, obwohl ich bereits in der Therapie wie auch in der Psychoedukationsgruppe erfahren hatte, dass Angst ein Schutzfaktor ist und nicht sie selbst einem Angst macht, sondern das, was danach kommt. Angst liegt nie in den Dingen selbst, sondern darin, wie man sie betrachtet. Ich wusste es also theoretisch bereits, dennoch kam die wirkliche Erleichterung und das Verständnis dafür erst mit dem Lesen dieser Zeilen. Es war einleuchtend und eigentlich sonnenklar. Ich las die ersten dreißig Seiten ganze vier Mal hintereinander durch. Darin war auch eine Technik beschrieben, mit welcher man die Panik bekämpfen kann. Ich hörte es bereits in der AFS, aber nahm es nicht wirklich wahr und verstand es damals auch nicht. Ich musste die Panik benennen. Es ging darum, der Panik einen eigenen Namen zu geben, diese wie ein eigenes Wesen zu betrachten, sich darunter also etwas Reales vorzustellen. Somit wird die Panik an sich natürlich noch größer, noch mächtiger, man gibt ihr einen Status, doch nur so kann man sich auch auf das Duell mit ihr einlassen. Die Vorstellung, diese angsteinflößende Panik noch enger an mich zu binden und diese noch tiefer in mein Inneres zu lassen, machte mir natürlich auch Angst. Aber ich wollte es versuchen. Nach einer weiteren und sehr langen Zigarettenpause war ich dann bereit, es zu wagen, und so wurde *Panoh* geboren. *Panoh* entstand ganz einfach aus dem Anfang des Wortes Panik, und weil ich aber bereits nach Pan *oh was für ein Idiot!* dachte, fügte ich einfach noch das *oh* hinzu. So simpel war das. Der Name musste nämlich weder modern noch ausgefallen sein. Mein *Panoh* war groß, unheimlich stark, mächtig und vor allem ein Egoist. Ich hatte eine enorme Wut auf *Panoh,* dass er sich einfach erlaubte, sich in meinem Leben einzunisten und mich so in meine Schranken zu weisen. Ich kam bis dahin bestens ohne ihn klar und nun trat er am 4. Juli ungefragt in mein Leben und wollte meine ganze Welt in Angst und Schrecken versetzten, zwang mich, mich zu verkriechen und mich nicht mehr aus dem Hause zu trauen. Er brachte nur Unheil über mich, in dem er mir alle schlimmen Symptome anhängte. Ich fürchtete mich wegen ihm, mich bald selbst zu verlieren, weil er so viel Macht über mich hatte. Es war genau diese Wut, welche ich im Kampf gegen *Panoh* brauchte.

5.9 Rollenwechsel

Vor und nach dem Mittagessen lieferten sich *Pablo* und ich jeweils wieder eine spannende Partie am Töggelikasten. Da ich keinen Tabak mehr hatte, ging ich mit *Tyra* in den *Denner.* Eigentlich war mein Plan, endlich einmal alleine zu gehen, doch *Tyra* wusste auch bereits von meinen Panikattacken und hatte sofort angeboten, mich zu begleiten. Ich wusste, dass es immer schwieriger werden würde, wenn ich es immer weiter hinauszögerte. Ich wollte den Schritt, alleine einkaufen zu gehen, unbedingt noch im Rahmen des stationären Aufenthaltes hier machen und nicht erst, wenn ich wieder zu Hause war. Denn was, wenn es dann zu Hause nicht gut ging? Dennoch war ich natürlich sehr froh, dass ich nicht alleine gehen musste. Ich hatte gelernt, dass man nicht in die Vermeidungshaltung gehen durfte, man sollte sich den Situationen trotz aller Angst stellen und sich ihnen nicht entziehen, sie nicht vermeiden. Ja, das hatte ich nun zur Genüge gehört. *Frau Lucas* gab mir auch den Tipp, mich von meiner Nervosität nicht immer sofort abzulenken. Ich sollte besser lernen, diese Nervosität hinauszuzögern, damit ich beginnen könnte, damit umzugehen. Ich sollte jedes Mal einfach eine Minute länger versuchen, die Gefühle in diesem Zustand zu ertragen und auszuhalten. Sie wusste wahrscheinlich nicht, dass es für mich dabei nicht nur um eine simple Minute von sechzig Sekunden ging, sondern, dass es sich bei mir jedes Mal um die eine Minute handeln konnte, welche über Leben und Tod hätte entscheiden können. Tatsächlich, so dramatisch war für mich eine Minute in diesem Zustand. Doch auch das wollte ich versuchen. Ich wollte wirklich alles ausprobieren, was mir helfen konnte. Und ob es mir dann auch tatsächlich etwas nützte, fand ich nur heraus, wenn ich es auch wagte. Also stellte ich mich der Situation wieder, nur einfach noch nicht alleine. Während *Tyra* und ich zum *Denner* hinunter spazierten, sagte ich mir in Gedanken immer wieder, dass es okay war, dass ich es noch nicht alleine konnte. Dass es in Ordnung war, dass ich nervös war. Mit dieser Technik beruhigte ich mich sehr schnell. Vor dem *Denner* merkte ich dann, dass ich die Schutzmaske vergessen hatte. Seit dieser Woche war es nämlich im Kanton Zürich Pflicht, in Läden eine Schutzmaske zu tragen, im Kampf gegen das *Coronavirus*. *Tyra* hatte ihre dabei und ging zuerst alleine in den *Denner*, um mir dort eine einzelne Maske zu kaufen. Ich wartete draußen und spürte, wie die Nervosität, und mit ihr die Hitze, in mir wieder hochkam. Ich musste warten, das alleine machte mich bereits wieder unruhig. Aber dann musste ich mir auch wieder sagen, dass es nicht so schlimm war, dass ich nervös war, und dass ich eigentlich wusste, dass nichts Tragisches geschehen konnte. Ich blieb aber nervös und als ich sah, dass *Tyra* an der Kasse noch kurz anstehen musste, wuchs die Nervosität. Da sprach ich das erste Mal mit *Panoh*. Ich fragte laut: „*Panoh*, bist du auch da?"

Natürlich schaute ich dabei sofort hektisch um mich, um mich zu vergewissern, dass mich auch niemand hörte. Natürlich war *Panoh* auch da, er gesellte sich einfach zu mir, egoistisch wie er eben war. Und bald war von mir auch nicht mehr viel übrig. Ich fühlte mich winzig klein neben *Panoh*, der nun wieder die Oberhand hatte. *Tyra* stand wieder draußen und überreichte mir die Maske. Nun musste ich zusammen mit *Panoh* in den Laden hinein. Es war schrecklich. Denn *Panoh* zeigte mir wieder die schlimmen Gedanken auf, dass ich ohnmächtig werden könnte, dass es im *Denner* nicht genügend Sauerstoff geben könnte oder, dass sich die Ärzte doch geirrt haben könnten und es doch ein Herzfehler ist, der mein Herzrasen verursachte. Ich musste mich extrem zusammenreißen und die Maske störte mich dabei sehr. Um nur eine Packung Tabak zu kaufen, brauchte es zum Glück keine fünf Minuten. Doch diese fünf Minuten waren die reinste Hölle, weil *Panoh* dabei war. Auf dem Rückweg in die Klinik konnte ich mich dann aber wieder bestens auf *Tyra* konzentrieren. *Panoh* war genauso schnell wieder verschwunden, wie er aufgetaucht war.

Zurück auf der Station ging es sofort weiter, ich hatte wieder eine Gruppentherapie. Das heutige Thema war der Rollenwechsel und ich war sehr gespannt darauf, weil *Frau Römer* im Kennenlerngespräch wie auch *Frau Lucas* mir bestätigten, dass dieses Thema für mich sehr zentral sein könnte. Leider saß nur *Frau Marty* im großen Raum und sie wusste nicht, wo die restlichen Teilnehmer waren. So musste die Gruppe wieder abgesagt werden. Ich war ziemlich enttäuscht, hatte ich doch so viel Hoffnung auf diesen Nachmittag gesetzt. Weil ich anschließend sowieso wieder ein Bezugsgespräch mit *Frau Marty* gehabt hätte, bot sie mir an, dieses vorzuverlegen und jetzt zu führen und meinen persönlichen Rollenwechsel in diesem Rahmen anzuschauen. Ich war natürlich einverstanden. Das brachte mir mehr, wenn wir direkt meinen persönlichen Rollenwechsel besprachen und nicht nur allgemein das Thema anschneiden konnten. Was auch immer sie damit meinte, dachte ich mir dabei, denn obwohl der Name Rollenwechsel schon einiges verriet, hatte ich keine Ahnung, was er genau bedeutete. *Frau Marty* begann mit der Feststellung, dass ich mitten im Prozess eines sehr wichtigen Rollenwechsels stand. Und zwar demjenigen von der Mutter eines Kindes zu einer Doppelmutter, da ich nun zwei Kinder hatte. Das waren zwei ganz verschiedene Sachen und sie hatte recht damit. Natürlich tat man beim zweiten Kind anfangs die gleichen Dinge wie auch beim ersten. Ich stillte, wickelte, fütterte, beobachtete die Entwicklungsschritte, hatte schlaflose Nächte, das Zahnen begann und ich kuschelte viel. Gut, in der Zeit, als ich noch stillte, hatte ich den Eindruck, dass ich nichts anderes mehr tat außer zu Stillen. Der immense Unterschied war jedoch, dass da aber nun noch ein Kind war, eines, das zwar bereits etwas älter war, aber dennoch auch noch klein. Der Altersunterschied zwischen meinen Kindern war zwei Jahre und zwei Monate. Auch hier gab es natürlich Vor- und Nachteile. Ich hatte das Gefühl, nicht nach Ewigkeiten wieder bei null zu starten, die Babysachen waren noch nicht all zu weit weg im Keller verstaut und ich wusste noch ein paar Dinge über Babys. Man vergaß nämlich auch sehr schnell wieder, wie es so war mit so einem frisch geschlüpften Menschlein. Und wenn *Leon* erst einmal etwas älter ist, wird er mit *Lilly* zusammen spielen können. Auf diese Zeit freute ich mich schon sehr. Doch während da das kleine Baby war, das natürlich noch nicht viel machen konnte, war daneben *Lilly*. Und meine Tochter wollte viel, und das war auch absolut berechtigt so. Sie wollte spielen, Bücher anschauen, Diskussionen führen, basteln, auf dem Spielplatz toben und so vieles mehr. Ich war unglaublich stolz darauf, wie reif sie für ihr Alter schon war, welche Zusammenhänge sie schon verstehen konnte und wie gut sie sich schon mit Worten mitteilen konnte. Sie plapperte den ganzen Tag, von früh morgens bis spät abends. Naja, von irgendwem hat sie das ja wohl auch. Ich musste grinsen, als mir das durch den Kopf schoss. Aber es war eine enorme Herausforderung. Man könnte nun denken, dass ich ja zwei Kinder wollte und, dass ich wissen hätte müssen, wie anstrengend das sein würde. Das wusste ich sehr wohl. Aber was das alles mit sich bringen würde, hatte ich unterschätzt. Ich hatte nämlich das Gefühl, keinem Kind mehr gerecht zu werden, für keines mehr genügend Zeit zu haben und bei jedem etwas zu verpassen. Und nebenbei gab es auch noch meinen Mann und letztendlich sogar noch mich. Der eigentliche Rollenwechsel war für mich jedoch derjenige von der Karrierefrau zur eigentlichen Mutter. Dieser war für mich viel zentraler und wenn ich so nachdachte, hatte ich mich mit diesem eigentlich noch gar nicht richtig auseinandergesetzt, ihn auch zu wenig akzeptiert. Schuldgefühle kamen hoch, ich wollte nicht denken, dass ich besser keine Mutter geworden wäre. Das stimmt so nämlich nicht. Früher hatte mich einfach stets auf die Arbeit konzentriert und die mir selbst aufgeladenen Überstunden waren mein Alltag. Ich arbeitete sehr gerne, hart und viel. Ich dachte, dass ich mich dort entwickeln könnte, ich hatte das Gefühl, dass dort meine Leistung geschätzt wurde und die Welt sehen konnte, wie sehr ich mich anstrengte. Und dann wurde ich Mutter und alles veränderte sich. Ich arbeitete nur noch fünfzig Prozent, obwohl ich nun schon einige Male gehört hatte, dass das immer noch ein enormes Arbeitspensum ist, wenn man noch kleine Kinder oder überhaupt Kinder hat. Für mich war es aber wenig, weil ich vorher immer so viel gearbeitet hatte. Bevor ich also überhaupt bei der Arbeit war, war da bereits eine ganze Menge zu tun. *Lilly* wecken, wickeln, anziehen, allenfalls noch einen Schoppen und später dann Frühstück geben und dann natürlich mich selbst auch noch anzuziehen und bereit machen. Mein Morgenkaffee kam da sehr oft zu kurz. Meistens war ich bereits das erste Mal erschöpft, als ich *Lilly* in die Krippe gebracht hatte und endlich im Büro war. Und dann war auch erst sieben Uhr morgens. Dort versuchte ich wiederum das Beste zu geben, mich auf die Arbeit zu konzentrieren, während ich aber in Gedanken dabei war, wie es wohl meiner Tochter in der Krippe ging. Was, wenn sie krank würde und ich alles hier liegen lassen müsste und sie wieder abholen? Gleichzeitig überlegte ich mir auch, was wir noch zu Hause für das Abendessen hatten oder ob ich noch einkaufen müsste. Nach der Arbeit musste ich *Lilly* wieder abholen, mit ihr zu Abend essen und sie ins Bett bringen. Mein Mann hatte zu dieser Zeit noch seinen alten Job und kam erst später nach Hause. So ging das jeden Tag, über ein Jahr. Und ich gönnte mir keine Pause. Ich ging keinem Hobby mehr nach, ich hatte keinen Morgen, an dem ich einmal in Ruhe hätte aufstehen können, kein Wochen- ende, an dem ich einmal etwas ausschlafen konnte. Und meinen Mann wollte ich sonntags auch nicht wecken, weil er schließ- lich hundert Prozent arbeitete und sogar auch noch samstags. Ich dachte, dass es in Ordnung war, wenn ich immer aufstehen würde, nachts wie morgens. Wie wir Mütter jedoch alle wissen, kann man das Muttersein gar nicht in Prozenten ausdrücken und es wäre lächerlich, würde man es mit einem Hundertprozent- Job vergleichen. Trotz all der Liebe und der großen Freude, die einem die Kinder schenken, ist es anstrengend und treibt einen manchmal in den Wahnsinn.

Frau Marty nickte immer wieder verständnisvoll, während ich versuchte, all das zu formulieren, was mir in den Sinn kam. Sie erklärte mir, dass die soziale Rolle und der damit verbunde- ne Status das soziale Verhalten und die zwischenmenschlichen Beziehungsmuster beeinflussen. Im Laufe des Lebens kommt es naturgemäß immer wieder zu Veränderungen des sozialen Net- zes. Diese Veränderungen haben sehr viel Einfluss auf die Psyche eines Menschen. Es gibt deutliche Rollenwechsel: Mutter wer- den, eine Beziehung eingehen, das Wohnverhältnis verändern. Es gibt aber auch Rollenwechsel, welche nicht so auffällig sind. Ob man einen Rollenwechsel als Verlust oder Gewinn oder auch als Herausforderung empfindet, steht eigentlich nur damit im Zu- sammenhang, welche Annahme oder Erwartung man selbst ge- genüber dieser neuen Rolle hat. Die soziale Leistungsfähigkeit kann beeinträchtigt werden, vor allem, wenn man die Verände- rung als Verlust wahrnimmt oder dadurch das Gefühl hat, dass man dann weniger wertvoll ist, als man es bisher war. Manche solcher Lebensveränderungen können somit so belastend sein, dass sie zur Entstehung von Depressionen beitragen. *Frau Marty* meinte auch klar, dass sie sich sicher sei, dass meine Depression nicht über Jahre hinweg dauern würde, wie ich es bei Mitpatien- ten hörte. Mein Lebensstil brachte mich tatsächlich dazu, in eine

174

depressive Episode zu geraten, welche sich vor allem durch meine Angstzustände und Panikattacken bemerkbar machte. Meine eigene Vergangenheit war sicherlich ein wichtiger Punkt. Und durch meinen Rollenwechsel zur Mutter wurden plötzlich auch neue soziale Fertigkeiten von mir gefordert, begleitende Emotionen wie Angst, Sorgen und Ärger musste ich bewältigen und familiäre Bindungen gingen verloren. Nebenbei wollte ich aber auch die gleiche Leistung wie bis dahin im Rahmen meiner Arbeit oder im Freundeskreis erbringen. Das Verhältnis konnte so gar nicht aufgehen. Bis dahin definierte ich mich immer über meine Arbeit, in dieser konnte ich mich entfalten, fühlte ich mich gebraucht und nützlich und auf eine interessante Art auch sicher. Meine Arbeit fehlte mir sehr. Und natürlich wäre ich auch lieber an einem Beinbruch erkrankt, anstatt an Angststörungen und Panikattacken. Bei einem Beinbruch hätte es auch jeder verstanden, dass ich Erholung und Hilfe im Alltag brauchte. Aber wenn es um Angst und Panik, wenn es um die eigene Psyche ging, dann war das anscheinend anders. Ich fühlte mich schrecklich. *Frau Marty* versprach mir, dass es wieder besser würde, dass diese Krankheit heilbar sei und dass ich enorm viel dazu beitragen könnte, in dem ich mein Leben änderte. Das hieß aber nicht, dass ich nun alles auf den Kopf stellen sollte oder alles radikal anders machen. Es ging um die Kleinigkeiten, die meisten im Alltag, die ich neu betrachten, aus einem anderen Blickwinkel anschauen musste und auch neu und anders werten. Aber ich könnte damit erst beginnen, wenn ich selber bereit war, meine eigene Vergangenheit zu akzeptieren und Frieden zu finden. Ich müsste abschließen und die Gegenwart so annehmen, wie sie ist. Und erst dann hätte ich überhaupt die Kraft dazu, nach vorne zu schauen. Es war alles sehr logisch. Ich sollte neue Prioritäten setzen oder diese neu gewichten. Ich durfte mir also endlich sagen, es endlich laut zugeben, dass es zu viel war. Dass es ganz klar war, dass ich so nicht glücklich sein konnte. *Frau Marty* kam auf meine Aussage zurück, dass ich mich nur noch als Mutter fühlte. Als sie das so laut sagte, schämte ich mich schrecklich dafür, das selber so formuliert zu haben, doch es entsprach der Wahrheit. Doch sie schüttelte sofort den Kopf und meinte, dass ich mich bestimmt nicht schämen müsste. Es wäre nur wichtig, dem Muttersein eine andere Wertung zu geben, es anders zu betrachten. Und auch hier würde es bei der Selbstfürsorge beginnen. Denn wenn es mir gut geht, dann geht es auch meinen Kindern gut. Und wenn es meinen Kindern gut geht und ich mehr Gewicht darauf lege, dass es sich in meinem Inneren gut anfühlt und nicht nur von außen toll aussieht, muss ich auch nicht krampfhaft versuchen, alles aus der früheren Rolle aufrechtzuerhalten. Und dann wird mein Leben mich auch erfüllen. Ich musste zugeben, ich vermisste auch vieles aus der Zeit, als ich noch keine Kinder hatte. Ich hatte fast keine Sorgen, keine Zukunftsängste und machte mir nicht so viele Gedanken über Geld und schon gar nicht über Erziehung. Ich konnte ständig verreisen und mir die Welt anschauen. Mit Kindern ging das nicht mehr und die Sorgenketten waren unendlich lang. Dinge, die ich nicht verändern kann, die muss ich so annehmen, wie sie sind. Auch da betonte *Frau Marty*, dass ich nicht damit einverstanden sein muss, sondern nur, dass ich mir bewusst machen muss, dass es so ist und ich es nicht ändern kann. Ich kann auch die Menschen um mich herum nicht ändern, aber ich kann ändern, wer um mich herum ist. Es ist wichtig, dass man weniger wertet. Der Mensch wertet nämlich ständig und über alles und jeden, und das meiste davon geschieht unbewusst. So kreieren wir bereits Vorurteile, bringen uns selbst schon im Voraus in negative Stimmung und geben nichts und niemandem die Chance, dass es auch etwas Gutes sein könnte.

Sie brachte ein simples Beispiel mit dem Regen. „Es regnet", sagte *Frau Marty* und fragte mich, was mir dabei in den Sinn käme. Instinktiv schaute ich zum Fenster, es regnete natürlich nicht, so versuchte ich, mich wieder auf ihre Frage zu konzentrieren. Mir kamen unzählige Dinge dazu in den Sinn. Dass ich die Kinder gut anziehen muss, wenn wir nach draußen gehen, dass bei Regen viele Menschen nicht mehr richtig Autofahren können, ich bin selbst so eine Kandidatin, dass man sich die meiste Zeit vom Tag drinnen aufhält, dass die Kinder somit irgendwann genervt sind … Irgendwann unterbrach mich *Frau Marty* mit einem lauten „Stop!". Geradezu erschrocken sah ich auf und sie lachte. „Was, wenn es heute aber ein guter Tag würde? Wenn es den ganzen Nachmittag gar nicht mehr regnen würde und Sie mehrere Stunden mit den Kindern draußen spielen könnten? Wenn *Lilly* voller Freude in den Pfützen herumtoben würde, wenn Sie basteln könnten und die Kinder Spaß hätten, was, wenn es so wäre?" – „Könnte natürlich sein", antwortete ich auf ihre Fantasievorstellung achselzuckend. Aber was passiert, wenn ich bereits die ganzen negativen Gedankengänge vor mich hin spinne, dem Tag gar keine Chance gebe, gut zu werden, weil ich bereits genervt und gestresst bin?

So ist es auch mit Menschen. Wir beurteilen einen Menschen nach seinem Aussehen, seiner Herkunft, seinem Beruf, seinem Einkommen, dem sozialen Status und seiner Aussprache. Und das, ohne ein einziges Wort mit ihm gesprochen zu haben und ohne etwas von seiner Lebensgeschichte zu wissen. So ist Wertung meist negativ behaftet und es können unglaublich viele Missverständnisse entstehen. Man kann aber auch etwas oder jemanden überbewerten und wird danach enttäuscht.

So gibt es kognitive Strategien dafür, dass man beispielsweise versucht, einen negativen Gedanken umzuformulieren. Oder man sucht eine Methode, um weniger zu werten. *Frau Marty* fragte mich, ob ich selbst eine Idee dazu hätte. Langsam fand ich das Ganze wieder sehr anstrengend. Irgendwie war ich gedanklich noch bei meinem Rollenwechsel. Mir kam immer mehr in den Sinn, was heute alles anders war als noch vor dem Muttersein, und nun waren wir beim Wetter und Werten. Ich wertete viel zu viel, das wusste ich. Ich machte mir jedes Mal viel zu viele Überlegungen, und ja, es stimmte, ich wusste dabei eigentlich nicht, ob es auch wirklich so war oder so passieren würde. Missverständnisse waren da also vorprogrammiert oder ich war schlecht drauf, weil ich bereits Negatives annahm. Um meine wertenden Gedankengänge zu stoppen, war es für mich das Einfachste, wenn ich einen großen schwarzen Punkt setzte. Ich stellte mir dabei ein Schreibdokument auf meinem Laptop vor und einen Punkt am Ende des Satzes in viel größerer Schriftart und fett markiert. Ich versuchte, es mir bildlich vorzustellen. Es regnet *Punkt*. *Frau Marty* war überrascht, und wie ich erfreut feststellen durfte, sogar ein bisschen beeindruckt. Sie fand meine Idee gut und bekräftigte, dass ich so die Aussage auf der Sachebene stehenlassen kann und ich keinen Raum für emotionale oder gar negative Wertung lasse. Ich wusste genau, wie wichtig es war, dass ich mir diese Stunde zu Herzen nahm. Ich war aber ziemlich erschlagen von all den Informationen, die mir *Frau Marty* mit auf meinen Weg geben wollte. Es war mir bewusst, dass es wichtige Dinge sind, die eine zentrale Rolle in meinem Leben spielen. Ich war regelrecht erschöpft und erleichtert, als das Gespräch sein Ende fand und ich mich bis zum Abendessen etwas hinlegen konnte.

5.10 Stefan

Ich versuchte zwar, mich etwas auszuruhen, doch es wollte nicht so recht klappen. Mein Kopf war überfüllt mit Gedanken und mit den Schuldgefühlen, dass ich überhaupt diese Gedanken hatte. Es war meinen Kindern gegenüber nicht fair, dass mir die Zeit vor dem Muttersein manchmal so fehlte. *Frau Marty* hatte mir zwar gesagt, dass es erlaubt sei, Dinge von früher auch zu vermissen, doch ich fand das ungerecht.

Beim Abendessen erfuhr ich dann von *Eva*, dass es in der morgigen Psychoedukation um den Suizid ging. Mein bisschen Lasagne blieb beinahe im Hals stecken, ich würgte förmlich und so war das Abendessen für mich auch erledigt. Ich wurde nervös. Das Thema Suizid macht mir große Angst. Ich erinnerte mich an *Tim* aus der AFS, der erzählt hatte, wie er sich schon einige Male das Leben nehmen wollte, und ich dachte an *Stefan*, meinen besten Freund, der es tatsächlich getan hatte und mich so einfach alleine zurückließ. Ich merkte, wie ich mich verkrampfte, und so schaffte es nicht einmal mehr *Pablo*, mich irgendwie abzulenken. Ich wünschte allen bereits eine Gute Nacht und ging auf mein Zimmer. Um mich etwas abzulenken, versuchte ich, die Unterlagen von *Frau Marty* zum Thema Rollenwechsel zu ergänzen. Vor- und Nachteile meiner alten Rolle und dasselbe von heute, von der jetzigen und neuen Rolle. Zuerst hatte ich Schwierigkeiten, mich überhaupt wieder auf die Thematik einzulassen, doch nach einer Weile schrieb es sich dann von selbst.

Heute war ich auch wieder vor dem Einschlafen nervös. Das *Trittico* hatte ich bereits vor einer Woche abgesetzt, weil ich zuerst dachte, dass es der Grund für Herzrhythmusstörungen sein könnte. Denn das konnte eine Nebenwirkung von *Trittico* sein. Obwohl ich dann ja zum Glück erfuhr, dass alles gut war mit meinem Herzen, wollte ich es dennoch absetzen. Und ich hatte bis dahin auch keine großen Schwierigkeiten mehr beim Einschlafen, seit ich es nicht mehr nahm. Heute war ich aber wieder unruhig. Die bevorstehende Psychoedukation machte mich unruhig. Ich versuchte, noch mit meinem Mann zu telefonieren, konnte mich jedoch kaum auf das Gespräch konzentrieren. Eine Piano-Entspannungsmusik half ein bisschen und drei Stunden später fand ich dann endlich doch noch den Schlaf. Nachts erwachte ich immer wieder, konnte jedoch schnell wieder einschlafen.

Als *Herr Siegrist* morgens um sieben Uhr an meine Zimmertüre klopfte, erwachte ich mit Nacken- und Kopfschmerzen. Auch der Rücken schmerzte, vor allem im Bereich der unteren Wirbelsäule. Ich kam mir wie eine alte und zerbrechliche Frau vor, als ich dann endlich aus dem Bett hochkam. Um etwas in die Gänge zu kommen, stellte ich mich unter die Dusche. Meinen Kaffee trank ich draußen im Garten, ich fühlte mich müde und kraftlos. *Pablo* versuchte, mich aufzuheitern, und es tat mir leid, dass er es nicht schaffte. Ich saß da und wusste nicht, ob ich es schaffen würde, in einer Stunde an der Gruppensitzung teilzunehmen. Bis dahin nahm ich an jeder Gruppentherapie teil und leistete auch jedes Mal meinen Beitrag dazu. Aber heute war ich mir da nicht sicher. Ich hatte Angst davor, dass ich mit dem Thema nicht klar kommen würde, dass ich Panik bekäme und keine Luft mehr, dass ich aufstehen und die Gruppe verlassen müsste. Ich wusste aber auch, dass ich mich damit auseinandersetzen musste. Es gehörte dazu. Eben, weil ich eine solche Angst davor hatte. Und weil es ein Thema war, welches auch in meinem Leben eine Rolle spielte.

Die nächste Stunde verbrachte ich damit, mehrere Male in den Gruppenraum zu gehen und wieder zurück ins Zimmer zu laufen. Immer wieder versuchte ich es, beim vierten Mal setzte ich mich sogar auf einen der Stühle. Selbst als ich zu weinen begann, weil ich mich zu diesem Kampf zwingen wollte, versuchte ich den Gang zum Gruppenraum noch zwei weitere Male. *Pablo* stand davor und sah mir dabei etwas irritiert zu. Er fragte mich, ob ich mich mit ihm gemeinsam hinsetzen wolle. Ich fand es sehr nett von ihm, auch weil er mich trotz der unsichtbaren Mauern um mich herum, unterstützen wollte. Ich nahm kaum war, was auf dem Flur alles geschah, wie sich die anderen Patienten vor dem Gruppenraum versammelten und mir dabei zusahen, wie ich die Treppe unendliche Male hoch und wieder hinunter ging. Ich schaffte es nicht. Nach dem achten Versuch blieb ich dann im Zimmer. Ich war enttäuscht von mir selber, dass ich es das erste Mal nicht schaffte, an einer Gruppensitzung teilzunehmen. Und ich war müde von den krampfhaften Versuchen, es doch erreichen zu wollen. Ich stand in der Mitte meines Zimmers und die Kraft meiner Beine ließ nach. Ich sackte zu Boden und weinte eine ganze Stunde alleine und leise vor mich hin.

Irgendwann hatte ich mich wieder etwas gefangen, mir war kalt und ich schlüpfte unter die Bettdecke. Im Arbeitsheft der Psychoedukation schlug ich das heutige Thema auf und versuchte so zumindest für mich zu erarbeiten, was die anderen in der Gruppe gemeinsam besprachen. Ich war froh, als ich las, dass es bereits die sechste und somit letzte Sitzung im Buch war, und dass ich die nächsten beiden Wochen keine Psychoedukation mehr hätte. In der Einleitung wurde davon geschrieben, dass „Grübeln" eine Aneinanderkettung von negativen Gedanken sei und dass man versuchen sollte, diesen Problemberg in Problemhügel aufzuteilen. Das kannte ich bereits. Fachmännisch wurde aufgeführt, dass Suizidgedanken zu den bedrohlichsten Symptomen einer depressiven Erkrankung gehören. Dass Gefühle der Wertlosigkeit, Aussichtslosigkeit, Schuld und Verzweiflung einen Betroffenen so überwältigen können, dass er sich außerstande sieht, weiterzuleben. Ich musste schlucken. Hatte sich *Stefan* damals also so gefühlt? Es war gut, weiterzulesen, dass jede Depression auch einmal vorbeigeht, ein Suizid jedoch endgültig ist. Dass, auch wenn man glaubt, eine Last für andere zu sein, der Suizid für die Angehörigen jedoch belastender ist. Das Wichtigste war fett markiert: *Keine Kurzschlusshandlung – geben Sie sich immer eine Chance!* Auf der nächsten Seite wurde informiert, dass die meisten Menschen, die einen Suizidversuch überleben, das sind beinahe neunzig Prozent, froh sind, wieder ins Leben zurückkehren zu können. Ein Suizid ist eine Verzweiflungstat und Betroffene hätten sich eigentlich eine andere Lösung für ihre Probleme gewünscht. Im Vordergrund steht also nicht der Wunsch zu sterben, sondern vielmehr das Gefühl, so nicht weiterleben zu können. Der Wunsch zu sterben entspringt also nur aus einer verzerrten Sichtweise der Depression. Weiter unten waren dann Tipps zur Vorbeugung einer Depression aufgezählt. Dazu gehören: in Bewegung bleiben, sich selbst etwas Gutes tun, sich fordern aber nicht überfordern und Entspannungstechniken wie Atemübungen und Bodyscan anwenden. An dieser Stelle wurde auch der Krisenplan nochmals erwähnt, welchen ich ja bereits in den letzten Tagen für mich ergänzt hatte. Unten war noch etwas freier Platz für eigene Aufführungen. Ich notierte ergänzend, dass ich mehr im Moment leben und weniger werten wollte, spontaner sein wollte und weniger To-do-Listen erstellen. Durch rechtzeitiges Erkennen und durch entsprechende Vorbereitung auf mögliche depressionsauslösende Ereignisse kann der nächsten depressiven Krise entgegengewirkt werden. Der Krisenplan und die persönlichen Punkte dienen zur Erkennung und Unterstützung. Auf der letzten Seite wurde noch zum Thema Alkoholkonsum erklärt, dass dieser bei Patienten mit Depressionen häufig vorkommt und es meist ein Selbsttherapieversuch ist. Leider kann der Alkohol nur kurzfristig Erleichterung verschaffen und langfristig noch mehr Probleme bereiten. Ich überflog auch noch die Information, dass man sich immer vergewissern solle, ob man mit den persönlichen Medikamenten Autofahren dürfe. Aufgrund meiner Arbeit in der Versicherungsbranche wusste ich, wie essenziell das ist. Der letzte Abschnitt war für mich auch noch sehr interessant. Es ging um das Outing – ja oder nein – eines psychisch Kranken am Arbeitsplatz. Es half mir, zu lesen, dass das Verheimlichen davon sehr viel Kraft kostet und es deshalb zwar nicht einfacher, aber besser sei, offen darüber zu sprechen. Weil jedoch viele Menschen mit dieser Krankheit nicht umgehen können, sie ihnen fremd ist und sie deshalb Angst davor haben, kann man nicht immer mit Verständnis rechnen. Ich nahm mir fest vor, mit meinem Team im Büro darüber zu sprechen oder ihnen ein persönliches Email zu schreiben. Es würde mir einerseits die Rückkehr zur Arbeit erleichtern, Gerüchte könnten so vorzeitig aus der Welt geschaffen werden, andererseits könnte ich so selbst einen kleinen Beitrag dazu leisten, dass dieser Krankheit mehr Achtung geschenkt würde. Es wäre ein kleiner Beitrag, das war mir klar, aber es war zumindest einer.

Im anschließenden Gespräch bei *Frau Lucas* sprach ich dann das erste Mal ganz offen über *Stefan*. Ich weinte heftig, zitterte, fror und schwitzte dabei gleichzeitig. Ich ekelte mich vor meinem eigenen Körper, roch den kalten Schweiß und am liebsten wäre ich einfach davongelaufen. *Frau Lucas* bat mich jedoch, ihr von *Stefan* zu erzählen. Ich versuchte, zu erklären, weshalb mir das heutige Thema in der Psychoedukation solche Angst machte und weshalb ich nicht teilnehmen konnte und, dass ich es dennoch mehrfach versucht hatte, es aber nicht schaffte. Ich erzählte vom Tag, als ich *Stefan* das erste Mal getroffen hatte, und von dem einen oder anderen Erlebnis mit ihm und wie es war, ihn zwölf Jahre lang an meiner Seite zu wissen. Und ich sprach das erste Mal von Weihnachten vor ein paar Jahren, als er plötzlich vor mir, mitten im Satz, zusammenbrach, ich ihm entgegensprang und ihn versuchte aufzufangen, wie wir gemeinsam zu Boden fielen und er nur wenige Augenblicke später in meinen eigenen Armen aufhörte zu atmen. Wie später festgestellt wurde, war es eine massive Drogenüberdosis. Es war ein Wunder, dass er überhaupt noch auf den Beinen stehen konnte. *Frau Lucas* meinte, dass es vielleicht auch ein Unfall gewesen sein könnte. Für mich war es Selbstmord. Wer bewusst eine solche Menge Drogen zu sich nimmt, wer so etwas sich und seinem Körper zumutet, der geht das Risiko ein, dass er daran sterben kann und ist damit vielleicht sogar einverstanden. Mir brannten die Augen und meine Kehle war trocken. Ich nahm stets an, dass ich mich erleichtert fühlen würde, wenn ich eines Tages tatsächlich über diesen schrecklichen Tag sprechen würde können, doch das war nicht der Fall. Mir war hundeelend zumute, ich hatte Kopfschmerzen und Magenbrennen. Ich vermisste *Stefan* so sehr, es zerriss mich innerlich. Ich hätte am liebsten geschrien, hätte jedoch gar keine Kraft dazu gehabt. Und ich war wütend auf *Stefan*, dass er mich alleine ließ, dass ich alleine weitermachen musste, obwohl wir uns versprochen hatten, gemeinsam durchs Leben zu gehen. Wir waren nie ein Liebespaar, so war es nicht. Aber ich hätte alles für ihn getan. Er war der Mensch, der mich am besten kannte, der alles von mir und über mich wusste, der mich nie verurteilte und der mich so akzeptierte, wie ich war. Er wusste, wie jeder einzelne Tag meines Lebens war, und machte jedes noch so langweilige Ereignis zu unserem Highlight. Es gab so vieles, was ich *Stefan* erzählen wollte und so unendlich viel, was ich mit ihm noch erleben wollte. Wie gerne hätte ich ihm meine Familie vorgestellt, wie sehr wünschte ich mir, dass er meinen Mann und meine Kinder kennengelernt hätte? Es tat schrecklich weh, dass er nicht mehr da war und ich vermisste ihn noch an jedem einzelnen Tag. Ich wusste nicht, wie viele Taschentücher mir *Frau Lucas* heute schon gereicht hatte, als sie mir ein weiteres gab. Es wäre schön, wenn ich ihn nicht nur vermisste, sondern auch dankbar sein könnte, für die Zeit, die wir zusammen hatten. Zwölf Jahre waren eine lange Zeit, so sollte es doch auch ganz viele schöne und lustige Sachen geben, an die ich mich erinnern darf, meinte *Frau Lucas*. Ich nickte und gab ihr im Stillen recht. Ich wollte auch gar nicht mehr, dass es mich so belastete. Darum wehrte ich mich immer wieder dagegen, an ihn zu denken und über ihn oder unsere gemeinsame Zeit zu sprechen. Ich wollte endlich Ruhe finden und ich wusste, dass wir beide diesen Frieden auch verdient hatten. *Frau Lucas* schlug mir vor, eine Wanderung, symbolisch für meine persönliche Verabschiedung von ihm, zu machen. Ich war kein Wanderfreak und war daher nur wenig begeistert, versprach ihr jedoch, darüber nachzudenken. Ich konnte ja nicht mal alleine in den *Denner* laufen, wie hätte ich es also jemals auf eine Wanderung schaffen sollen, dachte ich frustriert und ging in den Garten hinaus.

Ich gesellte mich zu *Pablo* und *Eva*. Die Zigarette, die *Pablo* mir bereits fertig gedreht entgegenstreckte, tat mir gut. *Eva* war mit ihrem großen Herzen wie eine Mutter für mich. Sie erkundigte sich immer wieder nach meinem Befinden und wollte wissen, was mit mir los war. Und ich schätzte es sehr, wenn sie mich im Gegenzug auch nach Ratschlägen fragte, denn sie kam sich keinesfalls mir gegenüber überlegen vor, weil sie älter war oder schon mehr Erfahrung mit Depressionen oder Klinikaufenthalten hatte als ich. *Eva* war einfach ein herzensguter und liebevoller Mensch. Wir unterhielten uns über verschiedene Krankheiten und Diagnosen, es gab so viele und ich kannte nur ganz wenige davon. So wurde mir beispielsweise erklärt, was bipolare Störungen sind. Bipolare Störungen sind schwere chronische Krankheiten, typisch dabei sind manische und depressive Stimmungsschwankungen. Manchmal haben die Betroffenen ein Hochgefühl, sind euphorisch und gut gelaunt. Und dann gibt es wieder Momente, in welchen sie sehr traurig sind, gereizt und am Boden zerstört. Die Extreme dieser beiden Gefühle sind dann meistens so stark, dass es bei den Betroffenen zu schweren Depressionen kommt. Ich genoss trotz der manchmal schweren Gespräche den Moment am Tisch mit *Pablo* und *Eva*. Es war schön, dass wir uns so gut austauschen konnten und ich auch jedes Mal etwas Neues lernen konnte.

5.11 Soziales Umfeld neu sortieren

Beim Mittagessen stellte ich fest, dass ich zwar immer wieder etwas Kleines essen konnte und die Nervosität vor dem Essen auch nicht mehr da war, dass ich aber immer noch sehr wenig essen konnte. Die meiste Zeit war ich einfach zu müde zum Essen. Das mit dem Zunehmen würde sich also etwas schwierig erweisen.

In der nächsten Ergotherapie, gemeinsam mit *Shendy* und *Pirmin*, der neu in unsere Gruppe wechselte, ging es um das soziale Umfeld. *Leyla* und *Jamie*, die vor ein paar Tagen auf die Station kamen, waren auch dabei. *Leyla* war eine wunderschöne, junge Frau und alleinerziehende Mutter. Ich war schwer beeindruckt davon, wie sie alleine alles meisterte und nebenbei auch noch studiert hatte. *Jamie* war heute richtig aufgedreht und riss ein paar Sprüche. Ich freute mich sehr, dass sie lachen konnte, und ich gönnte es jedem von Herzen, wenn er trotz der schwierigen Zeiten sein Lachen nicht vergaß. Unter *Jamies* dunkelbraunem, je nach Lichteinfall sogar beinahe blondem Haar, kam jedes Mal ein hübsches Gesicht mit zuckersüßem Lächeln hervor. *Jamie* und *Theresa* waren noch sehr jung und gehörten somit zu den süßen Küken auf unserer Station. Mit ihrem Einzug bekam das Stationsleben eine neue Dynamik, frischen Wind, konnte man es auch nennen. Da wurden plötzlich Themen wie nächtlicher Ausgang, Männer und Beziehungen diskutiert. Natürlich waren gerade auch Beziehungen auch bei uns, sagen wir mal, etwas älteren Patienten, ein wichtiges Thema, aber in einem ganz anderen Bezug. *Jamie* und *Theresa* standen an einem ganz anderen Punkt in ihrem Leben. Ich versuchte, mich an die Zeit zu erinnern, als ich in diesem Alter war. Heute hätte ich gesagt, dass das noch schöne Zeiten waren, ich hatte noch keine Sorgen. Doch wenn ich mir *Theresa* und *Jamie* ansah, so erfuhr ich, dass es auch in jungen Jahren ganz anders sein konnte.

Heute ging es darum, das eigene soziale Umfeld in gestalterischer Form darzustellen. Das konnte ein Diagramm sein, eine Auflistung, ein Bild, wonach einem gerade war. Ich versuchte es mit einem Kreis. Ganz in der Mitte war ich und um mich herum gab es einige weitere Kreise, in denen ich die Personen in meinem Umfeld hineinschreiben wollte. Die Kunsttherapeutin erklärte, dass man sich Gedanken machen sollte, wer überhaupt in seinem Umfeld war, wen man bei sich haben wollte und wer vielleicht gar nicht in unser Leben gehörte. Ich starrte bestimmt eine ganze halbe Stunde auf meine leeren Kreise und studierte. Hätte man mich gezeichnet, wären mir wohl graue Wolken aus dem Kopf gestiegen, so sehr bemühte ich mich, weiterzukommen. Wenn mir jemand nah steht, heißt das nämlich nicht zwingend, dass ich demjenigen gleich nah stehe. Aber auch wenn ich es nur aus meiner Perspektive sah, was natürlich auch Sinn der ganzen Übung war, war es genauso schwierig. Wen wollte ich bei mir haben und wer gehörte vielleicht doch nicht mehr dazu? Die letzten Wochen, in denen ich mich von meinem Umfeld distanziert hatte, ließen mich natürlich auch einiges klarer sehen. Dabei hatte ich die letzten Tage nicht einmal groß darüber nachgedacht. Ich genoss es einfach, mich einmal bei niemandem melden zu müssen. Aber ich wusste, dass das keine Lösung auf Dauer war. Irgendwann musste ich mich wieder mit der Außenwelt beschäftigten, mich wieder mitteilen und die sozialen Kontakte pflegen. Und wenn es dann so weit war, wen also wollte ich noch bei mir haben und wen nicht mehr so nahe oder gar nicht mehr? Und wie sollte man es diesen Personen auch noch mitteilen? Es würde mich ja umgekehrt auch verletzten. Wessen Freundschaft tat mir gut? Auf wen konnte ich mich wirklich verlassen? Wer unterstützte mich auch in dieser schweren Zeit? Ich wusste leider, dass ich mich nicht mehr auf alle verlassen konnte. Auch wenn ich ein paar Mal um Hilfe gebeten und mitgeteilt hatte, wie wichtig etwas für mich war, wurde ich nicht verstanden oder es war für sie nicht wichtig genug. Ich musste es akzeptieren, weil ich an ihrer Meinung und ihren Prioritäten sowieso nichts ändern konnte, aber es schuf für mich eine enorme Distanz zu diesen Personen. Die Kunsttherapeutin bemerkte, dass ich ziemlich anstand, und setzte sich zu mir. Sie fand die Idee mit den Kreisen eine gute Darstellung und motivierte mich dazu, zuerst die allerengsten Personen aus meinem Umfeld direkt in den Kreis neben meinem großen ICH aufzuschreiben. Die Stunde war etwas mühsam, anstrengend und auch emotional. Aufgrund der vielen Seufzer und Schnaufer der anderen um mich herum konnte ich davon ausgehen, dass es ihnen gleich erging. Bei meinen Kreisen stellte ich fest, dass ich eine ganze Menge Kollegen und Bekannte hatte, aber dass ich tatsächlich auf mehr als die Hälfte davon verzichten konnte. Und auch bei engeren Freunden hatte ich die traurige Erkenntnis, dass mir diese und deren Freundschaften tatsächlich nicht alle gut taten, dass ich teilweise viel zu viel Energie in sie investierte und ich mich nicht mehr in jedem Falle auf sie verlassen konnte, dass mich ihre Freundschaft mehr Arbeit kostete, als es mir Freude oder Genuss brachte. Es machte mich sehr traurig, am Ende der Stunde meine Darstellung zu betrachten. Gleichzeitig bemerkte ich, dass ich so aussortiert und aufgeräumt hatte. Es ging darum, Freundschaften und Beziehungen neu zu bewerten und in diesen auch neue Prioritäten zu setzen. Es war ein harter Schritt, er tat wirklich weh, aber ich wusste leider genau, wie bitter nötig er war.

Wie sehr mich das Ganze beschäftigte, bemerkte ich erst, als ich auch spät abends nicht mehr aus dem Grübeln herauskam. Ständig drehten sich die Gedanken darum, wie ich es den betroffenen Personen mitteilen könnte, ohne, dass sie mich hassen würden. Denn ich mochte diese Freunde, ich hatte sie gerne und hatte Tolles mit ihnen erlebt. Es waren andere Sachen, die sich für mich nicht mehr richtig anfühlten. Ich hätte sie vielleicht ansprechen können, man hätte gestritten und sich dann vielleicht wieder vertragen. Doch in den meisten Fällen wusste ich, auch wenn ich mich dafür schämte, dass ich gar keine Kraft mehr investieren wollte, um es überhaupt noch groß miteinander zu besprechen. Wahrscheinlich wäre es nur fair gewesen, das gab ich auch zu. Aber meine Priorität lag nun darin, meine ganze Kraft und Energie dafür zu gebrauchen, dass ich wieder glücklich und gesund sein konnte und, dass ich mein Leben akzeptieren konnte. Und dabei wollte ich mich nicht um Kontakte kümmern, die für mich nicht mehr richtig waren, die mir heute nicht mehr das geben wollten und konnten, was ich brauchte und was ich wollte. *Pablo* sagte mir erst gestern noch, dass ich viel zu oft alles korrekt machen wollte, es allen recht machen wollte und, dass das nicht aufgehen konnte. Irgendjemand litt immer, meistens nahm ich es einfach auf mich. Also, meinte *Pablo*, dass ich mehr *Arschlochmensch* sein musste, das im Sinne von einfach ab und zu einmal mehr auf mich achten. Egal, was andere davon hielten, und völlig egal, was sie dann von mir dachten. Ich musste lachen, mir kam sofort das Lied von *SONDASCHULE* in den Sinn. Ich war *Pablo* aber sehr dankbar für diesen Rat, denn ich hatte vor, mir diesen wirklich zu Herzen zu nehmen.

Den Samstag verbrachte ich auf der Station, alle anderen waren über das Wochenende zu Hause, so wie es üblich war. Da mein Mann ausnahmsweise an diesem Samstag arbeiten musste, vereinbarten wir, dass ich erst am Sonntag nach Hause kommen würde und er mich dann am Montagmittag wieder zurück in die Klinik bringen würde. Er hatte dann zwei Wochen Ferien. Ferien, welche wir wieder gemeinsam genießen wollten. Eigentlich war der ursprüngliche Plan gewesen, zu meinem Nonno nach Süditalien zu fahren, damit wir den Kindern das Meer zeigen könnten. Und auch ich hatte große Sehnsucht nach meinem geliebten Meer. Aber aufgrund der Situation mit dem *Coronavirus* war es zu heikel zum Wegfliegen und ich wollte keine Quarantäne riskieren. Daher hatten wir im Frühling, als die erste Welle im Anmarsch war, den Flug gar nicht erst gebucht. Das *Coronavirus* war ja bereits seit März das Thema Nummer eins auf der ganzen Welt.

Ich war somit ganz alleine auf der Station, ein seltsames Gefühl, so einsam im großen Haus zu sein. *Herr Siegrist* hatte Wochenenddienst und deshalb etwas mehr Zeit zum Plaudern. Er gesellte sich mit einem Kaffee zu mir ins Wohnzimmer und wir sprachen viel über Fußball. Als ich wieder zurück im Zimmer war und mich etwas hinlegte, schlief ich das erste Mal tagsüber ein. Es war nicht geplant, da ich mich immer bewusst dagegen wehrte, am Tag einzuschlafen, um den Tagesrhythmus nicht noch mehr durcheinanderzubringen. Und noch mehr Stress hätte ich nun wirklich nicht vertragen. Aber ich konnte mich nicht einmal dagegen wehren, ich schlief sofort ein.

Ich hatte einen Alptraum und davor schon sehr lange nicht mehr so intensiv geträumt. Vor allem war es schon lange nicht mehr so gewesen, dass ich mich danach noch so klar daran erinnern konnte. Abgesehen von meinem üblichen Traum, in dem ich meine Zähne verlor, natürlich. Es ging im Traum darum, dass ich Vorgesetzte in einer großen Firma war. Ich hatte das Sagen, ich entschied alle wichtigen Dinge und jeder kam zu mir und wollte etwas von mir. Ohne mich ging gar nichts. Doch dann kam auf einmal ein fremder Mensch, ich konnte im Nachhinein nicht definieren, ob es ein Mann oder eine Frau oder einfach nur irgendeine Gestalt war. Aber das war auch gar nicht wichtig. Denn es ging darum, dass dieses Wesen, ich nannte es mal so, zu mir nach Hause ging, meinen Mann und meine Kinder an die Hand nahm und mit ihnen ins Nirgendwo verschwand. Ich suchte jahrelang nach ihnen, konnte sie jedoch nie wieder finden. In dem Moment, als ich im Traum dachte, dass ich nun meine eigene Familie verloren hatte, erwachte ich schweißgebadet und mit Herzrasen. Ich lag mit dem Kopf auf dem Kopfkissen und sah meine rechte Hand daneben liegen. Ich wollte sie bewegen und aufstehen. Doch es ging nicht. Ich sagte mir ganz bewusst, dass ich jetzt aufstehen wollte, doch nichts rührte sich. Weder meine Hand noch der Rest meines Körpers bewegte sich, ich war wie gelähmt. Auch mein Blick war getrübt und verschwommen. Ich konnte nur den Umriss des Kleiderschrankes erkennen, aber nicht mehr. Ich bekam Panik. Hatte ich vor dem Schlafen ein neues Medikament erhalten? Wieso konnte ich mich nicht mehr bewegen, obwohl ich mir ganz klar sagte, dass ich aufstehen wollte? Ich wollte nach *Herrn Siegrist* rufen, wusste jedoch, dass er mich nicht hören würde. Der Alarmknopf war im Badezimmer. Wenn ich mich nicht bewegen konnte, würde ich diesen gar nicht erst erreichen und drücken können. War das alles ein Alptraum oder hatte ich tatsächlich meine Familie verloren? Mein Herz raste, meine Brust schmerzte wieder so sehr, dass ich wieder automatisch an einen Herzinfarkt dachte. *Panoh* war wieder da und mit voller Wucht schlug er auf mich ein. Die Tür ging auf und *Herr Siegrist* kam herein. Er brauchte einen Moment, bis er merkte, dass es mir nicht gut ging. Panikattacken erkennt man sehr selten von Außen. Die schlimmen Gedanken, das Herzrasen, die Atemnot, die man zu verspüren meint, das alles passiert nur im eigenen Kopf und im Inneren. *Herr Siegrist* half mir auf. Er wollte einfach nach mir sehen, sagte er. Denn ich wäre schon seit drei Stunden nicht mehr aus dem Zimmer gekommen, meinte er. Ich hatte also drei Stunden geschlafen. Ich erzählte von meinem schrecklichen Traum und davon, dass ich direkt mit Herzrasen erwacht war und danach eine Panikattacke gehabt hatte. *Herr Siegrist* meinte, dass der gestrige Tag auch sehr anstrengend für mich war. Ich erinnerte mich daran, dass ich morgens nicht in die Psychoedukation gehen konnte, an das Gespräch mit *Frau Lucas* über *Stefan* und die Sortierung meines sozialen Umfeldes in der Ergotherapie. Ja, es war tatsächlich eine Menge los gewesen. Träume versuchten einem manchmal ja auch etwas zu sagen. Meistens geht es dabei aber gar nicht um die Personen selber, die in den Träumen vorkommen, oder die wir als diese Personen wahrnehmen. Es beschäftigt einen vielmehr der Inhalt an sich. Es ging also um meine Familie. Ich hatte Angst, meine Familie zu verlieren. Vielleicht, weil ich nicht zu Hause war, keine Kontrolle darüber hatte, wie es ihnen ging und was sie taten. Vielleicht auch, weil mein Mann oder die Kinder mich eines Tages dafür verurteilen könnten, dass ich so lange weg war und nun anders war als früher. Tränen schossen mir in die Augen und ich ärgerte mich nicht, ich wehrte mich auch nicht dagegen, ich ließ es zu. Das erste Mal tat mir das Weinen gut und es war kein Kampf für mich.

Den restlichen Abend blieb ich aber weiterhin sehr angespannt. Ich war unruhig, tigerte von meinem Zimmer in den Garten hinaus, zum Wohnzimmer hinüber, zum Klavier und wieder hinunter. Ich konnte kaum still sitzen und empfand diese Rastlosigkeit als sehr unangenehm. Der Traum, oder eher das verbundene Gefühl damit, machte mir Kummer. Musste ich mich um meine Familie sorgen? Sie war für mich das Allerwichtigste in meinem Leben. Das wusste ich und es wurde mir gerade in den letzten Monaten nochmals deutlich vor Augen geführt. Meine Familie und ich, das waren die wichtigsten Prioritäten in meinem Leben. Vieles andere war auch wichtig, gut oder gehörte dazu. Aber mein Mann und meine Kinder waren die größte Motivation gewesen, um überhaupt hierher zu kommen. Ohne sie hätte ich mich nicht dazu bereiterklärt, Hilfe anzunehmen und so viel wie möglich von diesem Aufenthalt hier zu profitieren. Meine Familie war der Grund, weshalb ich jedes Mal dachte: „Das Kämpfen gegen jede einzelne Panikattacke lohnt sich und ich setze mich mit all diesen schwierigen Themen und mit mir selbst auseinander, für sie, weil ich sie liebe. Weil ich sie einfach bald wieder in meine Arme schließen will." Dieser Gedanke ließ mich am Leben.

Die Nacht überstand ich wiederum gut und ich erwachte kein einziges Mal. Am nächsten Morgen holten mich meine Eltern ab und fuhren mich nach Hause. Obwohl die Autofahrt am letzten Wochenende relativ gut verlief, war es dieses Mal wieder schrecklich. Meine Anspannung war immer noch da, ich war ständig nervös und wollte am liebsten wieder während der Fahrt aussteigen. Zu Hause wurde es leider auch in den nächsten dreiundzwanzig Stunden nicht besser, sogar noch schlimmer, weil ich so sehr wollte, dass es mir gut geht, da ich zu Hause bei den Kindern sein durfte. Ich genoss leider keine einzige Minute davon. Ich war einmal mehr mit der Konzentration beschäftigt, keine Panikattacken zu bekommen und kein Gedankenkreisen vor dem Einschlafen zu haben. Ständig musste ich mir sagen, dass alles gut war, und ich versuchte, mich so zu beruhigen, damit auch der Schwindel wieder nachließ. Es war anstrengend und sehr ermüdend und selbst als ich *Leon* ins Bett bringen wollte, war ich so nervös, dass mein Mann dann übernehmen musste. Dabei hätte ich so gerne dem Kleinen zugesehen, wie er einschlief.

5.12 Der Cocktail meines Lebens

Am nächsten Morgen, es war nun bereits Montag, schaffte ich es nicht, mit den Kindern aufzustehen. Ich fühlte mich so schwach, dass ich liegenbleiben musste. Mein Mann weckte die Kinder somit alleine. Es tat mir leid, weil ich ihm helfen wollte, wenn ich schon mal morgens zu Hause war, aber ich hatte keine Kraft. So brachte *Dave* die Kinder, wie immer, seit ich nicht mehr zu Hause war, zu seiner Mutter. Dann kam er wieder nach Hause, weil er nun offiziell Ferien hatte. Er legte sich neben mich ins Bett und fragte mich, wie es mir ging. Ich versuchte, ihm zu erklären, was in mir vorging, welche Gefühle ich empfand und was mich beschäftigte. Ich vermutete, dass der Freitag mit dem Gespräch über *Stefan*, dem Rollenwechsel und der Sortierung meines sozialen Umfeldes etwas zu viel für mich war. Und der gestrige Alptraum am Nachmittag kam noch hinzu. Ich konnte *Dave* nicht einmal berühren, ich war so angespannt, dass ich keinerlei Nähe vertrug. Er tat mir leid, er wollte bei mir sein und ich wies ihn ab. Aber nicht ihn als Person, ich wusste ja selber nicht, was los war. Ich war einfach so unruhig, dass ich es nicht ertragen konnte. Obwohl ich mich mit meinem Kopfkissen wieder etwas von ihm distanzierte, blieb er neben mir liegen und sah mich dabei einfach an. *Dave* versicherte mir, dass ich ihn und die Kinder niemals verlieren würde, dass er mich über alles liebte und auch diese Zeit mit mir zusammen durchstehen würde, dass ich alle Zeit der Welt hätte und, dass es in Ordnung war, dass ich auch einmal in kleinen Schritten ging. Mein Mann sagte mir auch, dass er stolz auf mich war und mir immer helfen würde, egal worum ich ihn bitten würde. Und ich wusste, dass ich ihm jedes Wort glauben konnte. Er zeigte es mir an jedem einzelnen Tag. Auch diese schlimme Zeit der letzten Monate schreckte ihn nicht ab und hielt ihn nicht davon ab, immer zu mir zu stehen, mich zu unterstützen und alles für mich und unsere Familie zu tun. Ich konnte es in diesem Moment kaum fassen, dass *Dave* sich damals tatsächlich für mich entschieden hatte und auch bei mir bleiben wollte. Das war sie, die echte Liebe.

Am Mittag brachte mich *Dave* wieder zurück in die Klinik. Ich nahm meinen Mann mit auf die Station und meldete mich im Stationszimmer bei *Herrn Siegrist* wieder an und fasste kurz zusammen, wie unglücklich in meinen Augen meine letzten dreiundzwanzig Stunden verlaufen waren. Nach dem ich meine Tasche kurz in mein Zimmer gebracht hatte, nahm ich *Dave* mit dcn Garten. *Pablo, Shendy* und *Mina* saßen auch draußen. Ich fand es schön, dass sich so die Gelegenheit bot, dass mein Mann die Personen kennenlernen konnte, mit denen ich die meiste Zeit hier verbrachte. Umgekehrt war es natürlich genauso toll, dass sie *Dave* treffen konnten. Als ich mich hinsetzte, *Dave* mir gegenüber, bemerkte ich rasch, dass *Pablo* nicht so gut drauf war. Und er beichtete auch sofort, dass er morgen die Klinik bereits wieder verlassen würde. Ich war ziemlich irritiert und konnte es nicht ganz nachvollziehen. *Pablo* erklärte dann die Gründe, ich war baff und vor allem auch traurig. Wie sollte ich die nächsten anderthalb Wochen hier überstehen, wenn *Pablo* nicht mehr da war? In den letzten Tagen tat ich alles mit *Pablo* zusammen. Bis auf dieses Wochenende ging es mir in den letzten Tagen so viel besser, und ein Grund dafür war ganz klar auch die Gesellschaft von *Pablo*. Als er dann auch noch erwähnte, dass er nun den schlimmsten Teil vom heutigen Tag hinter sich hätte, da er mir dies nun gebeichtet hat, war ich kurz vor den Tränen, weil ich so gerührt war. Ich wusste, dass diese Verbundenheit auf Gegenseitigkeit beruhte, und das war so unglaublich schön, dass ich es mir wirklich noch nicht vorstellen konnte, die nächsten Tage ohne ihn hier weiter zu kämpfen. Aber es war, wie es war, und ich hatte gelernt, dass ich mich nicht mehr über Dinge und Situationen ärgern durfte, die ich nicht ändern konnte. *Dave* musste auch bald wieder los, er wollte noch einkaufen gehen, bevor er die Kinder wieder abholte. Ich brachte meinen Mann noch zur Stationstüre und verabschiedete mich von ihm. Es tat weh, weil ich das Gefühl hatte, dass ich ihn mit allem zu Hause wieder alleine ließ. Aber ich wusste, dass wir uns am Freitag bereits wieder sehen würden. Am Freitag war das Paargespräch bei *Frau Lucas* geplant, das hatten wir bereits vor ein paar Wochen so vereinbart. Danach dürfte ich auch wieder mit ihm nach Hause und in mein letztes Wochenende von hier aus. Weil es bereits das letzte war, dürfte ich sogar für siebenundvierzig Stunden nach Hause. Ich hatte noch etwas Bedenken bezüglich dieser vielen Stunden, da die letzten Stunden zu Hause überhaupt nicht gut verlaufen waren, aber ich hoffte sehr, dass es mir dann besser gehen würde. Den Nachmittag und Abend verbrachte ich hauptsächlich mit *Pablo*, *Shendy* und *Mina*. *Mina* hatte morgen auch bereits ihren Austritt. Und *Shendy* würde am Donnerstag nach Hause gehen. Mit *Tabu* spielen und guten Gesprächen konnte mich auch endlich wieder etwas entspannen.

Der nächste Morgen war einer der schlimmsten Morgen, den ich je erlebte. Schweißgebadet erwachte ich und mir war bereits derart übel, dass ich mich sofort übergeben musste. Als ich versuchte, zurück zum Bett zu laufen, begannen meine Beine zu zittern. Mir war nicht klar, was nun wieder los war, ich hatte es so satt. Was war denn heute wieder nicht gut? Ich war genervt und musste mich gleich nochmals übergeben. Ich war schwach und der Blick in den Spiegel zeigte mir, dass ich wieder alles doppelt sah. Mit geschlossenen Augen stellte ich mich unter die Dusche. Das warme Wasser auf dem Körper tat gut. Ganze vierzig Minuten blieb ich so mit geschlossenen Augen unter dem Wasserstrahl stehen, ohne mich zu waschen oder mich dabei zu bewegen. Ich stand einfach da und hoffte, dass es bald besser würde. Im Schneckentempo zog ich mir Trainerhosen und Hausschuhe an und schlurfte in die Küche. Ich war froh, dass niemand da war, der mich fragen hätte können, was los war. Mit zitternden Händen ließ ich den Kaffee aus der Maschine und setzte mich nach draußen. Ich hatte das Gefühl, dass ich gleich vom Stuhl kippen würde, und der Angstpegel dabei blieb so hoch, dass ich mich ganz verkrampft an der Tischplatte festklammerte. Ich rauchte die Zigarette gar nicht fertig, drückte sie lustlos wieder aus und ging zurück in mein Zimmer, wo ich mich wieder hinlegte. Ich betrachtete meinen Schreibtisch und all die vielen Unterlagen aus den letzten Gruppensitzungen und Einzelgesprächen. Darunter lagen Mandalas und Arbeitsunfähigkeitszeugnisse, Farbstifte, Schutzmasken, Zigarettenhülsen, ein Buch und Paprikachips. Auf dem Stuhl davor und auf dem großen Sessel neben dem Kleiderschrank lagen Kleider, ich wusste nicht einmal, welche davon frisch waren und welche ich bereits getragen hatte. Es war eine riesige Unordnung und ich war entsetzt darüber, dass ich so ein Chaos hatte. Eigentlich wollte ich am Anfang meines Aufenthaltes einen Ordner erstellen und alle Unterlagen darin sauber sortiert in einem Register ablegen. So wie ich es eben immer tat. Doch ich hatte es nicht gemacht. Ich betrachtete die Unordnung eine ganze Weile, bis ich impulsiv darauf zuschnellte und alles mit einer gewaltigen Wucht vom Tisch und Stuhl auf den Boden fegte. Ich wollte dabei schreien, versuchte es sogar, aber dieser mickrige Laut, den ich von mir gab, glich eher einer maulenden Katze. Nun lag alles auf dem Teppich. Ich rutschte am Bettgestell hinunter, ließ mich auf dem Boden nieder und streckte die Beine quer über die vor mir verteilten Unterlagen und Gegenstände. Ich sah mir den Berg an Unordnung erneut an und wie in Trance versetzt starrte ich aus der Entfernung des Bettrandes jedes Stück Papier ganz detailliert an. Ich blickte bewusst auf die scharfen Ränder der Blätter, betrachtete die Tinte der Schrift darauf und kickte dann schlussendlich meine Hausschuhe auch noch über sie hinweg in Richtung Türe. Auf einmal wirkte das Chaos, das mir hier zu Füßen lag, wie mein Leben. Es war wie ein großer Trümmer- und Scherbenhaufen. Und alles davon schien in tausend Teile zerbrochen, an jedem hätte man sich schneiden und somit verletzten können. Und weil manche Scherben noch weiter zerschmettert waren, passte nun gar nichts mehr zusammen. Mein Leben kam mir in diesem Moment wie ein Cocktail vor, dessen Zutaten aber nicht zusammenpassten. Es war ein Drink, bei dem das Maß der einzelnen Liköre nicht stimmte und das Endergebnis nur noch ein bitteres und giftiges Gebräu war. Da war nichts mehr von tropischer Farbe, kein Schirmchen zur Dekoration und selbst der mit Zitronensaft befeuchtete und im Zucker getunkte Glasrand fehlte. Was sollte ich nur machen? Hin und her, ja und nein. Irgendwo zwischen verzweifeln und aufgeben, aufstehen und weitermachen. Ich war in diesem Moment unendlich unglücklich, fühlte mich ohnmächtig und wie gelähmt und war von großer Hoffnungslosigkeit geplagt. Ich glaubte, dass ich es nie schaffen würde, mein Leben irgendwie sinnvoll zu verändern, und ich war davon überzeugt, dass ich für den Rest meines Leben hier oder in einer anderen Klinik bleiben würde müssen. Ich fühlte mich in meinem eigenen Körper eingesperrt, der überleben wollte, aber meine Seele wünschte sich den Tod. In diesem Augenblick wollte ich nicht mehr. Ich wollte nicht mehr kämpfen, ich wollte mich nicht mehr jeden Tag selbst motivieren, mich nicht ständig ermutigen und ablenken müssen und unendliche Stunden mit Selbstregulierung verbringen, damit ich zur Ruhe kommen konnte und ständig diese schlimmen Momente durchstehen. Ich konnte nicht mehr. Meine Angst hatte ein solches Ausmaß erreicht, dass ich keine Kraft mehr hatte. Ich war an jenem Punkt angelangt, vor dem ich mich am meisten gefürchtet hatte. Der Punkt, an dem ich zu müde war. Zu müde, um stärker zu sein, als ich es war. Ich konnte mich selber nicht mehr ertragen. Es war verrückt, dass ich mich tot fühlen konnte, obwohl mein Herz noch schlug. Ich fühlte nichts mehr. Da war wieder diese unendliche Leere. Doch dieses Mal war sie nicht einfach nur da und sorgte dafür, dass ich mich von Emotionen und Kämpfen erholen konnte. Dieses Mal war sie verlockend. Der süße Duft von Vanille und ein Hauch von Rosen lag in der Luft und es war schwierig, dieser Verführung zu widerstehen. Und ich wusste genau, wenn ich mich ihr hingab, müsste ich mich um nichts mehr kümmern, nichts mehr empfinden, keine Kämpfe mehr austragen, nichts mehr akzeptieren und niemandem mehr Rechenschaft ablegen. Ich wusste, dass ich dann endlich von all den vielen Schuldgefühlen befreit sein würde, dass ich keine Sorgen mehr hätte und, dass ich auch endlich Ruhe hätte. Ich würde *Stefan* wiedersehen, meinen Großvater umarmen können und meinem Schwiegervater erzählen, wie sehr er da unten fehle und welch tolle Enkelkinder er hätte. Ich hatte mich zwar mittlerweile daran gewöhnt, dass es solche Momente gab, in denen ich aufgeben wollte, doch das hieß dennoch nicht, dass es mir nichts ausmachte. Ich hatte eigentlich keine Angst vor dem Tod, es war das Sterben, welches mir Angst machte. Wie würde es sein, das Sterben? Die Versuchung war groß, dem Ganzen ein Ende zu setzen. Aber eigentlich hatte ich nie vorgehabt, in so einem Moment, in dieser Stimmung zu sterben. Ohne, dass ich meinen Kindern ein schönes Leben gewünscht habe, ohne, dass ich ihnen noch so vieles auf ihren Weg mitgegeben habe, ohne, dass ich meinem Mann gesagt habe, wie leid mir alles tut und, dass ich mir wünsche, dass er glücklich sein kann. Ich glaubte, dass ich auf der Türschwelle stand, und ich konnte *Stefan* winken sehen. Ich kannte mittlerweile einige Wege und die Verlockung war groß, herauszufinden, wie es sich anfühlt. Ich musste an *Tim* aus der AFS denken und daran, wie sehr es mich damals noch abschreckte. Die meisten denken vielleicht, dass man dafür mutig sein muss, doch das ist nicht so. In diesem Moment empfindet man es als Befreiung.

Doch der Gedanke an meine Kinder brachte mich dazu, der teuflischen Versuchung zu widerstehen, und holte mich zurück. Der Augenblick verflog, die Türe vor mir fiel ins Schloss und ich kehrte in die Realität zurück. Mir war bewusst, dass ich so nicht mehr weiterleben wollte, dass ich nicht mehr die perfekte Mutter und Tochter und auch nicht mehr die perfekte Freundin sein wollte. Ich wollte nicht mehr allen Erwartungen gerecht werden, ich konnte und wollte das nicht mehr. Die Vorstellung, dass wir nur eine begrenzte Zeit auf diesem Planeten das Gastrecht hatten, war seltsam genug. Ich hatte genügend Zeit damit verschwendet, unglücklich zu sein, viel zu oft auf Äußerlichkeiten geachtet. Alle sollten denken, dass ich alles hinbekomme und mit Erfolg meistere, dass ich unverletzlich bin. Ich hatte genug. Ja, es tat mir leid, dass ich nicht zu diesen offenen, wunderschönen, immer gut gelaunten Menschen gehöre, die die Gesellschaft von heute bevorzugt. Von mir aus musste ich nicht mehr normal sein, nicht mehr in die gewünschte Norm passen, durfte aus dem Rahmen fallen, wie man es eben nennen will. Es war mir egal. Bei gesunden Menschen ist es nicht normal, Angst zu haben, und bei Menschen mit Angstzuständen und Depressionen ist es normal, dass man solche Momente durchlebt. Ich hatte früher selbst viele Vorurteile gegenüber dieser Krankheit und den Menschen, die mit ihr leben mussten. Heute war ich dankbar dafür, dass ich es nun besser wusste. Und ich war froh, dass ich nicht mehr einer dieser Menschen war, die so ignorant sind, sich das Recht zu nehmen, über andere zu urteilen. Die meisten Menschen sind schlichtweg auch überfordert damit, was ich durchaus nachvollziehen konnte. Ich war es schließlich genauso und konnte sehr lange nicht damit umgehen. Angststörungen, Panikattacken und Depressionen sind jedoch keine ansteckenden Krankheiten. Man kann die Betroffenen in den Arm nehmen und überraschenderweise hilft es sogar. Fehlende Information und Angst gibt also keinem Menschen das Recht, den Wert eines anderen in Frage zu stellen. Viele haben aber nicht den Mut dazu, sich auch im Menschlichen weiterzuentwickeln, weil sie zu sehr von sich selbst überzeugt sind. Und ich musste zugeben, dass auch ich ein Stück weit eine von diesen Personen war. Doch heute wusste ich es zum Glück besser. Und ich hoffte fest, dass die Menschen irgendwann bereit sein würden, freundlicher zueinander zu sein, denn jeder kämpft seinen ganz persönlichen Kampf, den die anderen nicht kennen. Viel zu oft hatte ich in meinem Leben ein Komma gesetzt, wo eigentlich ein Punkt hingehört hätte. Selbstliebe und Selbstfürsorge ist nämlich nicht nur Peeling, Schaumbad und lackierte Nägel, wie man so schön sagt, sondern auch Gesundheit, Ehrlichkeit und Mut. Es reichte. Ich musste genug einstecken. Ich musste genug aushalten. Ich wollte endlich wieder da raus, raus in die Welt und diese erobern, als wertvoller Teil von ihr. Ich ließ das Durcheinander auf dem Boden liegen, stand auf und betrachtete mein Gesicht im grellen Licht der Badezimmerlampe. Ich sah schrecklich aus, das war so. Aber ich ließ mein Haar ungeordnet, wie es war, und auch die verschmierten Make-up-Streifen um meine Augen herum blieben unverändert in meinem Gesicht. So war ich, heute und jetzt. Und ich veränderte nichts daran. Schließlich war ich nicht da, um irgendjemanden zu beeindrucken.

Ich machte mir frischen Kaffee und setze mich zu *Pablo, Shendy und Mina* in den Garten. Schon in einer Stunde würden *Pablo* und *Mina* uns verlassen. Die Zeit verging schnell und wir verbrachten sie damit, zu träumen. *Pablo* und ich wollten irgendwann gemeinsam mit meiner Familie zu unserem norditalienischen Weingut reisen. Irgendwann, eines Tages, würden wir dort in den italienischen Rebbergen liegen, über das Leben philosophieren und unseren Wein genießen. Es war eine schöne Vorstellung und wir mussten lachen. Als es so weit war, umarmte ich zuerst *Mina* ganz fest und freute mich, als sie mir versprach, nächste Woche nochmals vorbei zukommen, um mich zu besuchen. Auch *Pablo* drückte ich lange. Ich wusste, Menschen, zu denen man sofort eine Vertrautheit spürte und die man so schnell vermisste, hatte man zuerst mit dem Herzen und nicht mit den Augen kennengelernt. *Pablo* sagte, während er mich ebenfalls umarmte: „Du wirst immer kritisiert werden, egal was du tust. Versprich mir, dass du nur noch das tust, was sich in deinem Herzen richtig anfühlt." Und dann war es so weit, *Pablo* und *Mina* wurden ihre Austrittsberichte in die Hand gedrückt und sie verschwanden hinter der großen Türe.

5.13 Der Pakt mit dem Teufel

Den restlichen Tag las ich in meinem Buch über die Panik weiter. Ich war sehr froh, dass ich mich wieder etwas besser konzentrieren konnte. Die Schrift klar und deutlich vor meinen Augen. Ich wurde auch nicht gleich nervös, als ich so detailliert über einen Panikzustand las. Vieles war mir aus den Gruppensitzungen theoretisch schon bewusst. Ich hatte zwar diesen perfekten Schulordner nicht erstellt, wie ich es zuerst vorgehabt hatte, doch ich wusste genau, was ich bis dahin gelernt hatte. So wusste ich auch, dass es nicht nur sehr wichtig ist, die Angst zu benennen, so wie ich es mit *Panoh* bereits getan habe. Genauso matchentscheidend ist es, sich dieser auch zu stellen. In gewisser Hinsicht tat ich es bereits, ich sprach dabei von den Situationen, in welchen ich mich beispielsweise überwunden hatte, in den *Denner* zu gehen. Oder in denen ich mich in ein Auto gesetzt hatte, wenn auch nur als Beifahrerin, und diese Situation ausgehalten hatte. Ich war niemals wirklich ausgestiegen auf einer Fahrt und hatte seit dem 4. Juli, seit meiner ersten Panikattacke, auch nie mehr hyperventiliert. Ich hatte durchaus immer wieder die Befürchtung gehabt, keine Luft zu bekommen, aber ich hatte mich nie mehr so hineingesteigert. Es war nie mehr so weit gekommen.

Panoh war mein persönlicher Teufel, so viel war klar. Er zeigte mir das Schlimmste, Schrecklichste und Furchterregendste, was ich mir je hätte vorstellen können. Und beinahe jedes Mal gelang es ihm auch, mich soweit zu bringen, dass ich befürchtete, gleich zu sterben, von ihm verschlungen und durch das große Tor in die Hölle gezerrt zu werden. Es gab für mich daher nur noch eine weitere Regel, wenn ich mich mit dem Teufel anlegen wollte: Ich musste mich auf ihn einlassen. Es sollte ein Pakt mit ihm, ein Bündnis mit dem Teufel sein. Aber ich wollte nicht vergessen, dass es ein Kampf war. Und wie es im Krieg so war, gab es manchmal eine Seite, die nicht fair spielte. Und in dieser Schlacht wollte einmal ich diejenige sein, die den anderen bewusst hintergeht. Ich wollte seine Schwäche herausfinden und diese zu meinem Vorteil nutzen und *Panoh* so mit seinen eigenen Waffen schlagen. Doch wie so oft, hörte sich ein Plan zwar toll an, doch man hatte keine Ahnung davon, wie man ihn tatsächlich umsetzen sollte. Ich wechselte den Platz und ging weiter nach hinten in den Garten zum großen Liegestuhl. So konnte ich mich besser konzentrieren. Für den richtigen Schlachtplan brauchte ich nämlich Ruhe. Durch die großen Büsche und Pflanzen war ich etwas abgeschirmt vom restlichen Garten und den anderen Patienten und konnte etwas für mich alleine sein. Um *Panohs* Schwächen herauszufinden, musste ich ihn mir wieder ganz genau vorstellen. Wie war *Panoh*? Gross, stark, mächtig, unfair, angsteinflößend, gemein, dominant, ich hätte unzählige Attribute aufzählen können, um seine charakteristischen Eigenschaften zu beschreiben. Aber wichtig zu wissen war, dass *Panoh* dachte, er wäre der Stärkste und das selbstbewussteste Wesen, das überhaupt existiert. Er ging ganz klar davon aus, dass sich niemand traute, sich ihm in den Weg zu stellen. Das war *Panohs* Pech, denn er hatte keine Ahnung davon, dass ich ihm die Stirn bieten würde. Das ganze Geschwafel über *Panoh* und einen Schlachtplan mag sehr abstrakt klingen, und vielleicht denkt man, dass ich nun tatsächlich meinen Verstand verloren hatte. Doch so weit war es zum Glück noch nicht. Tatsächlich ging es darum, meinen eigenen Verstand zu überlisten. Denn *Panoh* war eigentlich ja auch nur ein Teil von mir, er verkörperte meine ganzen Ängste und größten Befürchtungen. Ich veränderte die Technik aus dem Buch soweit, dass es für mich stimmte, da ich einen persönlichen Zugang finden musste, damit ich gegen *Panoh* antreten konnte. Ich konnte *Panoh* nicht einfach so rufen oder mich mit ihm unterhalten, wann ich gerade wollte. *Panoh* kam dann, wann es ihm passte. Und das war ja meistens dann, wenn ich den Glauben an mich selber verlor und ich mich schon schrecklich fühlte. Dieses Schlupfloch nutzte er bei mir aus. Und auch nur dann konnte ich mit ihm in Verbindung treten. Ich musste also darauf warten, bis es wieder einen Moment gab, in dem ich so nervös war, dass *Panoh* auch dazukam. Es war total abgedreht, denn ich war richtig aufgeregt. Wann würde sich *Panoh* das nächste Mal zeigen? Ich konnte ihn jedoch etwas anstacheln, indem ich mich einfach einer Situation auslieferte, die mich zur Zeit nervös machte.

Also wagte ich es, ganz alleine in den *Denner* zu gehen. Als ich den Laden durch die Eingangstüre betrat, pochte mein Herz schnell und laut. Ich nahm zwei Red Bull aus dem Kühlregal und ging bewusst ganz langsam zur Kasse. Wo war *Panoh*? Ich beobachtete die ältere Dame vor mir an der Kasse, wie sie ihr Kleingeld aus dem Portemonnaie kramte und bezahlte. Ich musste also anstehen und warten. Die letzten paar Male war ich in dieser Situation bereits im Alarmzustand. Aber ich war so irritiert darüber, dass *Panoh* noch nicht da war, dass ich gar nicht daran dachte. „Wo bist du, hast du keine Zeit?" Die ältere Dame drehte sich um und sah mich verwundert an. Erst dann begriff ich, dass ich laut gedacht hatte. Ich hatte Herzklopfen, ich musste an der Kasse anstehen und war heute das erste Mal seit Wochen wieder einmal ohne Begleitung draußen. Was musste ich *Panoh* also noch mehr bieten? Ich wollte ihm endlich sagen, wie stark und toll er war, zumindest sollte er meinen, dass ich das von ihm dachte. Ich hoffte, das *Panoh* mich nicht durchschauen würde und, dass ich es schaffen würde, standhaft zu bleiben und mutig genug für meinen Plan. Und *zack*, da spürte ich die Nervosität, sie kroch nicht langsam in mir hoch, nein, sie war auf der Stelle da. Mein Blick wurde verschwommen und ich musste mich sofort am Förderband der Kasse festhalten. Die Kassiererin sagte etwas, ich hörte ihre Stimme, aber verstand nicht, was sie sagte. Ich schob ihr meine beiden Getränkedosen hinüber und suchte fieberhaft nach Münzen. Doch ich fand nur eine Zwanziger-Note im Portemonnaie und reichte sie ihr durch die kleine Öffnung in der Plexiglasscheibe. *Corona* ließ grüßen. Mein Herz klopfte jetzt auch nicht mehr nur laut und schnell, es raste. Ich war mir sicher, wenn die Kassiererin mich genauer angeschaut hätte, hätte sie mein Herz durch mein T-Shirt hindurch hämmern gesehen. Ich wollte nur noch raus, raus aus diesem Laden. Wie konnte ich denken, dass ich schon so weit war? Wie konnte ich es mir nur zumuten, alleine einkaufen zu gehen? Ich riss die beiden Red Bulls vom Förderband und rannte hinaus. Die Kassiererin schrie mir irgendwas hinterher. Als ich mich beim Davonrennen sekundenschnell umdrehte, sah ich, wie sie wild mit den Händen fuchtelte. Doch ich konnte nicht zurückgehen. Ich rannte weiter, quer über die Straße. Erst, als ich die Busstation im Blick hatte, verlangsamte ich das Tempo und konnte wieder langsamer gehen. Bei der nächsten Parkbank blieb ich stehen und setzte mich hin. Ich war frustriert und gleichzeitig auch ziemlich entsetzt. Zuerst hatte *Panoh* keine Zeit und dann überrumpelte er mich so schnell und heftig, dass ich tatsächlich aus dem Laden rannte. Jetzt erst wurde mir klar, dass ich für zwei Red Bull ganze zwanzig Franken bezahlt hatte und, dass es das Rückgeld gewesen sein musste, weswegen mir die Kassiererin nachgerufen hatte. Mein Herzschlag beruhigte sich nach einer Weile wieder. Während ich so dasaß, alleine auf dieser Parkbank an der Busstation, ging ich das Ganze nochmals in Ruhe durch. Was war hier gerade geschehen? Natürlich abgesehen davon, dass ich wie eine Verrückte aus dem *Denner* gestürmt war und viel zu viel Geld für ohnehin bereits viel zu teure Red Bulls bezahlt hatte. Was war passiert? Ich erinnerte mich, dass ich die Idee hatte, alleine in den *Denner* zu gehen, um *Panoh* anzutreffen, und wahnsinnig aufgeregt war. Ich konnte es tatsächlich kaum erwarten, ihm zu begegnen. Sobald ich den Ladeneingang betrat, hatte ich schnelleres Herzklopfen, aber es war alles in einem vernünftigen Rahmen geblieben. Ich schaffte es sogar, langsam durch den Laden zu laufen und bei der Kasse kurz anzustehen, weil eine ältere Dame vor mir war. Und dann war er plötzlich da, so heftig, dass ich den Laden sofort fluchtartig verließ, was ich bis dahin noch nie getan hatte. Was also geschah zwischen der Zeit, als ich an der Kasse anstand, und meiner Flucht? Ich zündete mir eine Zigarette an. Ich fand die ganze Situation, wie ich hier so dasaß und mich angestrengt versuchte zu erinnern, absolut surreal. Doch dann fiel es mir plötzlich wie Schuppen von den Augen. Natürlich! Ich klatschte mir heftig mit der eigenen Handfläche an die Stirn. „Aua!" Es waren wieder einmal meine eigenen Gedanken. Mein eigener Kopf konnte sich einfach nie zusammenreißen! Zuerst war ich so mutig gewesen, dass ich von mir selbst überrascht war, wollte *Panoh* unbedingt hervorlocken und begab mich in ein Risikogebiet, also in eine p*anoh*übliche Situation. Aber weil ich den Mut hatte, sogar inständig darauf hoffte, er würde sich blicken lassen, kam er nicht. Er traute sich nicht, dieser kleine Zwerg. Und dann, in den wenigen Sekunden, als ich an mir zu zweifeln begann, da sah er seine Chance. Ein kleiner Zweifel, ein Anflug von Schwäche im Bruchteil einer einzigen Sekunde, und *bumm*, er überfiel mich sofort. „Was für ein Idiot!", fauchte ich wütend. War es also doch so, dass ich nie wieder alleine einkaufen gehen konnte? Ich konnte mich aber sofort selber bremsen. Moment! Ich hatte den Plan, mich mit *Panoh* zu verbünden oder zumindest so zu tun. Natürlich, ich wusste jetzt ja, dass man nicht alles planen konnte. Sogar ich, die immer alles plante, haargenau und detailliert, ohne jeglichen Spielraum, musste akzeptieren, dass ein Plan auch einmal nicht aufgehen konnte. Da gab es aber ein großes Aber. Ich hatte Fähigkeiten, jeder Mensch hatte diese. In den letzten Monaten schien ich sie leider alle vergessen zu haben. Aber ich hatte Disziplin, ich war mutig und stark und ich hatte es bereits hierhin geschafft, ich konnte einiges. Ich besaß also eine Menge guter Fähigkeiten und hatte vieles gelernt in letzter Zeit. Ich musste es also gestatten, ihm erlauben, dass er dabei sein durfte. Für den Rest meines Lebens oder bis er irgendwann aufgab. Ich musste akzeptieren, dass *Panoh* dabei sein wollte, das er ein Teil meines Lebens sein wollte. Also gut, dachte ich und seufzte laut. *Panoh* durfte dabei sein, ich gab ihm die Erlaubnis, Teilnehmer dieses verrückten Spiels zu sein.

Zurück auf der Station erzählte ich *Leyla* von meinem Ausflug in den *Denner* und von *Panoh*. Es war das erste Mal, dass ich jemandem davon erzählte. *Leyla* war auch der erste Mensch, den ich kannte, der auch unter Panikattacken litt. Bis dahin lernte ich hier nur Leute kennen, die einfach aus unterschiedlichen Gründen eine Depression hatten. Über innere Unruhe, Anspannung und Nervosität klagten viele, aber über Panikattacken, wie ich sie erlebte, konnte ich mich bis dahin nur mit *Leyla* austauschen. Und das erste Mal verstand ich, was diese nervige Aussage, dass ich nicht alleine wäre, bedeutete. Es half mir tatsächlich, dass ich doch nicht der einzige Mensch war, der diese Todesangst durchleiden musste. *Leyla* kannte das auch und sie schilderte mir so viele ähnliche Situationen und sprach von Gefühlen, wie ich sie nur zu gut kannte.

Beim Abendessen erfuhr ich, dass auch *Tyra* von Panikattacken betroffen war. Ich kannte ihre Geschichte nicht im Detail, wusste jedoch, dass es darunter unterschiedliche Arten von Gewalt gab. Ich bekam jedes Mal Gänsehaut, wenn ich daran dachte. Was konnte ein Mensch nur alles ertragen? Manchmal dachte ich auch, dass meine Probleme keine wirklichen Probleme im Vergleich zu denjenigen der anderen waren. Doch ich hatte auch gelernt, dass ich Lebensgeschichten nicht miteinander vergleichen durfte. Jeder Mensch hatte ein anderes Limit, eine andere Schmerzensgrenze. Nicht jeder empfand das Gleiche gleich schlimm und so durfte man nicht werten. Es lässt sich nicht beurteilen, wer etwas Schlimmeres erlebt hat, mehr Leid und wem es schlechter ergangen war. Wir litten alle, jeder Einzelne von uns und jeder auf seine Art und Weise.

Etwas später am Abend saß ich mit *Tyra* auf dem Balkon. Wir tranken heißen Chai-Tee und sprachen über die Beziehung von uns als Mama zu unseren Kindern und darüber, wie geprägt wir selber auch von den Beziehungen zu unseren eigenen Müttern waren. Wir waren aber schon bald sehr müde, es war ein anstrengender Tag für mich gewesen und ich war sehr froh, dass ich mich im Verlaufe des Tages wieder so gefangen hatte. Zurück im Zimmer stieg ich akrobatisch über den Berg von Unterrichtsmaterial, ignorierte das Durcheinander und ging, nachdem ich mir die Zähne geputzt hatte, direkt ins Bett. Das Chaos auf dem Boden störte mich nicht, es war da und es war für mich in Ordnung so.

5.14 Vorbereitung auf den Austritt

Ich hatte noch eine Woche, bis ich wieder nach Hause musste. Heute war die Oberarztvisite, das war, wie der Name schon verrät, ein Gespräch mit dem Oberarzt. *Frau Lucas*, als meine Fallführerin, und die Stationsleiterin nahmen ebenfalls daran teil. Ich war ziemlich nervös, denn eigentlich erhoffte ich mir, dass ich vielleicht noch eine Woche länger bleiben konnte. Ich fühlte mich zwar besser, doch der gestrige Morgen machte mir Sorgen. Ich war noch nicht stabil genug, um nach Hause zu gehen. Was, wenn ich zu Hause wieder so eine schlimme Krise hätte? Was, wenn ich wieder denken würde, dass ich nicht mehr könne? Das leitende Gremium entschied aber anders. Ich zweifelte stark daran, den Nachhauseweg zu schaffen, und fühlte mich ziemlich hilflos. *Frau Lucas* versuchte, mir Mut zuzusprechen, als ich zu weinen begann. Ich fühlte mich unverstanden, hatte Angst und vor allem hatte ich die große Befürchtung, dass ich alles, was ich hier gelernt habe, teilweise sogar umgesetzt habe, auf einmal wieder vergessen würde. Im Alltag würde vielleicht alles anders sein und möglicherweise würde es bald wieder gleich weit mit mir sein. *Frau Lucas* meinte, dass ich meine Fähigkeiten nicht verloren hätte, dass ich eine wahnsinnig starke Frau sei. Sie würden mich nächste Woche nicht entlassen, um mich einfach meinem Schicksal zu überlassen, sondern weil sie sich sicher seien, dass ich es schaffen würde. Sie glaubten an mich und daran, dass ich nun für diesen Schritt bereit war. Ich fühlte mich noch nicht dazu bereit, wusste aber auch, dass das kalte Wasser später nicht wärmer sein würde. Irgendwann würde ich sowieso springen müssen. Eine Woche länger zu bleiben, würde den Weg nach Hause nicht einfacher machen. Das war leider Tatsache. Ich musste also mutig sein. Ich war froh, als *Frau Lucas* mir mitteilte, dass ich dafür anschließend einen Behandlungsplatz in einer Tagesklinik hätte. Da es jedoch Wartezeiten gab, konnte sie mir noch nicht mitteilen, wie viel Zeit ich zu Hause überbrücken musste. Für mich war das nie eine Option gewesen, weil ich dachte, ich würde diese dann nicht mehr brauchen. In diesem Moment war ich jedoch froh darüber, dass ich diese Möglichkeit erhielt. Hier vor Ort eine Krise oder Panikattacke zu erleben, war natürlich schlimm, aber niemals mit der Situation zu Hause zu vergleichen, wo man alleine alles durchstehen muss.

Am nächsten Tag durfte ich mir bereits die Tagesklinik anschauen. Ich wusste, dass ich dann von zu Hause aus den Bus oder das Auto nehmen musste. Beides machte mir Sorgen. Mein Mann holte mich in der Klinik ab und begleitete mich. Die Tagesklinik war in einem großen Haus, in einem ruhigen Familienquartier, untergebracht. Das Erstgespräch fand direkt mit dem Oberarzt statt. Ich war nervös. Obwohl ich meinem Mann bis dahin das meiste erzählt hatte, er meine Panikattacken bereits kannte und auch schon miterlebt hatte, war es das erste Mal, dass er in so einem Gespräch dabei war. Zwischendurch schielte ich zu ihm hinüber, um herauszufinden, was in ihm vorging, wenn er mich so reden hörte. Es gab bestimmt auch das eine oder andere, was ihm vielleicht nicht gefiel. Es war mir aber dennoch wichtig, dass er dabei war. Und es hätte nichts gebracht, wenn ich hier etwas verschwiegen hätte. Denn es ging nicht um ihn, es ging um mich. Mir war klar, dass er manches vielleicht nicht nachvollziehen konnte. Wenn man diese Hölle selber nicht erlebt hat, ist es kaum vorstellbar, sie wirklich zu verstehen. Dennoch tat mein Mann so viel mehr, als ich von ihm jemals erwartete. Er machte wirklich alles, was er konnte, mehr, als ich mir jemals vorgestellt hatte. Sobald der Eintritt feststand, würde ich die nächsten Wochen oder nochmals Monate jeweils nachmittags zwei Stunden hier verbringen. Das auch wieder im Rahmen einer Gruppentherapie, wobei Themen wie Angst, Ressourcen, Ergotherapie und Literatur im Fokus stehen. Ich war mir nicht so sicher, ob ich das alles nochmals brauchte, und vor allem hatte ich große Bedenken, wenn ich hier nochmals ein paar Monate sein müsste. Es würde meine Rückkehr zur Arbeit noch viel weiter hinauszögern. Der Oberarzt hielt die Tagesklinik gerade nach einem stationären Aufenthalt für eine große Hilfe, um nicht direkt alleine in den Alltag zurückkehren zu müssen. So hätte man immer noch eine tägliche Begleitung. Ich muss ganz ehrlich zugeben, wahnsinnig begeistert war ich zuerst tatsächlich nicht. Aber ich wollte alles versuchen, was die Ärzte mir empfahlen, und wollte bewusst nicht vorschnell über die Sinnhaftigkeit oder Notwendigkeit der Tagesklinik urteilen. Das positive an der Sache war, dass ich so wieder die meiste Zeit zu Hause bei meiner Familie sein konnte.

Zurück in der Klinik musste ich mich sogleich von *Shendy* verabschieden. Es fiel mir sehr schwer und ihre Zeichnung, der kleine *Stich* aus dem Film *Lilo und Stich,* bedeutet mir viel. Sie hat *Stich* als Mandala zum Ausmalen für mich gezeichnet, eine wunderschöne Idee. *Shendy* versprach mir, dass sie mich an meinem Austrittstag nach Hause fahren würde. Ich war ihr sehr dankbar dafür, weil ich noch gar nicht wusste, wie ich am nächsten Mittwoch nach Hause kommen sollte. Ich setzte mich gleich an den süßen *Stich* und begann, ihn mit leuchtenden Farben auszumalen.

Ich malte bis zum Abendessen. Irgendwie fühlte mich auf einmal sehr einsam hier. Die Menschen, die ich ständig um mich gehabt hatte, waren mittlerweile alle wieder zu Hause oder hatten in eine andere Klinik gewechselt. Ich freute mich daher, als sich *Tyra* beim Essen zu mir setzte, und genoss ihre Gesellschaft sehr. Wir verstanden uns gut und interessierten uns gegenseitig für die Geschichte der jeweils anderen. So tauschten wir uns bis spät abends aus und hatten immer wieder etwas zu lachen.

Am Freitag fand das seit Beginn geplante Paargespräch mit meinem Mann statt. Ich war nervös, weil ich nicht genau wusste, wie mein Mann das Ganze wirklich finden würde, obwohl er grundsätzlich mit diesem Gespräch einverstanden war. Es war seltsam, zu dritt bei *Frau Lucas* im Büro zu sitzen. Beim letzten Gespräch mit dem Oberarzt in der Tagesklinik hatte nur ich gesprochen, er war einfach nur anwesend gewesen. Doch dieses Mal wurde er bewusst ins Gespräch miteinbezogen. Ich hoffte, er würde sich nicht unwohl fühlen oder gar den Eindruck haben, er würde an den Pranger gestellt. Mein Mann saß direkt neben mir und hielt meine Hand. Ich war sehr dankbar über diese Geste, denn sie signalisierte mir, dass wir gemeinsam in diesem Gespräch waren. *Frau Lucas* erklärte ihm zuerst aus der Sicht als meine Fallführerin die fachlichen Aspekte. Sie erklärte ihm, wie es allgemein zu einer Depression kommen kann, und dann im Detail, wie es in meiner persönlichen Situation dazu kam. *Dave* wusste bereits sehr viel, weil wir uns täglich austauschten, doch ich war froh, dass er die Informationen nun auch einmal direkt von einer Fachperson bekam. Zwischendurch fragte *Frau Lucas* ihn auch, ob er überrascht gewesen sei über meine Angstzustände und Panikattacken, wie er sie sich erklären konnte und wie er sich mit der ganzen Situation fühlte und zurechtkam. *Dave* antwortete sehr ruhig, war absolut ehrlich und ich war unglaublich stolz auf ihn, auch darauf, dass er sich überhaupt so gut darauf einließ. Ich musste immer wieder weinen, vor allem auch, als er erneut betonte, wir würden den Weg gemeinsam gehen, er würde jeden noch so kleinen Schritt unterstützen und ich würde alle Zeit der Welt haben. Er sagte auch, ich würde jetzt an erster Stelle stehen und danach käme ganz lange nichts. Das rührte mich erneut zu Tränen, wusste ich doch, dass die Zeiten sehr schwer waren und, dass wir schwierige Momente hinter uns hatten. Ich war einfach nur überwältigt davon, wie groß sein Herz war, wie stark er war und wie überzeugt und klar er zu mir stand. Ich war auch sehr erleichtert, als ich von *Dave* erfuhr, dass seine Mutter nach wie vor bereit war, die Kinder unter der Woche am Tag zu sich zu nehmen, wenn sie nicht in der Krippe waren. So hätte ich den ganzen Tag für mich und könnte dann am Nachmittag in Ruhe in die Tagesklinik gehen. Das hieß aber nicht, dass ich nur Freizeit hätte und einfach nur genießen könnte. Die Vorstellung davon, plötzlich wieder zu Hause zu sein, und vor allem ganz alleine, war nämlich alles andere als schön. Ich hatte großen Respekt vor dieser Situation, wenn ich mich erinnerte, wie es im Juli gewesen war, als ich kaum eine Minute alleine zu Hause sein konnte, weil ich ständig nervös war und Kreislaufprobleme hatte. *Frau Lucas* bestätigte mir jedoch genau in diesem Moment, dass ich heute an einem anderen Punkt stand als damals im Sommer, dass ich sehr viel gelernt hatte und sehr schnell auf einen guten Weg gekommen war. Sie machte mich aber auch darauf aufmerksam, dass auch Rückschläge und schwierige Momente normal wären. Sie würden zu einem Heilungsprozess dazugehören. Ein Erfolg gestaltet sich nicht nur auf einer geraden Linie. Pausen, Rückschritte und Stagnation gehören genauso dazu. Ich hörte es, hoffte aber fest, dass ich mit keinen Rückschlägen zu kämpfen haben würde.

Nach dem Gespräch machte *Dave* den Vorschlag, dass wir in einem Restaurant Mittagessen gehen könnten. Anstatt zu antworten, starrte ich angestrengt auf den Boden. Wir waren seit Jahren nicht mehr gemeinsam essen gewesen. Es war überhaupt schon Jahre her, dass wir das letzte Mal gemeinsame Zeit hatten. Es war eine schöne Vorstellung. Doch ich musste ihm auch mitteilen, dass wir wohl kaum nur zu zweit sein würden. Denn da gab es ja noch

Panoh. Mein Mann lachte, er kannte *Panoh* natürlich auch schon aus meinen Schilderungen. „Alles klar, *Panoh* darf mitkommen", sagte er grinsend und nahm mich bei der Hand. Ich war dankbar, dass er sich meinem gemächlichen Lauftempo anpasste, obwohl es mit seinen fast zwei Metern Körpergröße etwas ungemütlich wirkte. Ich überlegte mir, ob die Angst nun wiederkommen würde, ob *Panoh* auch wieder auftauchen würde. Nicht weit entfernt war ein kleines Restaurant. Die Sonne schien zwar bereits, aber es war immer noch ein bisschen frisch. Dennoch wollte ich unbedingt draußen sitzen. Wenn ich es schon wagen wollte, dann erst einmal draußen. Hier war zumindest genügend Sauerstoff, dachte ich. Wir setzten uns an einen der Tische ganz am Rande der Terrasse. Der Kellner begrüßte uns sofort und brachte uns die bestellten Getränke. Ich hätte zu gerne wieder einmal ein Bier getrunken, vermisste ich diesen wunderbaren Geschmack doch sehr. Doch ob *Panoh* und Bier sich vertrugen oder erst recht in einen Konflikt kämen, wollte ich lieber nicht herausfinden. Außerdem wollte ich mich auch noch in den letzten Tagen an die Hausregeln halten und auf Alkohol verzichten. Während wir auf die Vorspeise warteten, meldete sich *Panoh* an und kam auch relativ schnell immer näher. Das Warten löste die in letzter Zeit übliche Nervosität aus, es ging dann so weit, dass *Panoh* sich tatsächlich direkt neben mich an den Tisch setzte, unverschämt, wie er eben war. *Dave* und ich sprachen währenddessen kein Wort miteinander und ich war sehr froh darüber, da ich mich nun auf die erste richtige Diskussion mit *Panoh* konzentrieren wollte. In meinen Gedanken sprach ich ihn direkt an, fragte *Panoh*, ob er auch wieder da sei und ob er denn nie etwas alleine unternehmen könne. Mein Herz raste und mein Brustkorb spannte. Es waren nur die Brustmuskeln, die sich durch die angespannte Haltung meines Oberkörpers zusammenzogen und nicht mein Herz. Und das sagte ich *Panoh* auch, obwohl er es bestimmt wusste. Und ich wusste, was er wollte. Ich sollte denken, es wäre mein Herz, und ich sollte deswegen in Panik geraten. „Du kannst mir keine Angst machen. Mit meinem Herz ist alles in bester Ordnung. Und weißt du, *Panoh*, du kannst schon hier bei uns am Tisch sitzen, aber wenn es schon sein muss, dann sei etwas leiser, ich habe nämlich gerade überhaupt keine Zeit für dich. Heute esse ich endlich wieder einmal mit meinem Mann in einem Restaurant. Ja, du hast richtig gehört, ich sitze in einem Restaurant. Hättest du nicht gedacht, was?" Das Gespräch mit *Panoh* fand natürlich nur in meinem Kopf statt, aber ich formulierte jedes Wort, jeden Satz ganz klar und deutlich. Als sich mein Herzrasen trotzdem nicht beruhigte, ärgerte ich mich und die Stimme in meinem Kopf wurde noch lauter. Sie war sehr bestimmend. Was, wenn es sogar noch schlimmer wird? *Panoh* könnte sich nun so angegriffen fühlen, dass er zu einem brutalen Schlag ausholt. „Lass mich in Ruhe! Ich schaffe das auch ohne dich. Ich brauche dich nicht! Ich bin viel stärker als du, du bist nur ein Bluffer, eine Seifenblase! Du bist Illusion!" In meinem Kopf schrie ich. Und da passierte es. *Panoh* verschwand. Er löste sich einfach in Luft auf und die Panik war augenblicklich vorbei. Ich riss meine Augen auf und starrte meinen Mann an. Er lächelte und hob sein Bier, um mit mir und meinem Rivella rot anzustoßen. Er wusste genau, dass ich mit *Panoh* diskutiert hatte, und auch, dass ich als Siegerin hervorgegangen war. Nun wusste ich, dass *Panoh* wirklich nicht mit meiner Gegenwehr gerechnet hatte. Als ich ihm die Stirn bot, schrumpfte er sofort und trat den Rückzug an. Es war unglaublich. Viel konnte ich von meinem Salat nicht essen, ich stocherte mehr darin herum und auch vom feinen Thai-Curry rührte ich kaum etwas an. Doch das spielte keine Rolle. Ich hatte das erste Mal *Panoh* besiegt, ich saß in einem Restaurant und blieb auf meinem Stuhl sitzen, bis wir bezahlt hatten und das Lokal zwei Stunden später wieder verließen.

Das letzte und verlängerte Wochenende verging schnell. Es waren siebenundvierzig gute Stunden zu Hause mit meiner Familie. Ich konnte sogar *Leon* ins Bett bringen, hatte die Energie, ihm seinen Brei zu geben und *Lilly* eine Gutenachtgeschichte zu erzählen. Es war noch nicht viel, aber einiges mehr als an den letzten Wochenenden. Ich führte unuterbrochene Diskussionen mit *Panoh*, teilweise stritten wir uns richtig, ich brüllte ihn an und sagte ihm immer wieder, was für ein Nichtsnutz er sei.

Angst möchte ein Schutzmechanismus, ein Schutzfaktor für uns sein. Aber Panik ist Illusion. Panik brauchte ich nicht, denn wie bei allem, ist zu viel von etwas nicht mehr gut. Und Panik ist zu viel Angst. Also brauchte ich *Panoh* nicht. Die vielen Auseinandersetzungen mit ihm waren ziemlich anstrengend, doch so schaffte ich es tatsächlich, die Nervosität im Zaun zu halten und keine richtige Panikattacke zu bekommen. Ich konnte sie immer rechtzeitig abfedern und hatte so die Möglichkeit, die Zeit mit meine Familie etwas mehr zu genießen.

Gerade weil das lange Wochenende so gut verlief und ich schon seit drei Tagen keine Panikattacke mehr hatte, sondern höchstens einmal einen Anflug von Nervosität oder Unruhe, war es seltsam, noch einmal für drei Tage in die Klinik zurückzukehren. Aber die Klinik bald zu verlassen, war wiederum auch ein komisches Gefühl, da ich insgesamt ganze fünf Wochen hier lebte. Wirklich zu Hause war ich aber schon über zwei Monate nicht mehr, da ich vorher ja noch meinen Aufenthalt in der AFS hatte.

Am Montag kam mein Bruder mit seiner Freundin zu Besuch. Ich ging somit das erste Mal in das Kaffeehaus am Eingang. Es war sehr warm und sonnig und so konnten wir fast zwei Stunden draußen sitzen. Ich freute mich über ihren Besuch und sie waren sehr daran interessiert, was ich hier alles erlebte. *Aron* kam auch noch bei mir vorbei. Wir saßen eine ganze Stunde vor der Klinik auf der Parkbank in der Sonne und ich genoss es einfach, wieder einmal Zeit mit ihm zu verbringen. Wir kannten uns ja schon mehrere Jahre und waren die ganze Zeit immer sehr eng miteinander befreundet. Wir hörten und sahen uns auch sehr oft. Ich wusste nicht, woran es genau lag, dass ich nun doch den einen oder anderen Besuch mochte. Vielleicht lag es daran, dass ich mich einfach besser fühlte, oder daran, dass das Nachhausegehen nahte. Am Abend fühlte ich mich auch immer noch gut, ich war weder nervös noch war da eine Unruhe oder Erschöpfung vorhanden.

Und so vereinbarte ich sogar mit zwei Arbeitskolleginnen einen Besuch bei mir. Sie hatten beide Verständnis dafür, dass ich ihnen erst zwei Stunden vor der vereinbarten Zeit bestätigte, ob es tatsächlich dabei blieb. So nahm ich mir selber den Druck, dass es mir in diesem Moment gut gehen musste. Ich war schon etwas aufgeregt, das musste ich zugeben. Obschon sie Arbeitskolleginnen waren und mich in der Klinik besuchten, war es für mich aber irgendwie entspannter, als wenn andere Kollegen mich besucht hätten. Wir trafen uns auch wieder im Kaffeehaus vorne. Sie brachten mich mit News von der Arbeit auf den aktuellsten Stand und erzählten auch viel von sich. Ich war sehr froh, gerade am Anfang, dass ich einfach nur zuhören konnte und nicht gleich von mir erzählen musste. Natürlich interessierte es sie auch, was bei mir los war. Ich war einerseits überrascht und anderseits auch sehr erfreut, dass dieses ehrliche Interesse da war. So traute ich mich dann irgendwann auch, von mir zu erzählen. Anfangs etwas zögernd, aber als ich ihr Verständnis signalisiert bekam, traute ich mich auch mehr zu erzählen. Schlussendlich war es wie eine erste Mutprobe. Ich wusste vorher ja nicht, wie es sein würde, offen darüber zu sprechen, und es war wirklich eine Erleichterung.

Vor zwei Monaten hatte ich mich noch schrecklich dafür geschämt und wollte, dass keine Menschenseele von meiner Lebenskrise und meinem Aufenthalt in der Psychiatrischen Klinik erfährt. Lächelnd stellte ich fest, dass ich es endlich akzeptiert hatte. Und alles, was ich in den letzten Wochen gelernt hatte, über mich und mein Leben, das konnte mir keiner mehr nehmen. Nach zwei Stunden war ich dann müde von den vielen Informationen, den Gedanken an die Arbeit und dem Mut, den ich aufbrachte, um von mir zu erzählen. Ich sagte, dass ich nun eine Pause bräuchte und gerne wieder zurück auf die Station gehen würde. So verabschiedeten wir uns und ich ging meines Weges.

Tyra lief mir bereits entgegen, sie hatte mich überall gesucht. Dafür gäbe es aber keinen bestimmten Grund, meinte sie. Sie wollte einfach nur mit mir plaudern. Ich musste lachen, ich war zwar müde, aber es ging mir gut. In diesem Moment kam der Wagen mit dem Abendessen. Wir schnappten uns unsere Tablare und setzten uns in den Garten zu den anderen. Wir genossen den Abend, bis es dunkel und kalt wurde.

6

Austritt – Der Weg nach Hause

Ich erwachte bereits um sechs Uhr morgens, stand direkt auf, duschte und zog mich an. Mit Kaffee und Zigarette ausgerüstet, setzte ich mich in den Garten und erkundigte mich in unserem Gruppenchat nach *Shendy, Shirin* und *Mina*, wie es den Ladies zu Hause so erging. Ich fühlte mich richtig gut. Und ich wollte nach Hause. Vor ein paar Tagen wollte ich noch eine Woche verlängern, hatte Angst nach Hause zurückzukehren, doch heute fühlte es sich endlich richtig an. Es war Zeit und ich war bereit. Das Chaos in meinem Zimmer lag noch immer unberührt auf dem Boden. Es war nun Zeit, dieses aufzuräumen. Während mir unter den vielen Unterlagen die Aufführung des Rollenwechsels in die Hand fiel und ich sie kurz betrachtete, konnte ich feststellen, dass sich bereits einige Dinge für mich geändert hatten. Natürlich gab es immer noch einige Sachen vor dem Muttersein, die ich vermisste, andere und neue Dinge, die mir einfielen, aber teilweise auch die gleichen, die ich bereis notiert hatte. Aber die Aufführung auf der rechten Seite mit den positiven Aspekten konnte ich in Gedanken ergänzen. Nun waren es mehr positive Sachen für mich. Dass ich nicht mehr so viel arbeite, stand nun nicht mehr auf der negativen Seite, sondern auch bei den positiven Punkten. Denn ich arbeitete früher viel zu viel und machte mir auch viel zu viele Gedanken darüber. Sogar abends im Bett plagte ich mich früher noch mit der Aufzählung aller meiner Pendenzen. Ich hatte stets ein Projekt, ein Ziel, das ich immer verfolgte, was durchaus auch Gutes hatte, aber ich setzte mich selbst jedes Mal enorm unter Druck, dieses Vorhaben dann immer sofort und mit Bestleistung zu erreichen. Dabei gab es viel wichtigere Ziele und Projekte. Und es wurde mir klar, dass das wichtigste Projekt in meinem Leben ich selbst bin. Ich bündelte alle Unterlagen und stopfte sie in ein Sichtmäppchen, eigentlich war ich ziemlich erstaunt, dass ich überhaupt eines hatte. Natürlich, normalerweise hätte ich hier ja ein ganzes Regal mit Ordnern und Fachablagen stehen, sauber beschriftet und geordnet. Aber in diesem Chaos, das ich hier veranstaltet hatte, war es tatsächlich ein Wunder, ein Sichtmäppchen zu finden.

In der Gruppe erwähnte ich, dass ich mich mit dem Austritt beschäftigen würde, dass es mir gut gehe und dass ich bereits am Packen sei. Ich konnte es tatsächlich kaum erwarten, nach Hause zu gehen. Ich hatte auch keine Angst mehr, aber Respekt. Und Respekt war in der Angelegenheit gut, das wusste ich. Denn das hieß, dass ich die Situation nicht unterschätzen wollte. Ich hatte keine Therapie mehr für heute und morgen eingetragen. Das offizielle Programm war für mich beendet und so verbrachte ich die meiste Zeit damit, mich mit *Tyra* zu unterhalten, in meinem Mandalabuch zu zeichnen und mit *Pablo* zu schreiben. *Pablo* fehlte hier und besonders mir. Ich setzte mich das eine oder andere Mal auch wieder ans Klavier und hämmerte alleine ein bisschen darauf herum. Aber es war einfach nicht mehr Dasselbe ohne ihn. Am Wochenende erzählte ich meinem Mann, wie gerne ich ein Klavier zu Hause hätte, damit ich für mich weiter üben und spielen könnte. Doch er musste mir leider bestätigen, was ich ohnehin bereits wusste, nämlich, dass wir in unserer Wohnung keinen Platz dafür haben. Das große Aquarium, das bei uns steht, nimmt sehr viel Platz im Wohnzimmer ein. Von den vielen Kinderspielsachen brauchten wir erst gar nicht reden. *Dave* hatte natürlich recht und ich wusste, dass es auch mehr eine Wunschvorstellung war. Denn ob ich zu Hause dann auch wirklich noch Klavier gespielt hätte, wusste ich auch nicht. Und auch der Töggelikasten stand nun wieder einsam und verlassen im Raum und keiner wollte sich mit mir eine Partie liefern.

Beim Abendessen erzählte mir *Leyla*, sie hätte den Eindruck, bei ihr hätte sich nichts verbessert. Sie litt enorm unter ihrem

Herzrasen und selbst meine Idee mit *Panoh* half ihr nur bedingt. Sie hatte es sogar das eine oder andere Mal versucht, kam gegen ihren eigenen *Panoh* jedoch noch nicht genügend an. Ich versuchte, sie zu ermutigen: „Es ist Übung, knallhartes Training und du brauchst enorm viel Mut, dich dem schrecklichen Gegner zu stellen, der dir diese Todesangst verleiht."

Gestern Abend kam auch noch eine neue Patientin, sie schien aber gar nicht mein Fall zu sein. Sie drängte mich immer wieder dazu, sehr persönliche Fragen zu beantworten, und schien nicht zu merken, dass wir absolut keinen Draht zueinander hatten. Sie war jedoch die einzige Person, die mir in den letzten Monaten fremd geblieben war und an der ich absolut kein Interesse hatte. Es war für mich in Ordnung, ich muss nicht jeden mögen. Und umgekehrt muss auch mich nicht jeder mögen. Für mich war das Thema mit dieser Feststellung erledigt und ich versuchte, ihr so weit wie möglich aus dem Weg zu gehen.

Es war bereits mein letzter Abend in der Klinik. Ich war aufgeregt, beinahe etwas überdreht. Ich lachte und scherzte laut, klopfte dumme Sprüche mit den anderen und zählte innerlich nur noch die Stunden bis zu meinem morgigen Austritt um elf Uhr. *Shendy* würde mich abholen und nach Hause fahren. Ich versprach ihr bereits, sie zum Dank bei mir zu Pizza und Wein einzuladen. Ach, wie ich meinen Wein vermisste! Ich war auch froh, dass ich nicht alleine nach Hause kommen musste. Mein Mann und die Kinder würden erst abends zu Hause sein, so würde ich in Ruhe heimkommen können und mich zuerst wieder etwas an die Situation gewöhnen. Trotzdem würde ich dabei aber nicht ganz alleine sein, da *Shendy* auch da sein wird. Ich saß mit *Tyra* und *Rev* gerade im Garten, als ich eine Nachricht von meinem Mann erhielt. Eigentlich war es nur ein Foto, ganz ohne Text dazu. Ich öffnete die Nachricht und blickte auf ein Foto, auf dem meine Tochter an einem Klavier sitzt. Ich hielt mein Handy direkt vor meine Augen, kroch beinahe in das Gerät hinein und betrachtete es noch genauer und dabei stockte mir der Atem. Das Foto wurde bei uns zu Hause im Wohnzimmer aufgenommen. Ich traute meinen Augen nicht, ich zoomte es immer wieder näher heran und stellte jedes Mal fest, dass es sich tatsächlich um ein Klavier in meinem Wohnzimmer handelte. Ich konnte es kaum fassen. Wie kam es, dass mein Mann, der vorgestern noch gesagt hatte, und zwar zu Recht, dass wir keinen Platz dafür hätten, nun ein Klavier organisiert und bereis bei uns zu Hause aufgestellt hat? Ich hatte Gänsehaut. Das war mein *Dave*, einfach unglaublich. Was für eine Liebeserklärung! Ich rief ihn sofort an und rang nach den richtigen Worten, um mich für dieses tolle Geschenk zu bedanken. Wenn ich morgen also nach Hause kam, würde dort nun doch ein Klavier stehen. Und wie *Lilly* sich darüber freute und auf dem Foto strahlte, begeisterte mich restlos. Ich musste es gleich allen in der Runde erzählen.

Es war Mittwoch, der 16. September und somit mein Austrittstag. Während ich duschte, ging ich in Gedanken die letzten Wochen durch. Fünf Wochen habe ich hier verbracht. Fünf Wochen, von denen ich vor meinem Eintritt in die Klinik dachte, dass ich sie nicht packen könnte. Und nun war die Zeit so schnell vorbei, dass sie mir wie zwei Wochen vorkam. Was ich hier aber alles erlebte, war unglaublich, diese Zeit hatte mich wahnsinnig geprägt. Und heute war der Tag, an dem ich endlich wieder nach Hause gehen durfte. Es würde schon gut werden, sagte ich vor mich hin, während ich mich ankleidete, die restlichen Toilettenartikel im Necessaire verstaute und dann in den bereits überfüllten Koffer stopfte. Nun gab es nur noch das Austrittsgespräch, welches mich von meinem Zuhause trennte.

Frau Lucas erwartete mich bereits. Ich überreichte ihr ein Mandala und einen Brief, welchen ich gestern Abend noch für sie geschrieben hatte. Es war mir wichtig, mich mit meinen eigenen Worten bei ihr zu bedanken. Vor fünf Wochen fing sie mich an meinem absoluten Tiefpunkt auf und ermutigte mich dazu, mich mit meiner Vergangenheit und mit mir selbst auseinanderzusetzen. Sie motivierte mich dazu, Dinge neu zu betrachten und neu zu werten, andere und neue Prioritäten zu setzen. Und vor allem hat sie mir endlich gezeigt, wo die Handbremse ist. *Frau Lucas* versicherte mir, sie sei davon überzeugt, dass ich auf einem guten Weg war, und sie bat mich darum, mir weiterhin selbst zu erlauben, in kleinen Schritten vorwärts zu gehen und mir stets eine Pause zu gönnen. Ich nickte, denn genau diese Dinge hatte ich vor.

Von *Frau Marty* konnte ich mich leider nicht mehr verabschieden, da sie ferienhalber abwesend war. Aber auch ihr war ich für so viele Dinge dankbar. Sie hatte mich immer unterstützt, mich auch mit unangenehmen Fragen konfrontiert und dabei immer an mich und meine Fähigkeiten geglaubt. Nun waren es noch dreißig Minuten, bis *Shendy* hier sein wollte. Ich lief noch einmal durch die ganze Station, bestaunte jedes einzelne der Bilder und verweilte auch nochmals für ein paar letzte Minuten am Klavier. Danach musste ich mich von den anderen verabschieden. Von *Tyra* erhielt ich sogar einen Brief, welchen ich mir vornahm, ganz in Ruhe zu Hause zu lesen. Ich drückte alle fest an mich. Dieser Abschied fiel mir aber nicht so schwer wie die bisherigen, weil ich selbst nach Hause gehen durfte. Und weil ich auch wusste, dass ich den einen oder anderen bestimmt wieder einmal sehen würde. Und mit *Tyra* hatte sich sogar eine schöne Freundschaft entwickelt.

Die Fahrt nach Hause verlief problemlos, *Panoh* hatte nicht einmal die Gelegenheit, sich zu melden. Denn *Shendy* und ich unterhielten uns die ganze Zeit und es kam mir gar nicht in den Sinn, dass ich nervös sein könnte. Zu Hause bestellte ich dann gleich Pizza bei unserem Lieblingsitaliener und machte den Wein auf. Es war wunderschönes Wetter und so konnten wir es uns auf unserem Sitzplatz gemütlich machen. Ich war natürlich nicht ganz so entspannt, wie ich es gerne gewesen wäre. Es war ein seltsames Gefühl, wieder zu Hause zu sein und zu wissen, dass ich nun hier bleiben würde und nicht wieder zurück in die Klinik ging. Obschon ich meinen Wein die ganze Zeit über vermisst hatte, konnte ich nur einen kleinen Schluck davon trinken. Ich hatte nämlich überhaupt keine Lust auf Wein, ein sehr seltenes Phänomen bei mir. Aber es war richtig schön, wieder einmal mit *Shendy* zu plaudern, und ich genoss den Nachmittag trotz der Unruhe in mir sehr. Bevor dann mein Mann und die Kinder nach Hause kamen, wollte ich noch etwas Zeit für mich haben. Ich war ziemlich müde, geschah mit dem Weg nach Hause emotional heute doch einiges mit mir. So nahm ich mir die Zeit, in Ruhe zu duschen, und konnte es dann kaum erwarten, endlich meine Schätze in die Arme zu nehmen und *Lilly* zu sagen, dass ich nun nicht mehr in die Kur musste und zu Hause bei ihr bleiben konnte. Als es so weit war, konnte ich ihr die Unsicherheit darüber ansehen, ob das nun stimmte, denn sie sah mich immer wieder sehr skeptisch an. Den ganzen Abend über musste ich ihr immer wieder versprechen, dass ich die Wahrheit gesagt hatte und, dass ich hier bleiben und fortan wieder zu Hause schlafen würde. Ich konnte meine beiden Kinder nicht oft genug an mich drücken, sie mit Küssen überhäufen und ihnen sagen, wie sehr ich sie liebe.

Obwohl ich nun zu Hause war, war es nicht mehr das Gleiche. Mir fiel ein Spruch von den Lebenskarten aus der AFS ein: *Nichts bleibt, wie es war.* Wie wahr das doch ist. Alles verändert sich, fortlaufend und ständig. Ich hatte mich verändert, ich war nicht mehr die Gleiche wie vor zwei Monaten, meine Kinder hatten sich verändert, mein Mann, die ganze Situation. Es war das einzige, worauf ich mich verlassen konnte, die Veränderung. Ich war müde und erlaubte mir auch, das zu sagen. Nur, dass ich nun zu Hause war, hieß nicht, dass ich den Kleinen ins Bett bringen musste. Ich musste nicht. Ich bemühte mich auch, das Wort müssen nicht mehr so oft zu benutzen. Es ist viel zu negativ behaftet und zwingt einen, Dinge zu tun. Allein die Formulierung setzt unter Druck. Also versuchte ich es mit der Umformulierung, das Ganze zu relativieren, indem ich mir sagte, dass es gut wäre, wenn ich *Leon* ins Bett bringen würde. Aber ich war wirklich erschöpft von meiner Rückkehr und so konnte ich, ohne dabei ein Schuldgefühl zu empfinden, meinen Mann darum bitten.

Als ich im Bett war, träufelte ich mir noch ein paar Tropfen Lavendelöl auf den Duftstein. Ich hörte auch noch eine Weile Entspannungsmusik und versuchte mit einer Achtsamkeitsübung zur Ruhe zu kommen. Es war nicht so, dass ich das alles tat, weil ich ansonsten den Schlaf nicht gefunden hätte. Ich tat es, weil es mir einfach guttat.

7

Mein neuer Alltag

Ich schaffte es, früh morgens mit meinem Mann aufzustehen, die Kinder zu wecken und für die Krippe bereit zu machen. Ich merkte jedoch auch bald, dass ich froh war, wenn sie dann aus dem Haus waren und ich mich ausruhen konnte. Diese wenigen Sachen waren noch sehr anstrengend für mich. Und obwohl ich merkte, wie müde ich war, konnte ich die darauffolgende Nervosität ziemlich gut in Schach halten. Ich sagte *Panoh* auch schon bald, dass ich heute keine Zeit für ihn hätte, dass ich anderes vorhätte, als mich mit ihm herumzuschlagen. Und ich sagte mir selbst, dass es in Ordnung war, dass ich müde war, denn schließlich war es auch noch früh am Morgen und mein erster Tag wieder zu Hause. Ich gönnte mir eine lange Dusche, wusch mein Haar und feilte mir die Nägel. In den letzten Monaten hatte ich natürlich erkannt, dass es nicht nur diese Dinge sind, die zur Selbstfürsorge zählen, aber sie gehören genauso dazu. Danach suchte ich im Internet nach ein paar schönen Musiknoten, druckte sie aus und setzte mich an mein eigenes, wunderschönes Klavier. Über zwei Stunden konnte ich mich auf die Welt der Musiknoten, Viervierteltakte und Melodien einlassen und konnte es richtig genießen. Zu Mittag machte ich mir einen großen Teller Pasta, so viel, dass es auch abends, aufgewärmt, für alle reichte.

Am späteren Nachmittag kam dann *Pablo* vorbei. Ich freute mich riesig auf seinen Besuch und auch darüber, dass er bereits an meinem ersten Tag zu Hause vorbeikam. Ich war erstaunt, wie ruhig ich damit umgehen konnte, alleine zu Hause zu sein, hatte ich doch ursprünglich so großen Respekt vor dieser Situation gehabt. *Pablo* und ich saßen bei uns im Garten und hörten Musik. Es war schön, mich endlich wieder mit ihm auszutauschen. Wir hatten uns sehr viel zu erzählen, er von seiner Zeit, seit er die Klinik verlassen hat, und ich vor allem von der restlichen Zeit, die ich dort noch verbracht hatte. Besonders der Moment, als er abends mit meinen Kindern spielte, nachdem *Dave* mit ihnen nach Hause gekommen war, war toll. *Pablo* hatte nicht vieles in seinem Leben, was ihm Spaß machte oder Freude bereitete. Umso schöner war es, ihn so zufrieden und lachend mit meinen Kleinen zu sehen. Als die Kinder dann im Bett waren, ging ich auch direkt schlafen. Ich war müde und es war für mich in Ordnung so. Es war kein Vergleich zu dem, was ich früher alles an einem Tag gemacht hatte, doch es musste und durfte auch nicht mehr das Gleiche sein. An diesem Abend hatte ich eine Menge positive Punkte vom vergangenen Tag aufzuzählen und so schlief ich rasch und gut ein.

Der nächste Tag war leider nicht so gut. Ich erfuhr zwar erfreulicherweise, dass ich bereits in drei Tagen in der Tagesklinik eintreten durfte, aber auch, dass mich die Psychiatrische Spitex, welche bereits im Sommer bei mir gewesen war, bei den geplanten Expositionsübungen mit Bus- und Autofahrten nicht begleiten konnte. Das, weil die Finanzierung über die Krankenkasse der beiden parallelen Behandlungen nicht klar war. Heute Nachmittag durfte ich bereits zum Eintrittsgespräch und meine Fallführerin in der Tagesklinik kennenlernen. Ich war davon ausgegangen, dass ich davor mit der Psychiatrischen Spitex noch etwas üben würde, wieder in einen Bus zu steigen oder mich selbst hinter das Steuer meines eigenen Autos zu setzen. Irgendwie musste ich ja nun jeden Tag in die Tagesklinik kommen. Doch nun hatte ich diese Begleitung nicht mehr und ich war verzweifelt. Nach dem Telefongespräch mit der Spitex und dieser Hiobsbotschaft war ich am Boden zerstört. *Panoh* leistete mir natürlich sofort Gesellschaft und ich wurde schlussendlich wieder so nervös, dass ich meinen Vater anrufen und bitten musste, bei mir vorbeizukommen und mich zu fahren. Es war seltsam und wahnsinnig frustrierend für mich, dass *Panoh* wieder da war, konnte ich die letzten Tage doch gut ohne ihn auskommen. Ich war jedoch erleichtert, dass ich kein schlechtes Gewissen hatte, dass mein Vater nun extra vierzig Minuten mit dem Auto herfahren musste, um mich in die Tagesklinik zu bringen. Ich wusste, dass er mir gerne half und, dass er sich freute, mich zu sehen. Er stellte am Telefon auch nicht viele Fragen, sondern sagte sofort, dass er herkommen würde. Mein Vater wartete im Auto auf dem Parkplatz, ausgerüstet mit seiner Lesebrille und einer Zeitung. Währenddessen ging ich in die Tagesklinik zum Eintrittsgespräch mit *Frau Diener*. Ich erzählte ihr, dass der heutige Tag für mich schwierig war, dass ich mich hilflos fühlte, aber auch, dass ich es schaffte, meinen Vater um Unterstützung zu bitten. *Frau Diener* lobte mich dafür, dass ich mir erlaubt hatte, Hilfe zu holen, und fand es sehr mutig von mir, dass ich nächste Woche selber versuchen wollte, täglich hierher zu kommen. Sie sagte, andere hätten den Eintritt in die Tagesklinik unter diesen Voraussetzungen verschoben, ich war jedoch mutig genug gewesen, es alleine zu versuchen. Aus dieser Perspektive hatte ich es noch gar nicht betrachtet. Für mich war die Verschiebung des Eintritts in die Tagesklinik auch unter den gegebenen Umständen keine Option gewesen. Ich musste zugeben, vor ein paar Wochen wäre das vielleicht noch der Fall gewesen, doch heute nicht mehr. Ich wollte in die Tagesklinik, wollte herausfinden, ob sie mir hier helfen konnte, den Weg zurück in den Alltag zu schaffen. Auch wenn es bedeutete, ohne die Begleitung der Psychiatrischen Spitex und im schlimmsten Fall mit der unerwünschten Begleitung von *Panoh* hierher zu kommen. Nachdem ich diese Erkenntnis gewonnen hatte, ging es mir wieder ein bisschen besser. *Frau Diener* erklärte mir nochmals das Programm, welches mir bereits der Oberarzt beim Erstgespräch vorgestellt hatte. Dieses Mal hörte es sich für mich gut an und ich war überzeugt, dass es mir helfen konnte, auch wieder eine Tagesstruktur zu finden. In der Klinik war vieles vorgegeben gewesen und es wurde praktisch alles für mich geregelt. Wieder zu Hause war es nun wieder anders. Ich schrieb keine To-do-Listen mehr oder Ziele, was ich alles in dieser Woche erreichen wollte. Ab und zu musste ich mich auch wieder dazu zwingen, den Stift, den ich bereits in der Hand hielt, wieder zurückzulegen, damit ich eben genau das nicht tat. So nahm ich mir vor, einfach jeden Tag eine Expositionsübung zu wagen, mich also wieder einer Situation zu stellen, die mir zur Zeit noch Angst machte. Ich nahm mir auch vor, jeden Tag mittags etwas zu essen. Das Essen musste ich mir tatsächlich fix einplanen, weil ich mir das bis dahin immer nur erlaubt hatte, wenn ich fand, dass ich auch Zeit dafür hätte. Nur an den Tagen, an denen ich arbeitete und im Büro war und mittags alle in der Kantine waren, aß ich meistens zu Mittag. Zu Hause fand ich immer andere Sachen, die ich als wichtiger erachtete. Ich schaffte es, in den nächsten beiden Tagen jeweils einmal an die Tankstelle zu gehen und dort etwas Kleines einzukaufen. Einen anderen Tag wagte ich mich sogar in unseren Dorfladen, um dort etwas mehr Zeit zu investieren, da ich drei Dinge kaufen wollte. Ich wusste und hatte auch gelernt, dass ich mich nicht gleich überfordern durfte. Gleich einen Wocheneinkauf vorzunehmen, wäre fatal gewesen. Viele kleine Zwischenschritte zu überspringen, hätte bedeutet, dass vielleicht das Ganze nach hinten losgegangen wäre. Ich hatte beide Male starkes Herzklopfen, doch ich konnte mich selbst gut beruhigen, mir Mut zusprechen und mir sagen, dass ich das gut machte. *Panoh* war in diesen Momenten nicht einmal dabei. Danach war ich aber auch jedes Mal sehr müde, es war anstrengend für mich, vor allem auch zu verhindern, dass ich vorher nicht bereits Angst vor der Angst hatte. Die Kinder waren tagsüber immer noch bei meiner Schwiegermutter oder in der Krippe. So hatte ich den ganzen Tag für mich zu Hause, um diesen selbst zu gestalten. Ich war sehr froh, dass das so aufging und, dass meine Schwiegermutter bereit war, uns weiterhin zu unterstützen. Ich war dankbar und freute mich sehr darüber, dass sie sich so gut mit unseren Kindern verstand.

In meinem neuen Alltag nahm ich mir viel mehr Zeit für mich selber. Ich trank meinen Kaffee heiß und in Ruhe, nahm mir Zeit, zu duschen und mich auch einmal entspannt hinzusetzen und Fotos der Kinder anzuschauen. Ich gönnte mir die Zeit, wieder mit dem Lesen zu beginnen, spielte täglich Klavier und kochte mir mittags etwas Gutes. Auch die Zeit für Hausarbeiten beschränkte ich täglich auf höchstens eine Stunde, damit ich stets genügend Energie hatte, um mich auch abends wieder auf meine Kinder zu freuen, mit ihnen Zeit zu verbringen und sie dann ins Bett zu bringen. Es war ein neuer Alltag, ein Alltag, in dem ich mir selber genügend Wichtigkeit gab, und ein Alltag, welchen ich bewusst, in Ruhe und mit Gelassenheit leben konnte.

Am Sonntagabend schaffte ich es dann, mich an den Computer zu setzen und das Email an mein Team im Büro zu schreiben. Ich hatte es schon seit Wochen vor und an diesem Tag passte es dann auch für mich. Mir war das Email an meine Arbeitskollegen sehr wichtig. Einerseits wollte ich mein Team informieren, andererseits ihnen aber auch mitteilen, dass sie und meine Arbeit mir nach wie vor sehr wichtig waren und ich mich freute, bald wieder zurückzukehren. Es lag mir auch am Herzen, allfällige Gerüchte aus dem Wege zu räumen, und so schrieb ich ihnen sehr offen und ehrlich, was bei mir in den letzten Monaten alles passiert war.

Ich war auch bereit, mich nun mit der Idee zu beschäftigen, wie ich mich richtig von *Stefan* verabschieden konnte. *Frau Lucas* hatte mir eine Wanderung vorgeschlagen, doch wenn ich so nach draußen sah, war es bereits Herbst, kalt und regnerisch und somit nicht gerade einladend für eine Wanderung. Ich suchte dennoch nach ein paar schönen Wanderungen, die ich dann im nächsten Frühling umsetzen würde können. Ein paar Tage später merkte ich aber, dass ich diese Wanderung nicht auf den nächsten Frühling vertagen wollte. Dieser Schritte war für mich sehr wichtig und er gehörte zum Prozess, den ich jetzt durchmachte. Ich wusste, wenn ich diese Wanderung unternommen hatte, würde es mir besser gehen, also wollte ich sie jetzt machen. Auf der Suche nach meiner perfekten Wanderung stieß ich auf den bekannten Jakobsweg, den *ViaJacobi*. Für die meisten ist diese Wanderung mit dem Glauben an Gott geknüpft, mit dem Ziel, nach *Santiago de Compostela* zu pilgern. Für mich persönlich hatte es aber absolut nichts mit Gott zu tun, für mich stand im Vordergrund, das Erlebte aus den letzten Monaten nochmals zu verarbeiten, mir Gedanken dazu zu machen und vor allem, mich symbolisch von meinem allerbesten Freund zu verabschieden. So ließ ich eine Kette mit einem Herzanhänger und einem dazugehörigen Schlüssel gravieren und schrieb *Stefan* einen persönlichen Brief, welchen ich zu einem Papierschiff faltete. Die Schulzeit war schon viele Jahre her und ich musste lachen, als mein Mann mir eine Videoanleitung unter die Nase hielt, damit ich mein Papierschiff auch richtig falten konnte. In meinem Brief an *Stefan* schrieb ich ihm, wie sehr ich ihn über all die Jahre vermisste und, dass es bis heute keinen Tag gab, an welchem ich nicht an ihn denken musste, wie viel ich mit ihm noch hätte erleben wollen und, dass es so vieles gab, was ich ihm zu erzählen hätte. Aber auch, dass die Zeit nun gekommen war und wir beide endlich Frieden finden mussten. Ich konnte ihn über diese vielen Jahre hinweg niemals richtig gehen lassen, weil ich ihn so sehr festhielt und mich an den Erinnerungen an ihn festklammerte. Und aus dem gleichen Grund konnte ich auch nicht weitermachen.

In den nächsten Tagen verbrachte ich viel Zeit damit, die Etappen des *Schweizer Jakobswegs* zu studieren, las Karten und Bücher und organisierte mir eine perfekte Wanderausrüstung. *Dave* musste lachen und fand, dass ich mit meiner Vorbereitung und Ausrüstung direkt an einem Survivalcamp in der Wildnis hätte teilnehmen können. Meine ganze Vorbereitung war übertrieben, das wusste ich, und auch, dass ich auf meiner Wanderung nicht einmal die Hälfte davon brauchen würde. Die Wanderung an sich betrachtete ich zumindest in kleinen Schritten. Ich konnte so weit gehen, wie ich wollte, und bereits die erste Zugfahrt war für mich eine Herausforderung. Ich wollte das Ganze für mich tun, nicht einmal für *Stefan*, sondern für mich. Denn ich wollte loslassen, damit meine Seele Ruhe fand. Ich war sehr aufgeregt über mein Vorhaben und freute mich riesig, dass *Tyra* Lust hatte, mich auch ein Stück zu begleiten. *Tyra* war immer noch in der Klinik und ich freute mich, dass das Pflegepersonal bereit war, sie in dieser Zeit keinem Therapieprogramm zuzuteilen. Damit ich mein Vorhaben umsetzen konnte, war es für mich wichtig, dass ich zuerst einmal mit dem Bus alleine in die Tagesklinik kam.

8

Via Jacobi – Mein Papierschiff im See

Vor meiner ersten Busfahrt musste ich gleich zwei *Relaxane* schlucken. Ich war sehr dankbar dafür, dass die pflanzliche Arznei bei mir wirklich so viel half. Bei manch anderen pflanzlichen Medikamenten hatte ich nämlich so meine Zweifel. Doch das *Relaxane* half jedes Mal, es brauchte einfach eine Weile, bis sich die Wirkung entfalten konnte. So nahm ich die erste zwei Stunden, bevor ich los musste, damit ich zu Hause nicht mehr so nervös durch die Wohnung tigerte und die zweite eine halbe Stunde, bevor ich mich dann tatsächlich auf den Weg machte. Ich verabschiedete mich aktuell von meiner Handtasche und verstaute sie weit hinten im Kleiderschrank. Stattdessen holte ich einen Rucksack aus dem Keller hervor. Schließlich musste ich nicht toll aussehen und auch nicht chic umherstolzieren. Es musste nur bequem und nützlich sein. Im Rucksack hatte ich auch genügen Platz für meine große Wasserflasche, ein weiteres *Relaxane* zur Sicherheit, meinen Duftstift und noch einen weiteren Lavendelstift, welchen ich in der Apotheke fand. Es war ein ganz neues und ungewohntes Gefühl, dass ich mit einem Rucksack am Rücken auf die Straße ging. Mit den Kopfhörer in den Ohren versuchte ich, mich in den fünf Minuten zur Busstation etwas abzulenken, mich darauf zu konzentrieren, langsam zu gehen, und vor allem regelmäßig und in Ruhe zu atmen. Ich war sehr nervös vor der Busfahrt, denn aus diesem könnte ich nicht einfach aussteigen, wenn ich eine Panikattacke hätte. Dort drinnen würden andere Menschen sein, die es mir vielleicht ansehen würden, und Fenster und Türen würden geschlossen sein, was

226

nicht unbedingt förderlich für meine Atemnot in solch einer Situation wäre. Zudem musste man aktuell auch in den öffentlichen Verkehrsmitteln eine Schutzmaske tragen, zum Schutz vor weiteren Ansteckungen mit *Corona*. Es gab also ganz viele Faktoren, welche buchstäblich auf mich warteten und in mir Angst auslösten. Hätte ich mich für das Auto entschieden, wäre mir die Maske zumindest erspart geblieben, doch das Autofahren fand ich im Moment noch eine Stufe schwieriger. Über meine Kopfhörer sang *Zucchero*. Doch so sehr sich der italienische Sänger auch bemühte, er konnte mich nicht ablenken. Ich überquerte die Hauptstraße mittels Fußgängerstreifen und marschierte zur Bushaltestelle hinauf. Und da stand er und sah mich dabei direkt an. Wie angewurzelt blieb ich stehen, instinktiv hielt ich die Luft an und gleichzeitig setzte sich mein Herzschlag in unermesslicher Geschwindigkeit in Bewegung. Ich konnte es kaum fassen, war sprachlos und entsetzt. Bis dahin hatte ich mir immer nur vorgestellt, wie er war, wie sein Verhalten war und sein Charakter, und was er alles Böse mit mir wollte. Doch ich hatte mich bis zu diesem Zeitpunkt tatsächlich nie gefragt, wie *Panoh* aussah. Und nun stand er da, direkt vor mir, und wartete an der Bordsteinkante neben der Bushaltestelle auf mich. So sah er also für mich aus. Die Panik, die hier bereits auf mich wartete. Es hätte eigentlich keine Überraschung sein sollen, da ich schon davon ausgehen hätte können, dass ich bei der Busfahrt Panik bekommen würde. Ich war jedoch tatsächlich neugierig und kam vorsichtig etwas näher und versuchte ihn, jedoch immer noch mit guter Distanz, etwas genauer zu betrachten. Für anderen Personen, die auch an dieser Bushaltestelle auf den Bus warteten, wirkte ich wahrscheinlich etwas verloren, als ich da ein leeres Loch in die Luft starrte. Vielleicht waren sie aber auch mit sich selbst beschäftigt, sodass sie es sowieso nicht mitbekamen. Verwundert stellte ich fest, dass *Panoh* einem *Dementoren* sehr ähnlich sah, einer dieser schrecklichen Gestalten aus den Romanen von *Harry Potter* von *J. K. Rowling*, welche als Wächter des Hochsicherheitstraktes, dem Gefängnis in der Zaubererwelt in Askaban, einem das ganze Glück aus der Seele saugten. Bei einem *Dementoren* in

Harry Potter handelte es sich um eine schwebende, pechschwarze Gestalt in weitem Kapuzenumhang, dessen Gesicht Muskeln und Haut fehlten, zu erkennen waren jeweils nur die Knochen und ein paar zerfetzte Muskelfasern. Bei *Panoh* gab es einen Unterschied, was sein Gesicht betraf. Denn dort, wo eigentlich sein Gesicht sein sollte, war nur ein schwarzes, tiefes Loch. Bei *Panoh* konnte ich auch keinen Mund erkennen, dieser war bei den *Dementoren* zumindest teilweise noch ersichtlich. In den Erzählungen von *Harry Potter* wurde es den Betroffenen immer eiskalt, wenn ein *Dementor* in naher Umgebung war, ich hingegen begann in direkter Anwesenheit von *Panoh* sofort zu schwitzen und mein Shirt klebte sehr unangenehm unter meinen Achseln.

Panoh war tatsächlich riesig und schwebte bedrohlich auf dem Trottoir vor mir. Mein Herz raste und ich spielte nervös mit den Bändern meiner Schutzmaske, welche ich bereits in den Händen hielt. Der Bus kam und ich stieg ein. *Panoh* kam natürlich mit, setzte sich sogar direkt in die Reihe vor mir. Ich konnte seine Arroganz förmlich riechen. Ich überlegte mir, wieder auszusteigen, nach Hause zu gehen und mich kurzfristig in der Tagesklinik abzumelden. Doch in diesem Moment fuhr der Bus bereits los. Unter meiner Schutzmaske zwang ich mich, ruhig und kontrolliert zu atmen, meine Brillengläser liefen sofort an und so versuchte ich durch den Nebel der beschlagenen Gläser durch die großen Fensterscheiben nach draußen zu starren. Ich versuchte, die Dinge zu fixieren, die an mir vorbeizischten und mich irgendwie vom grässlichen Gestank *Panohs* ablenkten. Nach zwei Stationen begann der Schmerz in meinem Brustbereich, mein Herz wollte wieder explodieren. Ich stand auf und hielt mich auf wackeligen Beinen an einer Haltestange fest. Ich nahm mir vor, bei der nächsten Station auszusteigen. Doch bis zur Tagesklinik waren es noch mindestens drei Kilometer. Und ich wusste nicht, ob ich diese Distanz in meiner momentanen Verfassung schaffte. So ertrug ich meine Todesangst und riss mir an der letzten Haltestelle dann erleichtert die Schutzmaske vom Gesicht herunter, als ich endlich wieder an der frischen Luft war.

So trainierte ich nun täglich die Busfahrt, um am Therapieprogramm in der Tagesklinik teilzunehmen. Es war, wie alles, Übung und der Mut, mich dieser schrecklichen und herausfordernden Situation zu stellen. *Panoh* war stets dabei, doch ich konnte nach einer Woche bemerken, wie er sich immer weiter von mir entfernt niederließ. Am Freitag saß er bereits ganz am Ende des Busses. Ich konnte seinen Gestank nicht mehr riechen und schwitzte auch nicht mehr. Auch mein Herzschlag wurde bei jeder nächsten Fahrt ruhiger. Ich wurde mutiger und sagte *Panoh* bereits, wenn ich das Haus verließ, dass er gar nicht erst mitkommen müsste. Und falls doch, dass er wissen müsste, dass ich mich ihm stelle und gewinnen würde. Anfangs schien ihn das noch nicht zu beeindrucken, doch irgendwann ließ er von mir ab und ich schaffte es nach zwei Wochen, den Bus ohne Nervosität, ohne Angst und Panik zu nutzen. Ich machte mir keine Gedanken mehr darüber, ob ich während der Fahrt wieder aussteigen würde müssen oder ob ich es lebend bis in die Tagesklinik schaffen würde. Aber dieses Training war enorm anstrengend, die Fahrt hin und nach der Tagesklinik wieder zurück war extrem ermüdend. Abends war ich so fertig, dass ich gleichzeitig mit den Kindern zu Bett ging. So konnte ich aber feststellen, dass gegen *Panoh* nicht das Gefühl von Liebe half, wie es bei den *Dementoren* in *Harry Potter* der Fall war, sondern mein Selbstbewusstsein. Es war der Glaube an mich selbst und in meine Fähigkeiten, welche ich besitze.

Ich trainierte jeden Tag und in jeder Situation. Ich ging wieder einkaufen, setzte mich in mein Auto und überwand mich abends auch, länger aufzubleiben, damit ich wieder einen vernünftigen Tagesrhythmus bekam. Ich aß noch immer nicht viel, aber ich aß regelmäßig. Auch meine ambulante Psychologin besuchte ich einmal die Woche. Ich kannte sie natürlich noch nicht so gut, da ich im Sommer nur wenige Male die Gelegenheit hatte, bei ihr in Behandlung zu sein. Diese Unterstützung war mir aber wichtig, denn auch, wenn schon vieles besser klappte, ich mich auf einem guten Weg befand und auch mehrheitlich gute Tage hatte, wusste ich, dass ich weiterhin in kleinen Schritten vorwärts gehen musste. Es war nicht die Geschwindigkeit, die ich bevorzugte, und schon gar nicht jene, die ich von mir selbst gewöhnt war, aber es war das einzig richtige Tempo im Moment.

So fasste ich dann auch meinen Mut zusammen und traute mich, mit Wanderschuhen, Wanderstöcken und einem großen Rucksack ausgerüstet, auf meinen *ViaJacobi*. Das meiste, was ich dabei tat, war natürlich wandern und über die letzten Monate nachdenken. Wo ich anfangs dieses Jahres noch war und wo ich heute nun stand, was ich alles gelernt hatte, welche Begegnungen und Erkenntnisse ich hatte und wie es mir dabei erging. Die Etappe von *Rapperswil SG* nach *Einsiedeln* SZ gefiel mir sehr gut. Die Zugfahrt nach *Rapperswil* selber war jedoch wieder eine Qual. *Panoh* wusste wohl, dass mir diese Etappe besonders wichtig war. Auch im Zug konnte ich in einem Notfall nicht einfach aussteigen, also wusste ich, dass ich ausharren und die Situation ertragen musste. Auch die vielen Menschen am Zürcher Hauptbahnhof machten mich an diesem Tag nervös, ich fand es schrecklich, wie gestresst und genervt alle waren. So war das Leben heute, voller Stress, Termin- und Zeitdruck. Ich war froh, als *Tyra* sich dann in Männedorf dazugesellte, wie versprochen, begleitete sie mich an diesem wichtigen Tag. Heute hatte ich nämlich vor, mein gefaltetes Papierschiff in einem Gewässer auf seine Reise zu schicken. Den Schlüssel mit *Stefans* Namen eingraviert, hatte ich bereits daran befestigt. Das Gegenstück mit dem Herzen trug ich um meinen Hals. Während der restlichen Zugfahrt spielte ich mit einem kleinen Igelball, diesen hatte ich für einen Notfall immer dabei. Einen solchen Ball, mit kleinen Plastikspitzen versehen, der einem als Hilfsmittel in einer solchen Situation diente, nennt man auch Skill. Solche Skills sind mehrheitlich von Personen, die an Borderline-Persönlichkeitsstörungen leiden, bekannt. Menschen, die den Drang haben, sich selbst zu verletzten können sich mit einem solchen Gegenstand oft soweit ablenken, dass sie sich selbst wieder besser spüren können und somit diesem Drang entgegenwirken. Mir half es ebenfalls, mich abzulenken, nämlich soweit, dass ich meine Nervosität irgendwie aushalten konnte. Ich war froh, dass *Tyra* im Zug noch nicht viel sprach und ich mich schweigend auf die Fahrt bis *Rapperswil SG* konzentrieren konnte. In der *Pilgerherberge Rapperswil* holten wir uns einen Pilgerstempel für den offiziellen Pilgerpass und tauschten uns kurz mit dem freundlichen Gastführer der Herberge aus.

Die Wanderung startete mit dem Weg von *Rapperswil SG* über den langen Pilgersteg, an *Hurden* vorbei bis *Pfäffikon SZ*. Die Aussicht auf dem Pilgersteg war traumhaft und die Sonne, die im See glitzerte, ermöglichte uns einen herrlichen Ausblick auf das Bergpanorama. Nach dem Bahnhof in *Pfäffikon SZ* machten wir einen kleinen Abstecher und spazierten die Eisenbahngeleise entlang bis *Freienbach SZ,* wo wir direkt an das Seeufer gelangten. Ich erinnerte mich daran, dass ich für eine Hochzeitsfeier schon einmal hier war, und auch heute fand hier eine Hochzeit statt. Das Brautpaar stand direkt vor der Kirche und beschäftigte sich mit den Fotografen. Es war wirklich schön hier, gepflegte grüne Rasenflächen säumten das Seeufer und es herrschte eine angenehme Stille. Wir suchten uns einen ruhigen Platz, von dem aus wir direkt ins Wasser laufen konnten. *Tyra* hatte in der Ergotherapie in der Klinik eine Flaschenpost gebastelt und mit wunderschönen leuchtenden Keramiksteinen verziert. Der Inhalt der Flaschenpost war ein selbst geschriebener Brief mit persönlichen Wünschen. Sie hat vor ein paar Wochen einen Mann kennengelernt und war schon sehr verliebt. Ich freute mich riesig für sie, gönnte ihr das Liebesglück von Herzen und wünschte den beiden nur das Beste. Denn genau das hat *Tyra* verdient, glücklich zu sein, die wahre Liebe zu erleben und von jemandem genau so geschätzt und geliebt zu werden, wie sie ist.

Es war ein seltsames Gefühl, als ich mein Papierschiff aus meinem Rucksack hervorholte und es in den See legte. Der Wind war nur ganz schwach, so dass es sich anfangs kaum bewegte. *Tyra* und ich saßen eine Weile schweigend nebeneinander auf einem großen Stein direkt am Ufer und beobachteten das kleine Schiffchen und die Flaschenpost. Ich befürchtete, dass mein Schiff gleich untergehen oder das Papier sich sofort auflösen würde. Doch mein kleines Papierschiff war standhaft, segelte immer weiter, ließ sich von der leichten Strömung mitziehen und trieb weiter in den offenen See hinaus. Ich war erstaunt, dass ich in diesem besonderen und für mich sehr wichtigen Moment beinahe nichts empfand. Da waren keine Emotionen und keine Tränen. Ich saß einfach nur da und sah dem kleinen Schiffchen zu, wie es sich immer weiter von mir entfernte, bis es so klein war, dass ich es an der Wasseroberfläche nicht mehr erkennen konnte. Danach brachen wir wieder auf und machten uns weiter auf die Reise nach *Einsiedeln*.

In *Einsiedeln* angekommen, waren wir sehr müde, konnten aber auf den Rundgang im großen Kloster natürlich nicht verzichten. Die berühmte *schwarze Madonna* blicke stolz auf uns hinunter und beschützte die große Kapelle. Das *Kloster Einsiedeln* gilt als der wichtigste Pilgerort in der Schweiz. In der Bäckerei direkt am Fuße des Klosterplatzes wollte ich noch eine Einsiedler Spezialität für meine Liebsten zu Hause mitnehmen. Danach trennten sich unsere Wege bereits wieder. *Tyra* musste zurück in die Klinik und ich war nun am Ende meiner Reise angekommen. Es war Zeit, nach Hause zurückzukehren.

Die Zugfahrt nach Hause klappte ohne irgendwelche Gefühle von Angst, Erschöpfung oder Nervosität zu empfinden. Gedankenverloren sah ich aus dem Fenster und freute mich, dass ich so einen schönen Tag mit *Tyra* erlebten durfte und ich war stolz darauf, dass ich den Mut hatte, auf all diese schönen Erlebnisse nicht mehr zu verzichten, nur weil ich wusste, dass es auch *Panoh* in meinem Leben gab.

9

Hema – Das Herz einer indischen Löwin

Am nächsten Tag traf es mich dann aber hart, voller Wucht und ohne jegliche Rücksichtnahme. Auf dem Weg vom Bett zur Kaffeemaschine dachte ich, dass es meine selbst gedrehte Episode von *The Walking Dead* war. Ich fühlte mich sehr schwach. Gegen Mittag wurde es immer heftiger, ich bekam wieder Magenkrämpfe, starke Schwindelanfälle und war ununterbrochen von innerer Unruhe geplagt. Ich verstand die Welt nicht mehr. Woher kamen plötzlich wieder alle diese Symptome? Was sollte das? Ich hatte doch so viel gelernt, fuhr wieder angstfrei mit dem Bus, konnte wieder selber Auto fahren und hatte mit der Wanderung und meinem Papierschiff im See etwas Unglaubliches erreicht. Mir war übel und ich weinte den ganzen Nachmittag. Ich war unglaublich frustriert, konnte überhaupt nicht damit umgehen, dass es mir auf einmal wieder so schlecht ging und vor allem damit, dass sich plötzlich wieder all diese schrecklichen Symptome zeigten. Obwohl ich theoretisch wusste, dass ich sehr wohl wahnsinnig viel gelernt hatte in den letzten Monaten, fühlte es sich aber nicht so an. Ich hatte das Gefühl, dass ich alles vergessen hatte, dass ich wieder am gleichen Punkt stand wie an diesem 4. Juli, als ich meine erste Panikattacke hatte und dachte, ich müsste sterben. Ich fühlte mich schrecklich hilflos und meine Selbstzweifel wurden von Stunde zu Stunde wieder größer. Ständig versuchte ich, mich abzulenken oder mich mit Selbstregulierung wieder zu beruhigen. Ich nahm ein Bad, versuchte Entspannungsübungen, spielte Klavier und zeichnete in meinem Mandalabuch. Ich versuchte, das ganze Repertoire aus meinem Ressourcenkoffer anzuwenden, doch nichts schien zu funktionieren, was mich natürlich noch mehr ärgerte.

Auch vor dem Einschlafen selber fürchtete ich mich wieder so sehr, dass ich auch wieder das angsteinflößende Pfeifen in den Ohren hatte. Auf einmal waren auch wieder Schulgefühle da, gegenüber allem und jedem. Ich war den ganzen Tag nicht imstande, mich um meine eigenen Kinder zu kümmern, und konnte kaum ein Wort mit meinem Mann wechseln. Panisch kam mir der Gedanke, dass ich demnächst wieder in die Klinik müsste, dass ich mein ganzes Leben nun in einer Psychiatrischen Anstalt verbringen würde, dass mein Verstand tatsächlich nicht in Ordnung war und, dass ich so mich wieder von meiner Familie trennen müsste. Unendlich traurig und enttäuscht von mir und meinem ganzen Leben weinte ich mich in den Schlaf.

Die nächsten Tage sahen nicht viel besser aus. Ich weinte ununterbrochen, zwang mich dennoch, die Tagesklinik zu besuchen, und war dann aber erstaunt, dass ich dennoch ohne Probleme den Bus nehmen konnte. Erst am vierten Tag, als ich mittags vor dem Spiegel stand und mich selbst betrachtete, stellte ich auf einmal fest, wie falsch die Halskette, das Gegenstück zu *Stefan*, auf meiner Brust war. Auf einmal hatte ich das Gefühl, es würde mich erdrücken und dort nicht hingehören. Ich riss es mir förmlich vom Hals. Ab diesem Moment ging es mir wieder ein bisschen besser und abends sogar wieder richtig gut. Es war unheimlich, was eine solche kleine Kette ausmachen konnte, was sie für mich ausmachte. Hatte ich diese doch extra symbolisch anfertigen und gravieren lassen und auch viel Geld dafür ausgegeben. Doch so sehr ich diese Kette auch um meinen Hals tragen wollte, es war falsch. Ich hatte die Wanderung und die Geste mit dem Papierschiff gemacht, um loszulassen, um Frieden zu finden. Nicht, um die Vergangenheit noch enger an mich zu binden.

In einem langen Gespräch mit meinem Mann am Abend musste ich dann auch feststellen, dass der *ViaJacobi* allenfalls doch noch ein zu großes Vorhaben für mich war, dass es womöglich und sprichwörtlich zu viele Schritte waren, die ich so verbissen gehen wollte. Mit einem wunderschönen Hintergrund natürlich, aber emotional auch sehr schwierigen. Am Tag, als ich das Papierschiff in den See legte, empfand ich nicht viel dabei, und einen Tag später holte es mich emotional ein. Und auch am nächsten Tag, im Gespräch in der Tagesklinik, musste ich mir eingestehen, dass ich mit einem Rückfall einfach nicht gerechnet hatte. Das vor allem, weil es mir die Tage zuvor so gut gegangen war, weil ich so viel erreicht hatte und so stolz auf mich war.

Rückschläge gehören aber dazu, sie sind Teil des Heilungsprozesses. Ich erinnerte mich an *Frau Lucas* und mein Austrittsgespräch in der Klinik vor ein paar Wochen. Wichtig war, wie ich damit umging. Ich hatte auch nicht vergessen, was ich alles gelernt hatte. Der Rückfall überrumpelte mich einfach derart, dass ich ihn zuerst gar nicht akzeptieren wollte. Aber es war in Ordnung. Es war okay, dass ich zwischendurch auch wieder schlechtere und schwierigere Tage hatte. Was zählte, das war, dass ich wieder aufstand, weiter machte und nach vorne schaute.

Am Wochenende fuhren wir gemeinsam als Familie zu meinem Tattoostudio. Ich wollte das, was ich die letzten Monate erlebte und auch aushalten musste, den ganzen Weg durch diese Hölle auf meiner Haut verewigen. Menschen, die tätowiert sind, interessiert es übrigens nicht, was andere davon halten. Die Zeit war so prägend für mich, hatte mich ein Stück weit auch zu einem neuen Menschen geformt und meinen Blickwinkel auf so manches verändert. Wir konnten einen Termin im November vereinbaren, sofern es die Situation mit dem *Coronavirus* zulassen würde. Im Frühjahr, als die Schweiz in einen *Lockdown* ging und alle nicht essenziellen Geschäftsbetriebe geschlossen bleiben mussten, war natürlich auch das Tattoostudio über einen Monat geschlossen. Aber dieses Mal eilte es nicht, es musste nicht mehr alles sofort sein. Es waren kleine Schritte für mich, aber sehr wichtige.

In der Tagesklinik bereite ich mich, gemeinsam mit der Mitarbeiterin des Sozialdienstes, langsam auch wieder auf den Einstieg bei der Arbeit vor. Das Thema war für mich sehr emotional, gerade, weil es so wichtig für mich war. Ich hatte anfänglich Bedenken, dass ich das Erlernte gerade im Bezug auf meine Arbeit nicht umsetzen würde können, weil ich es so sehr wollte. Ich befürchtete, dass ich vergessen könnte, kleine Schritte zu gehen, dass ich mich überfordern könnte. Doch die Tagesklinik und mein Job-Coach konnten mir dabei helfen, auch diese Schritte vorsichtig und mit Bedacht zu gehen, und mein Arbeitgeber gab mir auch die Zeit, die ich dafür brauchte. Ich war sehr dankbar dafür und freute mich neben der ganzen Anstrengung, die es mich auch kostete, auf den Tag, an dem ich wieder meiner Arbeit im Büro nachgehen durfte und konnte.

Es war ein Dienstagmorgen, an dem ich beschloss, wieder mit dem Schreiben zu beginnen. *Frau Lucas* ermutigte mich auch bei meinem Austrittsgespräch nochmals dazu, irgendwann doch noch ein Buch zu schreiben, denn davon träumte ich seit der Primarschule, von meinem eigenen Buch. Ich musste mir aber zuerst einen neuen Laptop organisieren, da meiner, den ich damals für meinen Aufenthalt in *Australien* gekauft hatte, so alt war, dass er ständig den Geist aufgab. Als ich dann endlich den neuen Laptop hatte, begann ich sofort mit dem Schreiben. Früher dachte ich immer, dass ich einmal einen Krimi schreiben würde. Ich begann mit unzähligen Geschichten, schrieb aber keine davon zu Ende. Doch heute war ich älter, heute wusste ich anderes und heute erlebte ich mehr. Es gab viele Geschichten von dieser Welt zu erzählen. Doch die spannendste aller Geschichten war immer noch diejenige von einem selber, denn diese lebte und prägte einen täglich. Schlussendlich war es auch das, was mich beschäftigte, mein Leben. Ich war überrascht, wie einfach sich die Geschichte schrieb, nämlich beinahe von selbst und ohne viel nachzudenken. Dieses Mal brauchte ich auch kein Mindmap und keine unzähligen Notizen zur Vorbereitung. Der große Unterschied zu meinen frei erfunden Geschichten von früher ist wohl, dass diese Geschichte nicht erfunden ist, sie ist wahr, denn sie ist meine Geschichte.

Die Geschichte eines kleinen Mädchens, deren Schweizer Adoptiveltern ihm ein Leben fernab von den Slums und dreckigen Straßen Indiens ermöglichten. Unendlich dankbar für diese Chance, aber auch überfordert mit dem überwältigenden Geschenk, ein Teil einer Familie zu sein, zu jemandem Mama und Papa sagen zu dürfen, plagten es jahrelang unermessliche Schuldgefühle und eine grenzenlose Dankbarkeit, mit welchen es nicht umzugehen wusste. Sie ist die Geschichte eines Mädchens, das schlussendlich zur Frau heranwuchs und sich über Leistung definierte, um in dem Leben, welches es geschenkt bekam, auch das Beste zu verwirklichen. Zu einer Frau, die selbst Mama von zwei Kindern wurde und eine eigene Familie gründete, dabei aber stets für alle anderen sorgte und sich selbst dabei vergaß. Ihr Leben schien dennoch perfekt zu sein, bis ihr eigener Körper rebellierte und ohne Vorwarnung die Notbremse zog. Und so wurde sie daran erinnert, endlich auch das Leben zu leben, welches sie bekommen hatte. Der Weg, den sie nun gezwungen war, zu gehen, war steinig, voller Schmerz und Leid und stets davon geprägt, nicht zu genügen und die Hoffnung zu verlieren, an das Gute und Schöne zu glauben.

Doch in mir war eine Löwin, ich war stark, ich war ehrgeizig und selbstsicher. Und ich hatte den Mut, mich meiner eigenen Angst zu stellen. Mit der Zeit merkte ich auch, dass *Panoh* gar nicht so stark und groß war, wie er mir immer schien. Denn er hatte selbst keine Ahnung davon, Angst und Panik voneinander zu unterscheiden. Er brauchte mich, damit ich ihm zeigte, dass nicht alles so schlimm war, wie er befürchtete. Ich war es, die ihm zeigte, wie wichtig es war, Angst und Panik voneinander zu trennen. Seine Kapuze, welche viel zu groß und furchteinflößend war, stand in keinem Verhältnis zu dem, wie und was er wirklich war. Aber ich brauchte *Panoh* genauso. Wir beide brauchten einander gegenseitig, um zu überleben. So hatte ich irgendwann selbst das Bedürfnis, *Panoh* als einen Teil von mir selbst zu akzeptieren, und schaffte es endlich, ihn als meinen Verbündeten zu betrachten und ihn nicht mehr bekämpfen zu wollen. Je

mehr ich ihn akzeptierte, desto seltener wurden meine Panik-
anfälle, desto kleiner wurde *Panoh* selbst. Trotzdem war er immer da, wenn auch mehr im Hintergrund, und es war interessant
zu beobachten, dass mir seine Existenz irgendwann sogar einen
Schimmer von Sicherheit gab. Ich wusste, dass *Panoh* auf mich
aufpasste, mich beschützte und ich wusste auch, dass *Panoh* dankbar dafür war, dass ich ihm auch zeigen konnte, wann es zu viel
und genug war. Schwierige Situationen wurden dadurch nicht
einfacher, weder wurde ich von weiteren Enttäuschungen oder
Verlusten verschont noch ging ich plötzlich sorgenfrei durch das
Leben, aber ich wurde besser. Ich konnte nun besser mit Situationen umgehen und anders auf Menschen und ihr Verhalten
reagieren. Ich hatte endlich wieder den Glauben an mich selbst
gefunden, die Fähigkeit, mir selbst zu vertrauen und die Motivation, mich weiterzuentwickeln. Ich war noch nicht da, wo
ich sein wollte, aber dem Himmel sei Dank, war ich auch nicht
mehr dort, wo ich mal war. Und vielleicht war es einfach auch
gut so, hier und da zu sein, wo ich heute war. Ich konnte nichts
rückgängig machen, was in meinem Leben geschehen war, aber
ich konnte es ab heute anders machen. Ich hörte endlich auf, un-
erreichbare To-do-Listen zu schreiben. Ich hörte auf, so viel zu
werten und zu urteilen. Ich kämpfte um das, was mich weiter-
brachte, akzeptierte das, was ich nicht ändern konnte und trennte mich von dem, was mich herunterzog. Nur ich allein konnte
entscheiden, wann sich mein Leben änderte. Heute wusste ich,
dass auch schlimme und hoffnungslose Zeiten vergingen, und
danach war ich stärker, als ich es jemals für möglich hielt. An so
vielen Tagen hatte ich ans Aufgeben gedacht, konnte und wollte
nicht mehr. Aber nun wusste ich, dass der Tag kommen würde,
an welchem ich dankbar war, dass ich damals nicht aufgegeben
hatte. Ja, am Rande des Wahnsinns, da hatte ich die beste Aussicht. Nicht am Ziel wurde ein Mensch groß, sondern auf seinem Wege dorthin, mit allen Rückschlagen, Höhen und Tiefen.
Denn das Leben war schön, mein Leben war schön. Schönheit
liegt nicht nur in den Augen des Betrachters. Ich sagte mir, dass
Schönheit in meiner Seele entstand. Schönheit war, wie ich mit

mir selbst umging. Es war, wie ich andere Menschen behandelte. Wie ich liebte, es war Selbstakzeptanz. Wer erfolgreich sein wollte, musste also gegen sich selbst antreten und nicht gegen die anderen. Und genau deshalb war dieser Kampf einer der schwierigsten für mich. Und heute wusste ich auch, dass Menschen mit Depressionen keine schwachen waren, sondern die stärksten Leute, die rumliefen. Weil für sie jeder Tag ein Kampf mit sich selbst war. Und ich mochte Menschen, die wütend werden konnten, weinen konnten, Dankbarkeit zeigten, herzhaft lachten, überdreht waren und auch mal das Gleichgewicht verloren. Sie waren so echt. Ich ließ es nicht mehr zu, dass mich das viele Nachdenken fertig machen konnte. Ich wollte nicht mehr krank werden, weil ich mich anderen gegenüber ständig schuldig fühlte oder mich selbst verurteilte. Viel zu oft vergaß ich in all den Jahren, dass ich niemandem eine Erklärung dafür schuldig war, wie ich mein Leben lebte. Es war Zeit, mich nicht mehr über Dinge aufzuregen, die ich nicht ändern konnte. Ich wollte leben. Der Moment, in dem ich aufhörte, mir Gedanken darüber zu machen, was andere von mir hielten, und ich anfing, so zu leben, wie es für mich richtig war, das war der Moment, in dem ich das erste Mal endlich frei war. Frei von Selbstzweifel, frei von Schulgefühlen, frei von Wertung und Urteil. Ich hatte meinen Körper endlich kennengelernt, lernte, auf ihn zu hören, und konnte mich nun selbst spüren. Früher erzählte ich nur deshalb niemandem von meinen Gedanken und Gefühlen, weil ich sie nicht erklären konnte und mich selbst dabei schuldig fühlte. Nun wusste ich, was mir gut tat, wovon ich mich distanzieren musste, was ich brauchte und wofür ich stand. Ich lernte, mir selbst Achtung zu schenken, mich zu schätzen zu wissen und mir selbst Zufriedenheit zu gönnen. Und wenn ich mich mal ausruhte, weil ich erschöpft war, hieß das nicht, dass ich nichts tat und Zeit verschwendete. Im Gegenteil, ich tat genau das, was im Moment notwendig war, ich erholte mich. Mein Leben bestand nicht aus Zuckerguss und hochwertigem Topping. Mein Leben bestand aus Tests, Herausforderungen, Bitterkeit, Schmerz und Tränen. Aber es bestand auch aus Siegen, Hoffnung, Glück und Lachen.

Manchmal passierte jahrelang nichts und dann alles auf einmal. Der Weg war nicht immer leicht, aber genau dann, wenn das Leben hart war, wenn es mich auf die Probe stellte und mich herausforderte, stellte ich fest, dass ich stärker war. Ich wollte nicht mehr stehenbleiben, ich wollte weitergehen, Schritt um Schritt, jeden Tag. Ja, das Leben trieb mich zu Tränen, aber es konnte mein Lächeln nicht auslöschen. Ja, das Leben zerriss mir das Herz, aber es konnte mir nicht die Seele aussaugen. Und ja, das Leben raubte mir viele Hoffnungen, aber es konnte mir nicht meine Träume rauben. Ich wollte mich nicht mehr mit anderen vergleichen, denn mein Leben musste wahrhaftig nur für mich Sinn machen. Und nur ich lebte mein Leben, also sollte und musste es auch nur für mich richtig sein. Ich begriff, dass ich mein Leben vorwärts lebte, es jedoch nur rückwärts verstehen konnte. Heute wusste ich auch, dass ich keine Schuldgefühle brauchte, weil meine Eltern mich adoptiert hatten. Das Leben, welches sie mir geschenkt hatten, war wahrhaftig ein Geschenk, und ich durfte und konnte es endlich annehmen. Nicht, um für den Rest meines Lebens dankbar dafür zu sein, sondern um es zu leben. Ich erkannte auch, dass all die Verhaltensmuster sich aufgrund diesem ersten und prägenden Schuldgefühl über all meine Lebensbereiche hinweg zogen und, dass ich selber entscheiden konnte, dass ich diese Muster so nicht weiter fortführen wollte. Denn ich hatte das Recht, zu leben, das Recht, mein eigenes Leben zu leben. Und das Leben war so viel schöner, wenn ich aufhörte, mich zu rechtfertigen, und einfach das tat, was mir gut tat und mich glücklich machte. Glücklich zu sein, bedeutete nämlich nicht, dass ich alles bekam, was ich wollte, sondern, dass ich liebte, was ich hatte. Ja, vielleicht brauchte ich diese zweite Chance zu leben, weil die erste zu früh gekommen war. Und vielleicht dürfte man jemandem auch einmal eine erste Chance geben, anstatt jemand anderem eine zweite oder dritte.

Ich war endlich bereit, die vielen Zukunftsängste loszulassen, im Moment zu leben und mir auch selbst zu vertrauen, dass ich eine gute Mutter für meine Kinder war. Ich hatte mein soziales Umfeld neu sortiert, endlich erkannt und gespürt, wer mir

gut tat, wer für mich da war und wer es ehrlich mit mir meinte. Denn nur, weil ich freundlich war, hieß nicht, dass ich jeden
mochte. Es hieß nur, dass ich nicht unhöflich war. Und wenn jemand mich ignorierte und nichts von sich hören ließ, dann wollte ich das fortan so akzeptieren und ihn dabei auch nicht mehr
stören. Ich war eine lange Zeit innerlich so kaputt, dass ich alles
verdächtig fand, was mich versuchte glücklich zu machen. Nun
war ich aber bereit, diejenigen Menschen zu wählen, die auch
mich wählten. Meine Familie und meine Freunde waren Menschen, die mir nicht den Weg zeigten, sondern ihn einfach mit
mir gingen. Freundschaften und Beziehungen für immer konnte es nur geben, wenn man in der Zeit der Wegwerfgesellschaft
den Mut hatte, Dinge zu reparieren. Und dennoch war es traurig, zu sehen, wie viele Freunde dieses Jahr zu Fremden wurden.
Doch wenn ich schlussendlich jemanden in diesem Jahr verließ,
so war das ruhig, friedlich und schon fast emotionslos. Dann war
das so, weil ich die Phase des Weinens und Kämpfens hinter mir
gelassen hatte. Und wenn ich jemanden auf diese Art verließ,
dann kam ich auch nicht mehr zurück. Denn wer nicht mehr
hinter mir stand, stand mir im Wege. Heute war ich nur noch
bereit, für das einzustehen, was mir wichtig war. Denn das einzige, was wirklich zählte, war, das zu beschützen, was ich liebte, mein Leben und meine Familie. Es war alles, was ich hatte
und was ich wollte.

Alles passierte aus einem bestimmten Grund. Ich entwickel-
te mich, damit ich neue Perspektiven entdeckte. Ich lernte dem
Timing des Lebens zu vertrauen, damit ich mir weniger Sorgen
machte. Ich lernte Atem zu holen. Ich lernte, dass Kontrolle eine
Illusion war, damit ich mich für Spontanes öffnen konnte. Menschen änderten sich, damit ich lernte, loszulassen. Ich akzeptierte meine Vergangenheit, damit ich Frieden fand. Dinge gingen
schief, damit ich zu schätzen wusste, wann es gut lief. Ich lernte an den guten Tagen dankbar zu sein, damit ich Zufriedenheit
erkannte. Ich glaubte an eine Lüge, damit ich lernte, mir selbst
zu vertrauen. Und manch Gutes brach auseinander, damit etwas
Schöneres entstehen konnte. Heute bevorzugte ich Ruhe, statt

Drama. Ich verlor das Gleichgewicht, damit ich selber entscheiden konnte, was für mich normal war. Ich lernte, dass ich nicht nach Perfektion streben musste, damit ich erkannte, dass ich genügte. Ich wusste, dass ich anders sein durfte, denn anders war meine neue Version von richtig. Nicht alle konnten meinen Weg verstehen, und das war in Ordnung so. Ich war hier, um mein Leben zu leben, nicht um Erklärungen abzugeben. So manches zwang mich in die Knie und riss mich zu Boden. Heute war ich aber dankbar dafür, dass alles so passierte. Es war die Möglichkeit, endlich Ordnung in mein Leben zu bringen, Frieden zu finden und Platz für Neues zu schaffen. Denn sobald ich die Antwort hatte, änderte mein Leben die Frage.

Ich wusste, wer ich war.
Ich wusste, was ich konnte.
Und genau deshalb holte ich mir, was mir zustand, mein Leben.

10

Danksagung

Mein persönlicher Dank gilt an erster Stelle meinem Ehemann *Dave* und meinen Kindern *Lilly* und *Leon*.

Ich widme ihnen mein Buch, weil sie meine größte Motivation sind und mir die ganze Welt bedeuten.

Ich danke meinen Eltern, meiner Tante und meinen engsten Freunden. Sie waren auch in den dunkelsten Stunden für mich da, haben mich unterstützt und mir Halt gegeben.

Ich danke für alle neu gewonnen Freundschaften. Sie bereichern mein Leben und ich weiß ihren Wert sehr zu schätzen.

Ich danke *Frau Lucas*, meiner Fallführerin in der Psychiatrischen Klinik. Sie begleitete mich durch alle Höhen und Tiefen während meines stationären Aufenthaltes und ermutigte mich unter anderem auch zu meinem Buch.

Ich danke dem ganzen *Pflegeteam* in der Psychiatrischen Klinik. Dank ihrer Unterstützung, ihrer Fürsorge und ihrem Einsatz durfte ich den stationären Aufenthalt trotz allem als eine positive Erfahrung erleben und konnte während diesen Wochen sehr viel lernen und mitnehmen.

Ich danke allen betroffenen *Institutionen*. Sie alle begleiteten mich während dieser Zeit, unterstützten mich und halfen mir dabei, die wirklich wichtigen Dinge in meinem Leben zu verstehen und anzunehmen.

Und ich danke meinem *Buchverlag novum publishing gmbh*, welcher es mir erst ermöglichte, meinen Lebenstraum vom eigenen Buch tatsächlich zu wirklichen.

FÜR AUTOREN A HEART FOR AUTHORS À L'ÉCOUTE DES AUTEURS MIA KARΔIA ΓIA ΣΥΓΓ
ΤΑ FÖR FÖRFATTARE UN CORAZÓN POR LOS AUTORES YAZARLARIMIZA GÖNÜL VERELIM SZ
PER AUTORI ET HJERTE FOR FORFATTERE EEN HART VOOR SCHRIJVERS TEMOS OS AUT(
OINKERT SERCE DLA AUTORÓW EIN HERZ FÜR AUTOREN A HEART FOR AUTHORS À L'ÉCOL
AO ВСЕЙ ДУШОЙ К АВТОРАМ ETT HJÄRTA FÖR FÖRFATTARE À LA ESCUCHA DE LOS AUTO
MIA KARΔIA ΓIA ΣΥΓΓΡΑΦΕΙΣ UN CUORE PER AUTORI ET HJERTE FOR FORFATTERE EEN
ΛΑRIMI OINKERT SERCE DLA AUTORÓW EIN HERZ FÜ
SCHRIJ AO ВСЕЙ ДУШОЙ К АВТОРАМ ETT HJÄRTA FÖ

Die Autorin

Als Mutter von Lilly (3) und Leon (1) hat die im
Schweizer Kanton Zürich lebende, glücklich ver-
heiratete Versicherungskauffrau Hemalata Naveena
Gubler alle Hände voll zu tun. Organisationstalent
und Ehrgeiz scheinen der 1988 in Bombay (heute
Mumbai) geborenen jungen Frau in die Wiege
gelegt worden zu sein. Als Fünfjährige wurde sie
von ihren Schweizer Adoptiveltern in ihre heutige
Heimat geholt, durfte eine glückliche Kindheit und
eine hervorragende Ausbildung geniessen und
wurde dennoch, ausgelöst durch die eigene Mut-
terschaft, von ihren frühkindlichen Erfahrungen in
Indien eingeholt. Wie stark die eigene Vergangenheit prägte, merkte sie erst, als plötzliche Angstzustände ausbrachen. Nach erfolgreicher Bewäl-
tigung dieser persönlichen Lebenskrise war sie
motiviert, ihre Erfahrungen zu teilen und anderen
Menschen in ähnlichen Lebenssituationen Mut zu
geben. Gleichzeitig erfüllte sie sich den Traum von
der eigenen Buchveröffentlichung.

Der Verlag

*Wer aufhört
besser zu werden,
hat aufgehört
gut zu sein!*

Basierend auf diesem Motto ist es dem novum Verlag
ein Anliegen neue Manuskripte aufzuspüren, zu veröffentlichen und deren Autoren langfristig zu fördern.
Mittlerweile gilt der 1997 gegründete und mehrfach
prämierte Verlag als Spezialist für Neuautoren in
Deutschland, Österreich und der Schweiz.

**Für jedes neue Manuskript wird innerhalb we-
niger Wochen eine kostenfreie, unverbindliche
Lektorats-Prüfung erstellt.**

Weitere Informationen zum Verlag und
seinen Büchern finden Sie im Internet unter:

www.novumverlag.com